U0447248

社会治理河南省协同创新中心智库丛书
2010 年度国家社科基金项目 (10CZZ013) 的最终成果

社会治理河南省协同创新中心智库丛书

陈文新 ◎ 著

和谐社会视域下社会阶层间政治资源配置研究

中国社会科学出版社

图书在版编目(CIP)数据

和谐社会视域下社会阶层间政治资源配置研究／陈文新著. —北京：中国社会科学出版社，2017.8
ISBN 978-7-5161-8892-7

Ⅰ.①和… Ⅱ.①陈… Ⅲ.①社会阶层—政治—资源配置—研究—中国—现代 Ⅳ.①D663

中国版本图书馆 CIP 数据核字（2016）第 217298 号

出 版 人	赵剑英
责任编辑	冯春凤
责任校对	张爱华
责任印制	张雪娇

出　　版	中国社会科学出版社
社　　址	北京鼓楼西大街甲 158 号
邮　　编	100720
网　　址	http：//www.csspw.cn
发 行 部	010-84083685
门 市 部	010-84029450
经　　销	新华书店及其他书店

印　　刷	北京君升印刷有限公司
装　　订	廊坊市广阳区广增装订厂
版　　次	2017 年 8 月第 1 版
印　　次	2017 年 8 月第 1 次印刷

开　　本	710×1000　1/16
印　　张	16
插　　页	2
字　　数	261 千字
定　　价	68.00 元

凡购买中国社会科学出版社图书，如有质量问题请与本社营销中心联系调换
电话：010-84083683
版权所有　侵权必究

社会治理河南省协同创新中心智库丛书
编委会

主　　任　郑永扣
委　　员　徐　勇　　李路路　　何增科　　蒿慧杰
　　　　　董江爱　　刘义强　　杨虎得　　贺东航
　　　　　郑志龙　　高卫星　　刘学民　　余　丽
　　　　　樊红敏　　秦国民　　韩　恒

目 录

丛书总序 …………………………………………………………（1）
导　论 ……………………………………………………………（1）
　一　政治资源研究现状简要梳理 ………………………………（3）
　二　课题研究的主要内容 ………………………………………（12）
　三　研究工具与研究方法 ………………………………………（13）
　　（一）研究工具 ………………………………………………（13）
　　（二）研究方法 ………………………………………………（13）
　四　基本观点 ……………………………………………………（14）
　五　创新之处和不足 ……………………………………………（14）
　　（一）创新之处 ………………………………………………（14）
　　（二）研究的不足 ……………………………………………（15）

第一章　政治资源配置与社会阶层关系一般理论 …………（17）
　一　政治资源的理论定位 ………………………………………（17）
　　（一）政治资源的概念 ………………………………………（17）
　　（二）政治资源的特征 ………………………………………（22）
　二　政治资源配置的基本理论 …………………………………（25）
　　（一）政治资源配置的含义 …………………………………（25）
　　（二）社会阶层间政治资源配置的要素 ……………………（26）
　　（三）政治资源的配置机制 …………………………………（34）
　　（四）影响社会阶层间政治资源配置的要素 ………………（39）
　　（五）判断社会阶层间政治资源配置优劣的标准 …………（42）
　三　政治资源配置与社会阶层关系 ……………………………（47）
　　（一）政治资源：社会分层的逻辑起点 ……………………（47）

（二）政治资源配置：社会阶层关系形塑的重要机制……（56）
　　（三）政治资源配置的格局：社会形态的划分…………（57）
　　（四）政治资源的流动：社会阶层关系演变的内在动力…（58）
　　（五）政治资源的争夺：社会阶层冲突的重要原因………（59）

第二章　当代中国社会阶层间政治资源配置状况之历史考察……（61）
　一　改革开放前的政治资源配置………………………………（61）
　　（一）"单位制"——政治资源配置的城市路径…………（61）
　　（二）人民公社体制——政治资源配置的乡村路径………（66）
　　（三）身份制：社会阶层身份地位的体现…………………（71）
　　（四）新中国成立初期政治资源配置的格局与社会
　　　　　阶级阶层结构…………………………………………（73）
　二　改革开放以来政治资源配置的变迁………………………（75）
　　（一）20世纪80年代初社会阶层间政治资源的配置……（76）
　　（二）20世纪90年代后社会阶层间政治资源的配置……（79）

第三章　中国社会阶层政治资源配置状况的现实分析………（85）
　一　关于社会阶层的划分………………………………………（85）
　二　中国社会各阶层政治资源配置状况考察…………………（87）
　　（一）公务员阶层……………………………………………（87）
　　（二）农业劳动者阶层………………………………………（88）
　　（三）知识分子阶层…………………………………………（91）
　　（四）国有和集体企业工人…………………………………（94）
　　（五）私营企业主阶层………………………………………（96）
　　（六）农民工阶层……………………………………………（99）
　　（七）个体工商户阶层………………………………………（103）
　　（八）经理阶层………………………………………………（106）
　三　中国社会各阶层政治资源配置状况的三维结构…………（107）
　四　当前中国社会阶层间政治资源配置存在的问题…………（108）
　　（一）社会阶层间经济财富差距过大………………………（109）
　　（二）政治权力配置不均问题………………………………（110）
　　（三）社会声望之间的差距有进一步扩大的趋势…………（114）

第四章　社会各阶层政治资源调查结果的实证分析…………（115）

一 社会各阶层调查基本情况说明 …………………………………（115）
（一）调研时间与主要区域 ………………………………………（115）
（二）调查的社会阶层选择 ………………………………………（116）
（三）调查指标的说明 ……………………………………………（117）
（四）样本基本特点 ………………………………………………（118）

二 五个主要社会阶层的调查结果分析 …………………………（118）
（一）知识分子阶层 ………………………………………………（118）
（二）公务员阶层 …………………………………………………（125）
（三）私营企业主阶层 ……………………………………………（132）
（四）农民工阶层 …………………………………………………（139）
（五）经理阶层 ……………………………………………………（145）

三 五个阶层比较分析 ………………………………………………（151）
（一）社会阶层教育情况比较 ……………………………………（152）
（二）社会阶层经济地位比较 ……………………………………（152）
（三）政治参与形式高低排序 ……………………………………（152）
（四）权益受到侵犯时解决方式排序 ……………………………（153）
（五）政治参与最大问题排序 ……………………………………（154）
（六）参与满意度排序 ……………………………………………（154）
（七）7项主要资源拥有情况高低排序 …………………………（155）

四 基本结论 …………………………………………………………（156）

第五章 当前中国社会阶层关系与政治资源配置之内在机理 ……（158）
一 阶层关系的内涵及基本内容 ……………………………………（158）
二 当前中国社会阶层关系的变化与特点 …………………………（161）
（一）当前中国社会阶层关系的变化 ……………………………（161）
（二）当前中国社会阶层关系的特点 ……………………………（169）

三 当前中国社会阶层矛盾与阶层冲突 ……………………………（177）
（一）当前中国社会阶层矛盾 ……………………………………（177）
（二）当前的社会阶层冲突 ………………………………………（180）

四 社会阶层关系形成的政治资源配置机理 ………………………（186）
（一）政治资源配置的价值取向 …………………………………（187）
（二）政治资源配置的战略选择 …………………………………（188）

（三）政治资源配置的机制选择 …………………………（188）
　　（四）我国政治资源的分布客观上存在着不平衡 …………（190）
　　（五）社会各阶层政治资源的获取和利用技能存在差异 …（191）

第六章　政治资源优化配置与和谐的社会阶层关系之构建 …（193）
　一　和谐社会的提出及其背景 …………………………………（193）
　二　和谐社会的重中之重：社会阶层关系的和谐 ……………（196）
　三　优化政治资源配置，实现阶层和谐的现实路径 …………（200）
　　（一）社会阶层关系和谐的主要体现 ………………………（200）
　　（二）优化政治资源配置促进社会阶层和谐 ………………（202）

结语　探索政治资源配置的奥秘 ………………………………（218）
附　社会阶层政治资源拥有情况调查问卷 …………………（221）
参考文献 …………………………………………………………（226）
后　记 ……………………………………………………………（244）

丛书总序

中国三十多年改革开放是一个经济社会全面发展走向社会进步的可持续过程。在经济建设获得巨大成就的同时，社会发展的新要求和新挑战正在催逼着我们进一步解放思想，在社会建设的重点领域实施突破性变革，实质性地推进国家社会治理能力和水平。十八届三中全会将"创新社会治理"提升至推进国家治理体系和治理能力现代化的战略高度，以专章形式对创新社会治理的目标、方向和任务等进行了全面论述。党的十八届四中全会提出了"依法治国"的重大方略，提高社会治理法治化水平成为"推进国家治理体系和治理能力现代化"的应有之义和重要路径。

在当前经济新常态背景下，社会变迁和社会发展呈现出一系列新态势：新型城镇化加速新态势、社会权利不断发展新态势、变动的社会需求和冲突性利益格局新态势、老龄化社会加剧新态势、互联网＋时代来临新态势等。着眼于社会变迁和转型的新态势，创新社会治理体制机制，保障经济社会持续发展是社会治理理论和实践面临的重大课题。社会治理河南省协同创新中心立足区域性专业型特色智库定位，着力于发挥协同创新平台功能，服务地方经济社会发展，推动地方社会治理现代化。现已形成一支稳定的研究队伍，在数据库平台建设、人才培养、科学研究和社会服务上开展了有成效的探索。中心通过开展跟踪社会调查，建立了地方社会治理数据库。中心定期编印《决策参考》，针对河南省社会治理实践中的突出问题，提交决策咨询报告，内容涉及：新型城镇化、工业化、公共服务、公共财政、食品安全、自贸区建设、新型农村社区建设、基层公共文化、公共安全形势、政府门户网站评估、政府购买社工服务、城乡一体化、农民工市民化、农村基督教治理、城乡教育资源分配等。中心自2014年以来，发布年度《河南社会治理发展报告》，报告围绕深化社会治理改革、公共安全、社会组织参与、公共服务、以及新型城镇化等重点和难点问题,将当前社会治理领域的学术研究、政策论述和政策建言,以易于阅读的语言编辑,为各级党委、政府创新社会治理提供理论支撑和决策参考,受到社会和媒体的广泛关注和好评。

社会治理河南省协同创新中心智库丛书以推动地方社会治理现代化为旨归,围绕地方社会治理面临的新形势、新任务和社会治理的重大问题,聚焦于地方社会冲突治理、新型城镇化、社会组织参与、互联网社会治理等重大现实问题。智库丛书以最大限度激发社会活力,增益全社会福祉为根本目标,着眼于创新地方社会治理,推动理论创新;凸显社会治理的实践性和地方性特色,与各行动主体的创新性探索和地方实践相结合,推广一批社会治理的成熟经验,推动社会治理变革和实践创新。

抓住新的机遇,全面深化改革,积极应对当前新常态下社会建设和社会治理面临的各种挑战和风险,需理论研究者和社会实践者同心协力地投入到实践探索当中,更好地为现实服务。希望丛书的出版,能为推动地方社会建设和社会治理能力现代化发挥应有的作用。

郑永扣
2015 年 12 月

导 论

改革开放以来，随着社会主义市场经济体制的建立，我国社会发生了深刻变化，原有的社会阶级阶层结构逐渐解体，社会阶层不断分化，新型阶层关系的产生已经成为中国社会生活中的客观事实。阶层关系的实质是利益关系，阶层关系发生变化的背后凸现的是利益关系的改变，阶层冲突实质上是利益冲突，它与社会阶层和社会群体资源占有密切相关。改革开放之前的中国，社会阶级阶层关系相对简单，工人、农民、知识分子构成"两个阶级一个阶层"的社会阶级结构，社会阶层利益相对均衡，社会群体之间同质化的程度较高，社会群体之间也鲜有冲突。改革开放之后，伴随着经济体制的转型，资源配置模式发生了深刻变化，社会不同群体的资源占有发生了深刻的变化，资源占有的不同使社会群体发生了一定的分化，新的社会阶层逐渐生成，社会阶层结构也出现了较大变化。

应该说，社会分化是社会发展的条件和必然结果，任何社会的发展必然伴随一定的社会分化，社会分化也会带来社会发展的"阵痛"。当前中国社会分化之快，直接引发了当前中国社会阶层之间的紧张与冲突：底层社会愈演愈烈的抗争、强势阶层和弱势阶层之间的对立，等等。因此，进入新世纪，相对于经济问题，社会问题更加突出，社会阶层关系的失范与冲突显然已经对社会的和谐和稳定形成了严峻的挑战，也日益引起社会的关注，不断引起当下中国学术界的追问和思考。

社会的和谐可以从很多层面进行衡量，但社会的主体是社会阶层，社会和谐的关键是社会阶层的和谐。只有社会阶层实现了和谐，和谐社会才能够真正建立。构建和谐社会，首先必须了解和分析当今中国社会阶层的实际情况，探寻每个阶层背后的利益诉求，深入分析社会各个阶层所面临的问题和阶层相互关系。对于改革开放之后中国社会阶层结构的变化和阶层关系的发展，学者们一直在寻找合适的理论视角对现实中的阶层关系新现象进行明晰有力的解释。在这方面，中国社会科学院的社会研究团队一直保持着对社会阶层足够的关注和研究热情，也呈现了相当丰富的研究成果，他们的研究已经取得了一些丰硕的成果，反映了当前中国社会阶层的发展动态，为当前的阶层研究提供了感性认识和理论借鉴。

  本课题的研究尝试从政治社会学的视角来分析中国社会阶层问题。从政治社会学的分析视野来看，当代中国社会阶层关系的变化并不是孤立的，社会阶层的变化往往伴随着当代中国政治发展的进程。事实上，在当代中国政治发展进程中，一个不可忽视的社会基础就是社会阶层，社会阶层在当代中国政治发展进程中扮演着重要角色，社会阶层本身就是推动中国政治发展进程中的重要力量。社会阶层分化的背后蕴含的是社会不同利益群体对资源占有的不同，社会阶层的冲突本质上是利益冲突，它凸现的是社会阶层对各种资源尤其是政治资源的博弈。在大力发展经济的时代，人们更多的是关注如何获取更多的经济资源，而相对忽视了政治资源在现代化进程中的作用以及它对社会阶层关系的影响。事实上，政治资源在社会阶层间的合理配置，不仅关系到社会阶层的社会地位和社会阶层结构，还直接影响到政治的稳定和社会的和谐。在新的时期，和谐社会建设的一个重要环节就是需要政治体系对现有的政治资源进行优化配置。

  从学术研究的路径来看，目前学术界尚缺乏从政治资源配置的视角研究社会阶层关系的理论成果，对社会阶层政治资源配置问题的研究还没有涉猎，政治资源相关理论并没有应用到社会阶层研究中去，而中国现实阶层关系中一个不容回避的问题就是社会阶层政治资源配置问题，这就使社会阶层研究不可避免地和政治资源的研究结合在一起。[①]

  正是基于上述的思考，本课题把当代中国社会阶层间政治资源配置作为研究的主题，试图在结合当代中国社会发展现实的基础上，对当代中国社会阶层间政治资源配置的状况进行较为系统、全面地研究，对当代中国社会阶层间政治资源配置中存在的问题与不足进行检视，并在上述分析的基础上，提出社会主义和谐社会政治资源优化配置的理论构想。

---

  ① 陈文新：《资源配置与阶层变迁：政治资源配置与社会阶层关系的一个分析框架》，《社会主义研究》，2012年第4期。

本课题研究具有重要的理论价值与现实意义。从理论价值上讲，从政治社会学的视角运用政治资源基本理论开展社会阶层研究，将政治资源这一重要变项引入到当前中国社会阶层关系研究中去是一个重要的理论尝试，通过深入分析政治资源配置与目前中国社会阶层关系之间的内在必然联系，从而揭示社会阶层关系背后隐藏的深层次政治生态，将政治资源理论有效地运用到阶层关系研究中，为维护政治稳定、解决社会冲突提供理论分析工具。从现实意义上看，中国正处于社会转型期，社会阶层不断分化，社会阶层之间的冲突日益明显，社会群体性事件趋于增多。社会发展的现实促使人们由过去单纯重视经济资源的分配转向关注政治资源配置。在中国现代化的中期，通过政治资源在社会阶层之间的合理配置是当今中国和谐社会成功建立的基础。因此，从政治资源配置的视角来分析和思考当前中国社会的阶层关系，客观评估当代中国社会阶层的地位与政治状态，有助于正确认识和理解当前中国社会存在的阶层关系失衡与社会冲突现象，客观判断社会群体、社会阶层利益冲突的根源，探索新的形式即从政治资源配置的视野来协调和解决阶层之间的利益冲突，从而为新时期构建和谐的阶层关系提供有价值的建议和方案。

一　政治资源研究现状简要梳理

依据现有文献，政治资源这一术语最早出现在企业管理中。1940 年，英国学者 Fainsod 提出，在企业的经营管理中，财政、人力资源固然重要，但企业的发展壮大更离不开一定的政治资源和来自政府的支持。[1]

此后，西方一些管理学者相继使用政治资源概念。20 世纪 50 年代，西方行为主义政治学产生后，在行为主义政治学家的推动下，政治资源概念被广泛运用起来。众所周知，传统政治学偏重制度和国家研究，而行为主义政治学认为，现代政治研究的重心应关注政治主体的行为，为了保证政治行为研究的客观性，政治学应注意借鉴和采用自然科学以及其他社会科学的相关理论、方法。为此，行为主义政治学建立了一套新的话语体

---

[1] Nicolas Dahan: A contribution to the conceptualization of political resources utilized in corporate political action, Journal of Public Affairs. London: Feb. 2005. Vol. 5, Iss. 1: p. 43.

系，重新审视和解读政治。不同于传统政治学对政治的理解①，行为主义政治学认为政治很大程度上是对社会价值物的分配，当代行为主义政治学的旗帜性人物——美国政治学家戴维·伊斯顿认为，"政治学的总目标必须是了解政治体系所起的作用。""为了便于实际研究，有必要把政治学描绘成探讨人们如何为一个社会进行权威性价值分配的问题。"② 政治主体行为的背后是社会价值物的存在，这些社会价值物本质上就是各种资源。因此，政治就是资源分配的决策活动，为了控制政治决策，政治主体掌握的政治资源往往决定政策控制。政治体系（国家）最基本的目标是秩序和发展，无论是秩序还是发展目标的实现，政治体系必须掌握足够的资源作为保证。在现实中，政治体系（国家）也往往是资源的掌控者和分配者，政治体系（国家）能力的强弱与其掌控的资源有关。总之，资源对于政治体系十分重要。这样，原本经济意义上的资源概念就被借用到政治行为研究中去，政治资源成为观察和研究政治行为、政治现象的一个重要范畴。

与戴维·伊斯顿持相同观点的还有阿尔蒙德、罗伯特·达尔、哈罗德·拉斯韦尔等行为政治学家，他们也强调政治的权威性分配的功能，强调政治与资源的配置或分配有关。在西方社会学界，威廉姆·甘森、丹尼斯·朗、罗伯特·杰克曼等一些政治社会学家也对政治资源进行了研究。当然，这些学者普遍缺少对政治资源进行系统的专题研究，只是在其著作中常常涉及政治资源问题。但总体上看，西方行为主义政治学者还是为我们提供了比较丰富的相关研究成果③，其中，美国政治学家阿尔蒙德、达尔和社会学家丹尼斯·朗关于政治资源的研究成果较为丰富，也颇具代表性，在政治学界具有一定的影响力，这里主要对这三个代表性人物的研究

---

① 在传统政治学中，对政治的理解一般有这样几种解释：政治是一种规范性的道德；政治是一种神秘的超社会力量的体现；政治是对于权力的追求与运用；政治是管理公共事务的活动。参见王浦劬等：《政治学基础》，北京大学出版社2006年版，第1—6页。

② [美] 戴维·伊斯顿：《政治体系——政治学状况研究》，马清槐译，商务印书馆1993年版，第123页。

③ 这些研究成果主要体现在三个方面：第一，关于政治资源含义与类别的研究；第二，关于政治发展过程中政治资源的提取和开发问题的探讨；第三，关于政治资源分配问题的研究。具体可参见：陈文新：《从政治资源研究到资源政治学——一项新的政治分析范式的探讨》，《深圳大学学报》（社会科学版），2009年第6期。

成果做一简要梳理。

首先，在行为主义政治学家中，美国政治学家罗伯特·达尔关于政治资源研究的成果最丰富，对政治资源的运用也最广泛。达尔对政治资源的研究与分析主要集中在《现代政治分析》、《谁统治：一个美国城市的民主和权力》、《多头政体》、《论民主》等系列著作中。在这些著作中，达尔在界定政治体系、政治资源等概念的基础上，构建了现代政治分析框架，探讨了政治体系中政治资源分配问题。达尔认为，政治分析涉及权力、权威与统治，而政治体系可定义为"任何在重大程度上涉及控制、影响力、权力或权威的人类关系的持续模式"。[①] 所有政治体系所具备的一个普遍特征就是政治影响力的分配是不公平的，政治体系成员中的政治影响力量的差别直接归因于三个方面：政治资源分配的差别、个人使用政治资源的技能和效率的差别、个人为政治目的使用其资源于不同方面的差别。[②] 即个人的政治影响力取决于其拥有的政治资源及其利用政治资源的技能。这样，达尔在阐述政治影响力的基础上，提出了政治资源的概念。他说："政治资源是一个人可用于影响他人行为的手段。因而政治资源包括金钱、信息、食物、武力威胁、职业、友谊、社会地位、立法权、投票以及形形色色的其他东西。"[③] 达尔还进一步详细分析了政治资源分配不平等的原因，把政治资源分配的平等程度与经济发展的水平结合起来。在另外一部重要著作《多头政体》中，达尔把政治体制的划分与政治资源的分配结合起来，提出了多头政体与霸权政体的概念，并对多头政体与霸权政体中的政治资源的分配进行了描述与研究。在《谁统治：一个美国城市的民主和权力》一书中，达尔还结合纽黑文市政治参与的情况，详细探讨了该市各个社会群体运用掌握的政治资源影响政治决策的过程。总之，达尔对政治资源的理论研究，提出了很多开创性的见解和观点，不仅奠定了政治资源理论的基本分析架构，而且大大拓展了政治资源理论研究的视野，对政治资源的理论研究做出了重要贡献。

---

① ［美］罗伯特·A.达尔：《现代政治分析》，王沪宁译，商务印书馆1987年版，第17—18页。

② 同上书，第47—48页。

③ 同上书，第47页。

其次，阿尔蒙德和小鲍威尔在《比较政治学：体系、过程和政策》中，不仅对政治资源进行了界定，而且对政治资源的提取和开发问题进行了探讨。他们实际上把政治过程中各种各样的"支持"看作是政治资源，这种"支持"不仅包括政治性，还包括物质性的。因此，政治体系对政治资源的提取与开发是很重要的。所有的政治体系，甚至最原始的政治体系，都以人们对社会义务性贡献的方式来提取某种资源，在现代政体中，最普通的提取资源的形式是税收，而战争掠夺是一种常见的国际提取形式。阿尔蒙德和小鲍威尔通过对当代一些国家提取的税收、社会保险金和国有财产所得利润和利息占国内生产总值的比例的比较研究后认为，一般来说，从发达的工业经济中，政治体系更容易提取比例高——绝对量也较多的资源。在经济不发达的农业社会中，大多数人生活在最低生存线上，要想提取他们收入的大部分是十分困难的。除了经济发展程度这一限制性因素外，政策目标和战略对资源提取的程度和形式也起到重大的影响作用。他们认为，政治资源的提取具有重要意义，历史上的重大政治斗争，特别是民主化运动所取得的具有历史转折意义的胜利，往往与税收有关，如：英国大宪章的制订和法国大革命的部分起因就源于税收的斗争。[①] 总之，无论是从政治体系、政治过程还是政治决策来看，政治资源的提取与开发都是政治主体政治行为的前提，是政治体系功能发挥的基础。

最后，美国著名的政治社会学家丹尼斯·朗系统研究了现代政治运行的特点，在其著作《权力论》中，提出了政治资源的概念。他认为，政治权力来源于对政治资源的掌握和占有，政治资源在一定意义上为权力行使提供了可能的基础，政治权力的大小受制于政治主体掌握的政治资源的数量与质量。丹尼斯·朗认为，政治资源可以分为个人资源与集体资源。个人资源包括：个人自由支配的时间、金钱、声望、个人魅力、操纵或说服技巧、某种知识或信息等，这些资源为个人拥有、流动性比较高并且易于转化为政治用途；集体资源最重要的是团结和组织；另外，"集团规

[①] [美] 加布里埃尔·A.阿尔蒙德、小G.宾厄姆·鲍威尔：《比较政治学—体系、过程和政策》，曹沛霖等译，上海译文出版社1987年版，第338—343页。

模、组成人员的绝对数量是至关重要的集体资源。"[①] 一般而言，整体大于部分之和，不管个人资源多么丰富，个人权力明显不能胜任和完成的任务往往可以通过有组织的集团来取得成功。因此，集体资源优于个人资源，"在决定社会的权力结构时，创造和保持集体资源远比个人资源的分配更为重要"。[②] 丹尼斯·朗的政治资源理论，是建立在当代西方资本主义国家政治现实的基础上的，具有很强的针对性。

理论产生于实践而又必须服务于实践，中国学者对政治资源的研究和运用，既是当代中国政治发展的一种理论诉求，也是当代中国政治发展的现实所需。中共十一届三中全会以后，中国启动新型现代化之路，但中国新型现代化并不是一帆风顺的。20世纪90年代中期后，中国改革开放的制度效应的释放开始遇到一定的阻力，主要表现为经济增长与政治发展失衡。改革初期的权力下放，一度引起中央与地方关系的失衡，一些具有政策优势的省份经济实力迅速增强，地方保护主义抬头，中央政府的权威和政治整合力出现明显下降。由于权力下放的同时，权力监督机制的缺失，党政官员腐败现象增多。在这种情况下，政治体系应主动调适自己的职能，迅速适应社会经济生活的变化。中央政府必须迅速适应社会和经济生活的迅速变革，增强其政治权威，提高对社会的整体调控能力。而政治体系政治功能的实现，必须以拥有足够丰富的政治资源作为前提，因此，能否积聚足够丰富的政治资源关乎政治功能的实现。这是当代中国政治发展必须关注的问题，也是理论界必须要做出回答的问题。同时，改革开放之后，中国政治学开始恢复和重建，在恢复和重建阶段，翻译和介绍西方政治学是当时中国政治学界的一个首要选择。在翻译和介绍西方行为主义政治学重要著作的过程中，中国学者逐渐对行为主义政治学著作中频频出现的政治资源范畴产生了兴趣。在翻译行为主义政治学家罗伯特·达尔的《现代政治分析》的基础上，复旦大学的王沪宁教授率先借鉴并运用政治资源的概念分析当代中国政治。王沪宁教授结合当代中国政治发展的现实，分析了中国国家政治资源的构成，强调现代化进程中保护和开发政治

---

① [美]丹尼斯·朗:《权力论》，陆震纶、郑明哲译，中国社会科学出版社2001年版，第160页。

② 同上书，第168页。

资源的重要性。此后，政治资源话语屡屡被学界提起，政治资源研究开始兴起，学者们从不同的视角、按照不同的方法展开了对政治资源的多方面研究，先后取得了一些研究成果。

概括而言，近十年国内理论界关于政治资源的研究成果集中在两个方面：

其一，政治资源基本理论研究，主要涉及的内容有：

（1）政治资源基本概念的探讨，许多对政治资源进行研究的学者如：何深思、沈艳兴、傅菊辉、周圣平、臧乃康等首先从探讨政治资源基本概念做起，他们分别对政治资源进行了解释和界定。

（2）政治资源的分类，这方面的研究者较多，从事政治资源的理论研究者在对政治资源范畴进行界定时，一般都涉及对政治资源进行分类，邓伟志、王邦佐、包心鉴等探讨了政治资源的构成类型。

（3）政治资源流失与维护问题研究。有研究者认为，十一届三中全会以来，我国在经济建设上取得了巨大成就，但同时由于经济利益格局的变化、政党政治功能淡化、外部利益集团的压力以及部分党员的腐败堕落等多种因素影响，导致中国共产党的政治资源在一定程度上出现流失，其流失的途径主要表现在系统内的转移和异化、系统外的向利益集团输送等。为此，必须加强党建，遏制政治资源的流失。[①] 也有研究者认为，公共政策执行中也会存在政治资源流失问题。[②]

（4）大量的研究成果集中于探讨政治资源开发问题。有许多研究者认为，作为一个后发国家，中国现代化的进程要靠政府所掌握的政治资源来推动。在现代化进程中，政府的有效性和合法性基础有赖于政府掌握的政治资源种类和数量。因此，政治资源开发不仅为政府有效性提供必要的物质性资源支持，也是转型时期重建政府形象、提升政府合法性的重要手段。[③] 何妍结合新中国成立后中国政治发展的进程，详细考察了不同历史

---

① 唐杰：《加强党的建设，减少政治资源流失》，《电子科技大学学报》（社会科学版），2002年第4期。

② 傅菊辉、陆小成：《公共政策执行中的政治资源流失及其对策》，《湘潭大学学报》（哲学社会科学版），2004年第1期。

③ 张劲松、丁希：《政治资源开发：转型期政府形象重建的途径》，《理论探讨》，2009年第5期。

阶段中国政治资源开发的实践，总结了中国共产党政治资源开发的得失。① 总之，许多学者强调，基于改革开放后中国政治发展的实践，要把政治资源的开发提到十分重要的战略位置，以促进经济、社会和政治的协调发展。

（5）政治资源配置研究。研究者集中探讨了政治资源配置的意义、内容以及机制等问题。② 成莉莉认为政治资源配置的核心问题是权力结构问题，民众拥有的政治资源状况是检验政治资源配置是否合理的重要指标。政治资源的配置结果是否平等、能否为大众所认同、是否在社会范围内最大限度发掘政治资源的功能，这些都需要结合政治资源本身的配置结构来分析。③ 臧乃康结合和运用政治资源配置理论，探讨了区域公共治理问题。郑又贤、唐长久探讨了民主党派政治资源优化配置问题。

其二，一部分研究者从对政治资源的泛泛而论转向对政治资源的应用研究，涉及的主要内容有：

（1）部分学者将研究的重点集中在当代中国执政党的政治资源（执政资源）上。许多研究者对党的执政资源进行了划分，代表性的观点是倾向于把执政党的政治资源（执政资源）分为理论资源、权力资源、组织资源、历史资源、制度资源、合法性资源等。其中，对于中国共产党合法性资源的研究是一个重点，许多学者集中探讨了改革开放前后中国共产党合法性资源的变迁。这些观点认为，改革开放之前，中国共产党执政的合法性主要建立在革命功绩上，党和国家领导人的个人魅力、马克思主义意识形态的巨大感染力、中国共产党在革命中积累起来的巨大的组织资源构成了改革开放前执政的合法性基础。改革开放之后，经济业绩逐渐取代意识形态成为新的合法性基础，中国共产党在致力于巩固意识形态所赋予的合法性的同时，也在不断寻找新的合法性来源。1997年党的十五大提

---

① 何妍：《党执政实践中对政治资源的开发及其现实启示》，《当代世界与社会主义》，2011年第3期。

② 具体参见：包心鉴：《论政治资源的科学配置与使用》，《理论学刊》，2004年第2期；吴锦旗，徐勇：《论市场经济条件下政治资源的配置与整合》，《四川行政学院学报》，2005年第5期；成莉莉：《现代化进程中我国政治资源的配置机制》，《中共杭州市委党校学报》，2004年第6期。

③ 成莉莉：《现代化进程中我国政治资源的配置机制》，《中共杭州市委党校学报》，2004年第6期。

出"依法治国"纲领,成为中共再次寻求新的合法性来源的契机。学者们认为,在未来一段时间内,经济业绩仍将成为中国共产党执政最主要的合法性基础,而依法治国、法制将会随着中国政治、经济、社会发展的需要日益受到倚重。① 也有研究者从利益分析入手,认为中国共产党的合法性始终建立在满足广大人民群众利益的基础上,改革开放初期,中国共产党着重通过发展经济、改善人民生活赢得群众的拥护,20 世纪 90 年代后期,执政党通过反腐败、反贫困和建立社会保障工作机制来不断维护和提高合法性基础。②

那么,如何巩固和拓展中国共产党政治合法性资源呢?王海军认为,在新形势下拓展和优化政治资源应做好制度设计,以宪法和法律作为主要的调控手段,从制度上扩大基层民主,保证人民群众直接行使民主权利;完善各级人大及其常委会的各项职能,充分发挥各级权力机关的作用;进一步完善中国共产党领导下的多党合作和政治协商制度;加强对权力的制约和监督,建立合理有效的权力监督制约机制。③ 唐棣宣、吴光会认为,中国共产党应从理论创新,构建新的价值体系;体制创新,构筑"法定——理性"型权威;提高绩效张力效应,获得新的"特定支持"等方面重构其合法性资源。④ 也有研究者认为,经济转型期政治合法性资源的维护和重构应:争取绝大多数人民对执政党的意识形态的认同;建构法理性权威;实行依法执政,使党的执政权力取得程序合法性。⑤

(2) 中共十六届四中全会后,中国共产党明确提出构建社会主义和

---

① 具体参见:林尚立:《当代中国政治形态研究》,天津人民出版社 2000 年版,第 141—142 页;毛寿龙:《政治社会学》,中国社会科学出版社 2001 年版,第 88 页。吴文勤、杨长鑫:《中国共产党的执政资源变迁及其制度整合》,《唯实》(南京),2004 年第 1 期;张健:《合法性与中国政治》,《战略与管理》,2000 年第 5 期;杨宏山:《中国政治发展与合法性资源》,《理论探讨》,2004 年第 1 期。

② 李英田:《经济增长与政治合法性的关系探析》,《理论与改革》(成都),2004 年第 1 期。

③ 王海军:《论中国共产党政治资源拓展与优化的制度设计》,《探索》(重庆),2012 年第 3 期。

④ 唐棣宣、吴光会:《小康社会的政治生态变化与党的合法性资源重构》,《求实》(南昌),2004 年第 7 期。

⑤ 靳晓霞:《经济转型期执政合法性资源的维护和重构》,《武汉理工大学学报》(社会科学版),2004 年第 1 期。

谐社会的政治目标，国内对政治资源的研究更多地与和谐社会的构建结合起来。学者们普遍认为，在市场经济日益深入的过程中，政治资源的分配关系到社会和谐与社会稳定。经济学家张军撰文指出，政治资源空间分配的不均不利于和谐社会的构建，他呼吁更公平地分配政治资源。何深思（2005）、金太军、赵军锋（2008）、张立国（2008）、岳少华（2008）等学者认为，政治资源合理配置是和谐社会的应有之义，而现阶段政治资源配置存在不公平的现象必须引起各方重视，应通过以政府为主、市场和社会为辅的资源配置机制予以纠正，从而才有可能推进民主政治建设，建立和谐社会。[①]

总体上，现有的政治资源研究成果为我们提供了有价值的启示，它提醒我们：政治资源分配影响政治发展和政治稳定，当代中国和谐社会的构建必须要处理好政治资源合理配置的问题。同时，也应看到，政治资源的理论研究对国内理论界来说是一项崭新的课题，现有的研究成果也存在一些不足：核心概念政治资源界定不准确；研究内容过于分散，缺乏系统专题式的研究；研究的视野过于宏观，主要限于国家层面的理论探讨，对于微观层面社会各阶层政治资源配置状况的深入研究比较缺乏。而社会阶层关系的研究成果又主要限于社会学领域，中国社会学者关于社会的研究阶层又主要集中在：阶层的内涵、划分标准；社会分层机制；改革开放以来中国阶层的分化；中国社会阶层关系的演变与现状；当前的阶层矛盾与冲突等方面。而中国现实的阶层关系的发展又不可避免地遭遇政治资源及其配置问题，这就使社会阶层和社会阶层结构的研究不可绕开政治资源的配置问题。而现有研究成果中，系统地探讨社会阶层政治资源配置问题的成果比较单薄，还存在很大的拓荒空间。现有研究的不足为本课题提供了研究的空间，如何运用政治社会学的理论，系统评估当前中国社会各阶层的政治资源占有状况，探寻政治资源配置与社会阶层关系间的某种联系，从而提出优化配置社会阶层间政治资源的方案，调整各阶层之间的利益关

---

① 具体参见何深思：《论我国政治资源的公平分配与合理共享》，《中国特色社会主义研究》，2005年第2期；金太军、赵军锋：《政治资源配置与和谐社会构建——和谐社会的政治社会学分析》，《理论探讨》，2008年第2期；张立国：《构建和谐社会进程中的政治资源配置与整合》，《宁夏党校学报》，2008年第4期；岳少华：《新社会阶层的政治资源与阶层关系和谐》，《南京师大学报》，2008年第5期。

系，促进社会稳定发展正是本课题研究的出发点。

二 课题研究的主要内容

本课题主要运用政治资源配置基本理论和社会学的阶层理论，运用实证分析的研究方法，从考察当代中国社会各阶层政治资源占有状况入手，经过实证调查分析，在理论上总结政治资源配置与阶层关系之间的内在逻辑，分析政治资源及其配置在当前的阶层关系格局中起到的功能，在实践上寻求如何通过政治资源的合理配置来化解阶层冲突、实现社会和谐。

基于上述的研究思路，本课题除了导论和结语之外，主要分为六章，其逻辑结构和主要内容大致如下：

第一章是"政治资源配置与社会阶层关系一般理论"。为了研究社会阶层间政治资源配置，首要的是应搞清楚什么是"政治资源"。因此，本章首先对政治资源的概念进行界定，对政治资源的内容进行规范分类，论述了政治资源的基本特征。其次，阐述政治资源配置的基本理论，按照配置什么、如何配置、影响配置的因素以及配置的优劣的逻辑思路展开阐述，重点探讨政治资源配置的涵义、社会阶层间政治资源配置的要素、政治资源配置机制、影响政治资源配置的要素以及判断政治资源配置优劣的标准等问题。最后，重点阐述政治资源配置与社会阶层关系，以政治资源作为社会分层的逻辑起点，深刻分析社会阶层地位与政治资源占有状况之相关度、政治资源配置与社会阶层关系的形成、政治资源的流动与阶层关系调整、政治资源配置与阶层矛盾、阶层冲突等问题。本章对政治资源配置基本理论的构建，是为了建立当代中国社会阶层政治资源配置研究的理论基础。

第二章是"当代中国社会阶层间政治资源配置状况之历史考察"。本章主要对改革开放前后中国社会阶层政治资源配置问题进行考察。改革开放前，国家掌握着政治资源的配置权。国家对政治资源的配置主要是通过三大体制——"单位制"；人民公社体制以及身份制来进行，这三大体制对资源的分配深刻影响和塑造了这个时期的社会阶级阶层结构。改革开放以后，中国社会阶层间政治资源的配置以20世纪90年代为界分为两个阶段，即改革开放初期社会阶层间政治资源的分散性配置以及20世纪90年代后社会阶层间政治资源累积性的配置。

第三章是"中国社会阶层间政治资源配置状况的现实分析"。本章主要从物质财富、政治权力、社会声望等三个方面来透视当前中国八个主要社会阶层政治资源配置的状况，剖析中国社会阶层间政治资源配置存在的问题。

第四章是"社会各阶层政治资源调查结果的实证分析"。主要是通过对中国南部、中部以及西部地区主要五个社会阶层（公务员、知识分子、农民工、私营企业主、经理阶层）的问卷调查，详细分析不同社会阶层的政治资源配置状况，从而比较强势阶层和弱势阶层政治资源拥有的差异。

第五章是"当前中国社会阶层间关系与政治资源配置之内在机理"。本章主要从阐述阶层关系的内涵和内容入手，分析当前中国社会阶层关系的特点、当前中国的社会阶层矛盾与阶层冲突，从政治资源配置的角度剖析当前社会阶层关系形成的内在机理。

第六章是"政治资源的优化配置与和谐的社会阶层关系之构建"。本章首先从宏观、中观和微观三个层次对社会主义和谐社会进行解读，认为社会阶层关系的和谐是和谐社会重中之重，而实现社会阶层的和谐必须优化政治资源的配置。基于当前中国社会阶层间政治资源配置存在的问题，提出具有针对性的优化政治资源配置，实现阶层和谐的现实方案。

三　研究工具与研究方法

（一）研究工具

主要运用政治资源基本理论。本课题将在现有政治资源理论研究成果的基础上，将政治资源理论运用于对社会阶层的分析，从政治社会学的视野探讨社会阶层资源配置状况。

（二）研究方法

1. 历史分析的方法。本课题在具体考察当代中国政治资源配置的变迁时，把当代中国政治资源的配置置于当代中国政治发展的内在逻辑之中，运用历史分析的方法，来考察当代中国政治资源配置变迁对社会阶层关系发展的影响等。

2. 实证分析。本课题对社会主要阶层政治资源拥有情况的分析进行了问卷调查，在问卷调查的基础上对五个社会阶层拥有的政治资源状况进行了必要的定量分析。

四 基本观点

第一，社会阶层的地位与其对政治资源占有高度相关。政治资源是社会阶层研究的逻辑起点。社会分层完全可以以政治资源作为标准，政治资源的配置是形塑社会阶层关系重要机制；在阶层形成的基础上，政治资源配置最终会形成建立在不同阶层结构上的社会形态；政治资源的流动是社会阶层关系演变的内在动力。

第二，社会冲突源于资源的冲突，核心是政治资源的争夺，政治资源配置极端不均必然引起社会冲突。当前一定范围内的阶层矛盾和阶层冲突本质上与政治资源配置失衡相关。

第三，和谐的社会阶层关系构成政治稳定的社会基础，社会阶层关系虽然不是理性设计的结果，但国家可以通过微观领域的政策调整——政治资源配置来对社会关系产生重要影响，从而协调各阶层之间的利益关系，充分调动社会各阶层的积极性，促进政治稳定和社会和谐。

五 创新之处和不足

（一）创新之处

1. 研究内容的创新

第一，提出新的社会阶层划分之标准。长期以来，在社会阶层划分上存在着马克思主义与韦伯主义两大传统，中国社会学者结合当代中国社会发展的现实，也不断尝试提出阶层划分的标准，取得了一些重要成果，但也存在着划分标准较为笼统、标准之间界限不清等问题。本课题认为决定社会阶层地位的是政治资源，以政治资源作为划分阶层之标准。引入政治资源作为社会分层的标准既能够实现社会阶层划分标准的统一，也有助于揭示影响社会阶层的社会地位中各种因素之间的内在联系。

第二，在以往研究成果的基础上，重新界定政治资源的概念，认为政治资源是一个汇聚性的概念，对政治资源概念的界定必须准确地定位其应用场景。

第三，把政治学的政治资源理论与社会学社会阶层分析结合起来，从政治社会学的角度分析社会阶层。实际上，阶层关系的实质是利益关系，阶层冲突实质上是利益冲突。社会阶层分化的背后蕴含的是社会不同利益群体对资源占有的不同，凸现的是社会阶层对各种资源尤其政治资源的博弈。为此，本项目运用政治社会学的理论，系统评估当前中国社会各阶层的政治资源占有状况，探寻政治资源配置与社会阶层关系间的某种联系，从而提出新的关于阶层分析的模式和框架。

2. 研究方法的创新

第一，从新的视角对中国社会阶层关系进行分析。迄今为止，尚没有学者从政治资源配置的视角去系统研究社会阶层关系问题，对于当前中国社会新型的阶层关系与阶层结构以及一定范围内的社会阶层冲突，"冲突论"和"功能论"是目前主要的两种解释模式。本课题以政治资源为分析主线，在吸收和借鉴上述两种解释模式的基础上，探讨政治资源配置与社会阶层关系的内在机理。

第二，本课题的研究主要采取实证分析和历史分析的研究方法，把定性分析与定量分析结合起来，避免单纯的定量分析或定性分析。

（二）研究的不足

第一，研究资料还不够丰富，一些最新的资料和数据还比较匮乏。当代中国社会阶层的研究需要大量最新的资料和数据，尤其是一些反映社会阶层最新变化的一些资料还不够全面。我们虽然进行了艰苦的资料收集工作，尽可能地查阅和收集相关文献、资料，尽量采纳和运用最新的数据和资料作为论据。但由于各种难以克服的因素，一些社会阶层（如经理阶层）的最新的数据和相关资料还无法获取，一些资料较为敏感，不宜公开，这在一定程度上使某些方面的理论分析显得有些单薄，对理论分析带来一定的困难。

第二，实证研究的方法还需要提升。在本课题研究中，我们进行了较为翔实的社会调查，并根据调查数据对社会各阶层政治资源拥有状况进行了分析，但受研究时间、精力所限，我们选取的社会阶层有限，存在着调查对象还不够全面的情况。同时，受调查对象心态的影响，问卷调查的方案是否合理、调查数据是否能够全面真实的反映社会阶层的实际情况，还有待实践进行检验，有待学界进行批评指正。

第一章 政治资源配置与社会阶层关系一般理论

一 政治资源的理论定位

(一) 政治资源的概念

1. 资源与政治资源

什么是资源？从一般意义上理解，"资"，本义指财富，引申为资料、材料、资格、条件等，"源"即来源，这样，资源的本来含义就是指资财的来源，一般指天然的财源，指一国或一定地区拥有的物力、财力、人力等物质要素的总称。① 随着时代的发展，原有的狭义的资源概念已不能适应社会的快速发展，资源的内涵不断丰富，资源的外延也得到不断拓展，"资源"的含义得到了快速的扩展，现代意义上的"资源"概念甚至有泛化的趋势。现在人们往往把能够利用并产生效益的一切物质、能量、知识和信息都划入资源范畴，现在的资源概念不仅包括物质性的东西，还包括韦伯所说的"机会"等非物质性东西，凡是能够满足人们经济、政治、社会的需要和利益的物品、非物品都是资源。事物的有用性、稀缺性往往是判断资源的重要尺度。

政治是一项重要"资源"，因为政治具有"资源"的基本特征。首先，政治是稀缺资源。无论人们如何界定政治，国家政权始终是政治的核心。所有政治主体的政治行为都是围绕着争取或影响国家政权而展开的，与国家政权距离的远近在一定程度上决定了政治人物在政治生活中的层次与地位，谁拥有政治权力，谁在政治关系中就具有主动性和支配性。政治

---

① 夏征农主编：《辞海》，上海辞书出版社1999年版，第3881页。

冲突的焦点自然就集中在政治权力等稀缺资源上。其次,从有效性来看,政治生活本身构成一个有机的整体和系统,政治组织、政治制度和政治文化等这些政治的外延形态并不是相互孤立存在的,而是有着一种逻辑上的相互联系,是一个相互联系、相互转换的有机整体,政治的系统性就体现了各种政治要素之间的关联与组合,各种政治要素对于政治体系都是不可或缺的,它们之间相辅相成,构成一个有机的整体,对于保持政治体系的生存和发展都起到应有的作用。如:政治制度有助于规范政治组织和公民的政治行为,良好的政治文化是一个政治系统保持持续稳定的精神基础。正是由于政治具备"资源"的特性,许多政治精英或政治学者都已从"资源"的高度来审视"政治"。政治主体在政治行为的过程中,必须正确地认识和挖掘政治资源,充分而有效地利用政治资源。

2. 西方学者对政治资源的理解

"政治资源"是西方行为主义政治学家所使用的一个重要概念,但西方行为主义政治学家对政治资源的表述并不一致。概括地讲,西方学者对政治资源含义的理解,基本上存在两种角度。

一是从个体意义上来理解政治资源。从个体意义上谈政治资源,主要把政治资源归属到政治个体能够拥有的各种资源。行为主义政治学重要代表人物哈罗德·拉斯韦尔把政治人物分为权势人物和大众,政治就是对权势和权势人物的研究。所谓权势人物其实就是政治精英,精英之所以能够在社会政治生活中居于支配地位,是因为他们在社会价值物分配中能够获得较多的资源。精英与大众的分野恰恰在于掌握资源的丰寡。[1] 在《现代政治分析》中,罗伯特·达尔认为政治资源是一个人可用于影响他人行为的手段,这些手段包括金钱、信息、职业、友谊、社会地位、投票权等。美国政治学家阿尔蒙德和小鲍威尔认为:"所谓政治资源,是指支持候选人的公民的投票,议员的投票,文官集团的支持以及在录用和决策中可能加以动用的武装力量等。"[2] 其中,投票权是最重要的政治资源。澳大利亚学者约翰·凯恩把道德资本作为政治人物所拥有的一种政治资源。

---

[1] [美] 哈罗德·拉斯韦尔:《政治学——谁得到什么?何时和如何得到?》,杨昌裕译,商务印书馆1992年版,第138页。

[2] [美] 加布里埃尔·A. 阿尔蒙德、小 G. 宾厄姆·鲍威尔等:《比较政治学——体系、过程和政策》,曹沛霖译,上海译文出版社1987年版,第233页。

他认为，政治领域离不开对政治人物的道德评价，或者说道德评价本身就是政治的一个固有部分。人民对政治候选人、政治领导人的积极或肯定的道德评价对于这些政治人物而言就是一种政治资源，这种政治资源被称作"道德资本"，而对政治人物否定的道德评价往往导致其道德资本流失，道德资本的流失又导致政治合法性危机。①

第二种路径是从政治系统或国家的角度来研究政治资源。这种角度就是把政治资源归属到集体（组织）层面上，这种集体（组织）可以是政治体系，也可以是政党。政治系统论者往往把政治资源视为政治系统拥有的实现政治目的的手段和条件。曾经担任美国政治学会会长的戴维·伊斯顿建立了政治系统的输入—输出模式。他所说的政治输入主要包括两个方面的内容：要求和支持，其中"支持"又可分为两大类，即显性"支持"和隐性"支持"。前者往往是一个人外在的政治支持活动，如：积极公开地倡导或追求某些目标、思想、制度的行为；后者往往指"支持的行为并不只是可观察到的外在的行动。一个人可以保持一种支持某个人或某个目标的心态，它是形成某种态度、性情或者是一种以某个人的名义采取行动的能力等方面的心理取向"。② 不管是政治输入的显性"支持"还是隐性"支持"，实际上它们都是政治系统正常运转的能源基础。从这个方面讲，伊斯顿所说的政治输入过程中的支持实际上是政治系统拥有的一种政治资源。而从这种输出的角度来看，政治系统拥有的可支配资源可具体分为外部和内部资源。"外部资源是指来自系统环境的、当局用来实现系统目标的物质手段，比如各种商品、服务或金钱；内部资源是指系统以自己的政治结构、组织或行为规则所提供的实现系统目标的各种手段。"③

3. 中国学者对政治资源的理解

概括起来，中国学者对政治资源概念的理解，主要有这样几种观点：

政治手段或工具说。《中国大百科全书》（政治学卷）把政治资源定义为"政治行为主体可用于影响他人行为的手段"。④ 金太军、赵军锋把

---

① John Kane, the Politics of Moral Capital, Cambridge University Press, 2000, pp. 6 – 11.
② [美]戴维·伊斯顿：《政治生活的系统分析》，王浦劬译，华夏出版社1999年版，第187页。
③ 同上书，第531页。
④ 《中国大百科全书·政治学卷》，中国大百科全书出版社1992年版，第516页。

政治资源视为政治行为主体实现政治利益的工具。①

政治财富说。有研究者认为，政治资源是在"一定的经济基础上，政治主体为实现一定的政治目的而用来影响政治客体的政治手段和政治财富"。②

政治权利说。有研究者认为："政治资源是指国民运用合法政治权力所能获取和享用的政治待遇和政治机会，是政治权利的实施所取得的结果。政治资源的使用首先要服务于人们对自身福利的获取、处置、追索和保护的全过程，是现代社会人们生存、发展所不可缺少的保障条件。"③

政治能力说。这种观点认为，政治资源是政治主体凭借权力和地位在政治过程中运用的人类征服自然的能力。④

4. 政治资源概念的界定

综上所述，中外研究者对政治资源的理解是众说纷纭，政治资源并没有形成一个学界公认的内涵。造成政治资源概念存在差异的原因，既有客观原因，也有主观方面的原因。从客观上讲，政治资源本身是一个具有"汇聚"功能的概念。在社会科学的研究中，一个概念不是具有汇聚（aggregating function）功能，就是含有鉴别功能（distinguishing function）⑤。所谓具有"汇聚"功能的概念，是指概念本身是一个涵盖许多次级概念的概念，而具有鉴别功能的概念往往能够把此事物与其他事物区别开来。从政治资源的概念特征来看，政治资源显然是一个汇聚性的概念。通俗地讲，政治资源并非单一的，而是一个包含许多要素的概念。政治资源是多形式的，指涉的内容比较丰富，谈起政治资源，人们可以罗列出许多对政治目标的实现有用的东西。正因如此，研究者往往根据自身研究的需要来使用政治资源概念，对政治资源范畴的界定往往规定不同的场景，这就使政治资源的外延存在过宽的现象。

---

① 金太军、赵军锋：《政治资源配置与和谐社会构建——和谐社会的政治社会学分析》，《理论探讨》2008年第2期。

② 周圣平：《政治资源的理论定位和实践思考》，《湖南师范大学学报》（社会科学版）2004年第1期。

③ 何深思：《论我国政治资源的公平分配与合理共享》，《中国特色社会主义研究》2005年第2期。

④ 沈远新：《中国转型时期的政治治理》，中央编译出版社2007年版，第3页。

⑤ 郭秋永：《当代三大民主理论》，新星出版社2006年版，第141页。

任何一项理论研究必须首先界定核心概念，政治资源研究亦如此。只有界定清楚政治资源的概念，才可能运用该概念进行相关研究。关于政治资源的理解，我们认为，应该把握以下几点：

首先，必须明确，政治资源不同于社会资源、经济资源。从概念的外延来看，社会资源的外延最大，政治资源、经济资源本身是社会资源的一部分，政治资源、经济资源和社会资源是属类关系。另外，三者用途不同，反映的关系属性也有差异。政治资源主要用于政治用途，经济资源主要用于生产用途，是经济发展的要素。政治资源主要反映政治关系和政治地位，经济资源主要反映生产关系和经济地位。政治资源的核心是政治权力，经济资源的核心是物质财富和生产资料。在三种资源中，经济资源是最根本的资源，社会主体对经济资源的占有在一定程度上决定了政治资源的占有，也就是说，政治资源的占有往往以经济资源的占有为前提。

其次，由于资源的互换性，原本意义上的社会资源、经济资源在一定条件下可以转化为政治资源，从而成为政治资源的一部分。一切政治资源都是为了维护或实现政治主体的政治目标和价值的。在一个社会中，几乎任何有价值的东西都可以被当作政治资源。判断政治资源的标准，是看该要素或者资源是否被用于政治。如果社会资源、经济资源被运用于实现政治目标，社会资源、经济资源可以因为从事政治用途成为政治资源。这样，社会资源、经济资源和政治资源有相互交叉的地方。单纯的物质财富、金钱本身应该是经济资源，社会地位和社会荣誉称号本身是社会资源，但是，如果这些社会资源、经济资源被用来发挥政治效用，那么，这些资源就可以转化成为政治资源。达尔说："一个有钱人可以收藏油画；也可以招揽政治人物。"[①] 前者不会对政治产生影响，后者的经济财富自然转化为政治资源。正是从这个意义上讲，政治资源包含的内容很广泛，不是单一的，而是多种多样的。狭义的政治资源一般是指政治权力，政治权力是政治主体实现政治目的直接凭借。而广义的政治资源并不是单一的，而是多种多样的，所有直接用于政治用途或者间接用于政治目的的社会资源都可以称为政治资源。

---

① ［美］罗伯特·A. 达尔：《谁统治：一个美国城市的民主和权力》，范春辉、张宇译，江苏人民出版社 2011 年版，第 299 页。

最后，基于政治资源内容的多样性，对政治资源范畴的界定必须准确地定位其应用场景，主体层次不同，政治资源范畴包含的内容可能有一定的差异。从政治资源使用的层次上讲，我们有时候是从个体意义上来谈论政治资源，有时从组织或者集体层面谈政治资源，这就涉及政治资源主体的问题。就个体而言，政治资源往往是个人拥有的权力、收入、友谊、社会交往对象、知识、品德等，这些资源能够直接或者间接用于政治，形成政治影响。如果政治行为的主体不是一些个体，而是包括家族、团体、党派、阶级、阶层甚至国家，政治资源的内涵恐怕又有一些不同了。"在特定的群体中，凡是可以去影响一个政府尤其社会一个国家政府决策的，就是政治资源。"① 因此，一些组织的、体制的共同拥有的因素自然也是政治资源的内容。

基于上述考虑，综合国内外研究者的观点，我们认为，政治资源是指能够使政治行为主体对政治客体发生作用，实现政治主体的政治目的，从而影响政治变迁、维护政治稳定、推动政治发展的物质与非物质因素的总和。②

（二）政治资源的特征

除了具有一般资源的共性——有效性和稀缺性之外，政治资源还有其自身所固有的属性。

首先，客观性。政治资源是客观存在的。就物质形态的政治资源而言，物质的客观性决定了政治资源的客观性。政治权力、物质财富等不是凭空构造出来的，而是一定时期社会经济发展到一定的产物。就无形的政治资源而言，虽然它不易为人所察觉，但它在社会政治生活中始终发挥着重要作用。台湾学者马起华曾经指出，在政治资源中，有形资源和无形资源都是国家不可缺少的要件；有形资源能否予以适当、充分的运用，发挥最大的效能，往往在于无形资源的有无及优劣；无形资源比有形资源来，更有决定性的影响。③ 中国古语云："得民心者得天下"，中国古代统治阶

---

① ［美］罗伯特·A. 达尔：《论政治平等》，谢岳译，上海人民出版社2010年版，第79页。
② 陈文新：《政治资源基本理论初探》，《上海行政学院学报》2006年第1期。
③ 马起华：《政治论衡》，台湾商务印书馆股份有限公司1977年版，第223—224页。

级都明白一个道理：民心向背决定政权兴衰。中国历史上的王朝危机、政权垮台的前奏往往就是民心资源的枯竭。苏共亡党亡国的教训很多，但导致苏联解体、苏共丧失政权的决定性因素之一就是苏共长期脱离群众，官僚主义和严重的腐败最终使苏共在苏联人民心目中的地位下降。从根本意义上讲，苏共不仅是被国内外反动势力所搞垮的，更是被苏联人民抛弃的，这样的教训值得深思。人类政治生活从低级到高级、从简单到复杂，都离不开政治资源的客观基础。承认政治资源的客观性，就要求我们不能忽视政治资源的客观存在，在政治生活中注意维护政治资源，善于利用已有的政治资源，开发新的政治资源，更要从现实出发，遵循政治资源配置的客观规律，最大限度地运用政治资源。

其次，主体利益性。政治资源是为政治主体服务的，谁拥有政治资源，政治资源就为谁服务。政治资源的使用方向、使用途径、使用价值的大小往往取决于政治主体。虽然，不同的历史时期，政治主体的利益诉求、利益内容不同，但政治主体利益的实现、利益的保障、利益的变化都与其拥有的政治资源密切相关。如果政治资源的主体是个人，那么政治资源的利用首先就是实现个人的政治利益；如果政治主体是组织，如阶级、阶层、政党、国家等，政治资源就为组织的整体利益、共同利益服务。在阶级社会中，任何政治资源都要服从和服务于一定的阶级利益。对于统治阶级而言，正是依靠所掌握的系统的、有组织的政治资源来维护其统治地位。人类历史上任何一种国家形态的存在，都要以政治资源作为基础。作为核心的政治资源，政治权力、军队、警察、法庭、监狱等是统治阶级实行统治的基本支柱。恩格斯曾经尖锐地指出："有产阶级，即土地贵族和资产者，使劳动人民处于被奴役的地位，这不仅靠他们的财富的力量，不仅靠资本对劳动的剥削，而且还靠国家的力量，靠军队、官僚和法庭。"[1]除了这些带有强制性政治资源外，政治文化、意识形态也是政治主体维护利益的重要手段。"任何一个时代的统治思想始终都不过是统治阶级的思想。"[2]

再次，流动性。由于政治活动的持续性和动态性，作为政治活动重要

---

[1] 《马克思恩格斯选集》第 2 卷，人民出版社 1995 年第 2 版，第 639 页。
[2] 《马克思恩格斯选集》第 1 卷，人民出版社 1995 年第 2 版，第 292 页。

因素的政治资源自然也是处在不断地流动之中。无论是对政治人物还是政治体系而言，政治资源的流动性都是绝对的。政治资源的流动性一方面意味着政治资源在不同的政治主体之间的动态变化，另一方面则意味着政治主体所拥有的政治资源在总量、构成、发展方向方面会出现增减变化。就政治资源总量而言，政治主体拥有的政治资源总量会随着外部环境的变化出现数量上的扩张或者萎缩；就构成而言，有时候无形政治资源增多，有形政治资源减少。例如，一个政党可能在一个时期掌控的物质资源虽然减少了，但得到了选民更多的政治支持，政党的政治威望上升了；就发展方向而言，有时候，政治主体的政治资源向积极方向发生变化，政治资源总量增加，政治资源的结构更加合理，资源配置更加有活力。有时候，政治主体的政治资源向消极的方向变化，政治资源出现流失，关键性政治资源减少，政治资源缺少流动性，政治资源的利用性能不高。当然，政治资源类型不同，政治资源流动性也存在差异。相比较而言，个人资源比集体资源的政治流动性要高，"闲置的或用于非政治目的个人资源，如果拥有者决定把它们用于政治目的，就可以在政治上动员起来。当然，个人可以毫不动摇地决定拒绝将其资源用于政治，但死亡或其他不测事件会导致将其资源转移给具有不同倾向的他人……未使用的个人资源只不过提供可能的权力基础，但不管是重新部署资源或是将其转移给他人，都很容易发生。因此个人资源的政治流动性一般比较高"。[①] 同时，社会结构越是分化和发展，政治资源的流动性愈强。正是因为政治资源在政治变迁中的流动性，政治体系在政治变迁中控制自由流动资源非常重要。

最后，可塑性。威廉姆·甘森指出：一个拥有丰富政治资源的政治个体或许不能够对政治决策行使真正相应的影响力。[②] 因为，政治资源在不同的条件和政治环境中发挥的实际功能存在差异。甘森教授还借用"松散资源"和"睡中影响"的概念来证明某些潜在的政治资源的影响力是不可忽略的。甘森教授的论证从一个侧面说明，政治资源是一个可以进行"扩张"和创造的东西。一个优秀的政治家要善于利用现有的政治资源，

---

① [美] 丹尼斯·朗：《权力论》，陆震纶、郑明哲译，中国社会科学出版社2001年版，第167页。

② William Gamson, Power and Discontent, Homewood, Ⅲ: The Dorsey Press, 1968, pp. 95 – 97.

不断开发新的政治资源，增强自己的资源优势，化解、消耗政治对手掌握的政治资源。对于政治体系而言，政治体系拥有的政治资源是一个"集合"体，不同政治资源的组合和配置会产生不同的结果。政治资源的优化配置可以产生"优变"，使政治资源产生增量，产生"滚雪球"效应，从而使政治体系积累更多的政治资源，维护政治体系的稳定和发展。相反，如果政治资源的无效或者低效配置，则会使政治资源减量，产生"多米诺骨牌"效应，政治资源大量流失，政治体系合法性降低，造成政治动荡或骚乱。中国古代思想家贾谊写过名篇《过秦论》，他在文中提出了一个让人深思的问题：为什么占尽天下资源的秦王朝会顷刻覆灭呢？秦王朝一统天下后，收天下兵器，杀天下豪杰，筑万里长城，秦始皇自以为关中固若金汤，子孙帝王必成万世之业，然而，在贾谊看来，秦王朝仁义不施，攻守之势已经发生了变化，民心等资源已经被耗尽，最终导致政权的迅速垮台。

二 政治资源配置的基本理论

（一）政治资源配置的含义

1. 政治资源配置的概念

人类社会的生存和发展，离不开对资源的利用，资源利用的中心环节是资源配置。资源配置即资源分配，主要是指资源在不同用途和不同的使用者之间的分配。资源的合理配置，是现代经济科学的永恒主题。从亚当·斯密为代表的资产阶级古典经济学到现代的西方主流经济学都把资源的合理或有效配置作为研究的重要主题。马克思从特定的再生产过程的社会性质出发，提出资源配置的最基本含义是按一定比例分配社会劳动量，建立了以劳动价值论为基础的社会资源配置理论。马克思的资源配置思想，对于现代资源配置具有指导意义。

同样，"为了使一个政治系统具有最大的效用，可以把它看作一些互动，一个政治系统通过这些互动为一个社会权威性地分配价值"[①]，权威

---

① [美] 戴维·伊斯顿：《政治生活的系统分析》，王浦劬译，华夏出版社1999年版，第25—26页。

性地分配价值正是政治系统区别于其他系统的重要特征。公共选择学派的著名经济学家缪勒指出:"在国家起源的背后,掩藏着一种分配上的动机。"① 因此,分配在国家的政治生活中占据重要地位,人类要追求和谐文明的政治生活,政治共同体就必须对政治资源进行优化配置,使各种政治资源得到最有价值的利用。

所谓政治资源的配置,是指一个社会中政治资源总量在各个政治行为主体、各个不同的政治使用方向之间的安排与分配。政治资源配置状况,不仅反映了政治资源在各个政治主体中的静态布局,而且也体现了政治资源在各个政治主体之间的动态流动。② 社会阶层间政治资源配置,就是指政治资源及其各个要素在不同社会阶层间的安排与布局。

(二) 社会阶层间政治资源配置的要素

在社会阶层分析中,要对社会阶层间政治资源配置的要素进行分析,我们必须先界定社会阶层分析中政治资源的范畴和内容。也就是说,我们应该从哪些方面来衡量或者测度一个阶层的政治资源状况。

首先,在社会阶层分析中,我们认为,对政治资源的界定宜简不宜繁,应避免把政治资源泛化,使之成为一个没有层次无所不包的庞杂体。其次,应以阶层为主体进行分析,我们必须确定社会阶层研究中政治资源的主体是社会阶层。而社会阶层是客观存在的群体性组织。因此,我们是从群体性组织来界定和使用政治资源范畴的。最后,还应从理论上阐述清楚各种政治资源之间的逻辑关系以及在社会阶层发展中的功能与作用。

基于上述的思考,结合政治资源范畴的一般内涵,我们认为,在社会阶层分析中,政治权力、经济财富和社会声望可以作为主要的政治资源分析要素,三者在社会阶层间的分配和组合应该是我们重点观测的资源变量。上述界定的理由,一方面,便于建立社会阶层政治资源分析框架,使社会政治资源的分析更具有针对性;另一方面,一个社会阶层的政治资源拥有情况完全可以通过政治权力、经济财富和社会声望三项主要指标来进

---

① [美] 丹尼斯·缪勒:《公共选择理论》,杨春学译,中国社会科学出版社1999年版,第49页。

② 虞崇胜、陈文新:《关于政治资源配置的理论思考》,《探索》2006年第2期。

行有效观测。

(1) 政治权力

毋庸置疑，政治资源配置的核心问题是政治权力的分配。在人类的政治生活中，自国家产生以来，就已经存在政治权力的配置问题。从一般意义上讲，政治权力的配置有三个方面：首先，政治权力的配置是指政治权力在国家机构之间的分配，包括政治权力的横向和纵向配置，前者形成立法权力、行政权力和司法权力等，后者形成中央与地方之间的权力分配。其次，政治权力还涉及国家与社会之间的权力分配，形成国家与社会之间的力量对比。最后，政治权力的配置还指在社会阶级、社会阶层、社会群体之间的分配。

如何进行权力的配置是许多政治思想家一直思索和探讨的问题。古希腊时期，柏拉图、亚里士多德就重视社会阶层之间的权力制约和权力之间的平衡。中世纪经院哲学家的著作中较多地表现了世俗权力与神圣权力之间的冲突与牵制。到了启蒙运动高涨时期，洛克、孟德斯鸠等思想家明确提出了三权分立，相互制约制衡，以权力制约权力的理论。美国革命之后，联邦党人更热衷于讨论权力分置的合理性。诸多政治思想家的理论思考自然设计了不同的政治权力配置模式，形成了不同的关于权力配置的理论思考。根据燕继荣先生的归纳与概括，政治权力分配的理论模式可以分为马克思主义模式、精英主义模式、多元主义模式、法团主义模式。[①]

马克思主义模式：马克思主义关于政治权力的理论与马克思主义国家学说是联系在一起的。恩格斯在考察国家产生时，认为国家不同于氏族组织的一个重要特点就是公共权力的设立，"这种公共权力在每一个国家里都存在。构成这种权力的，不仅有武装的人，而且还有物质的附属物，如监狱和各种强制设施，这些东西都是以前的氏族社会所没有的"。[②] 马克思主义认为，经济基础决定上层建筑，社会的经济秩序决定政治权力的分配。在阶级社会中，政治权力就是国家权力，政治权力的分配是根据阶级力量的对比来进行的，由于统治阶级在经济上占统治地位，政治权力也必然集中在他们手中。国家"它照例是最强大的、在经济上占统治地位的

---

① 燕继荣：《现代政治分析原理》，高等教育出版社2004年版，第169—173页。
② 《马克思恩格斯选集》第4卷，人民出版社1995年第2版，第171页。

国家"①，是用来维护统治阶级权力的工具。虽然，在任何政治体系中，政治权力的分配都是不平等的，但在剥削阶级存在的阶级社会中，政治权力的分配是极端不平等的。政治权力只属于社会中的某一阶级、阶层或集团，从事公共事务管理是少数人的特权。破除这种政治权力不平等的状态，主要是通过强制性制度变迁（革命）的方式来进行，然后建立一个新的政治权力分配的制度安排。

精英主义模式：精英主义的主要代表人物有：早期的意大利的帕累托、莫斯卡和德国的米歇尔斯、韦伯以及后来的熊彼特、萨托利等。精英主义关于权力分配的思想认为，在现实的政治生活中，政治统治往往是精英统治，政治权力主要掌握在一些具备政治技能和经验的少数精英手中。权力分配的精英理论在后来的西方政治学界产生了深刻影响。20世纪50年代，美国社会学家查尔斯·赖特·米尔斯将这种研究方法应用到美国现实的上层社会上，发表了很有影响的著作《权力精英》，对美国现实社会的权力分配状况做出分析。他认为，军界领袖、企业行政长官、政治董事作为三种权力的掌门人，共同组成美国的权力精英，控制着美国的政治。②

多元主义模式：精英主义理论宣称社会由一个少数集团来统治，而多元主义理论则认为社会由多个"少数"集团来统治，相应地，政治权力被社会中的多个集团所控制。罗伯特·达尔是当代多元政治论的最重要的代表。他在承袭早期多元主义者阿瑟·本特利、戴维·杜鲁门等观点的基础上，结合当代资本主义国家发展的现实，建立了较为完善的多元民主理论。达尔显然意识到了现代资本主义社会中领导结构多元化的实际存在。他认为，现代民主是一个开放和竞争的舞台，存在着众多的权力中心，众多权力中心的具体表现形式是大量相对自治的社会组织。达尔指出："一个民主社会可定义为一个社会体系，它不仅具有民主的政治（次）体系，而且还有许多其他直接地或间接地起着民主政治过程作用的次体系。"③

---

① 《马克思恩格斯选集》第4卷，人民出版社1995年第2版，第172页。

② [美]查尔斯·赖特·米尔斯：《权力精英》，王崑、许荣译，南京大学出版社2004年版，第7页。

③ [美]罗伯特·达尔：《现代政治分析》，王沪宁译，上海译文出版社1987年版，第24页。

也就是说，在现代民主社会中，存在着大量的具有一定独立性的社会组织，这些社会组织的存在使政治权力的安排不再是等级式的，而是变得具有竞争性。政治权力在不同的处于不断竞争中的团体之间得到广泛的分配，并且没有哪个团体能够垄断所有的政策领域，政治决策也就是具有政治影响力的不同团体之间讨价还价的结果。因此，统治社会的不是单一的统治集团，"而是多重少数人的统治"。① 在这种多元化的权力分配结构中，才容易达成有利于维护政治体系和政治稳定的社会共识。

法团主义模式：兴起于 20 世纪 70 年代的法团主义理论对自由民主国家中的权力分配提出了见解。法团主义强调位于国家和社会之间的利益组织的协调作用。② 在法团主义者看来，多元主义在当代社会遇到了困难。多元主义主要是为了解决单一权力支配的问题而产生的，但是多元民主的现实却与其最初的政治设计相距甚远甚至相悖。虽然，竞争性的社会团体的存在使政治权力的分配分散化，但却不能防止某些实力雄厚的团体对政治决策的影响起主要或支配作用，从而强弱不同的利益团体中为分享政治权力而引发政治冲突。因此，法团主义企求在多元主义支配模型之外寻找解决之道，这就需要建立"法团主义"结构，在社会团体和国家之间建立制度化的协调通道，通过这种适当的制度安排，来实现权力分配的有效途径。国家和社会团体都从合作中获得好处。在这个结构中，既有控制国家的力量，也有对社会团体无限自治进行控制的力量，能够保持政治决策中的均衡。社会团体的自治虽然受到了一定的限制，但同时获得了稳定的代表性地位。社会团体作为一定的社会成员利益的代表，在承认国家权力的同时也能在一定程度上分享政治权力。

政治权力的配置状况最终会形成政治权力的结构。"政治权力结构是指特定社会中各种政治权力之间以及各个权力主体之间的相互关系的总体构成。"③ 政治主体是政治权力的载体。从横向上看，政治系统的每一个层面都有若干不同类型的政治权力主体在运行，这些主体大致可以分为立法、行政、司法、政党、军队、社团等组织；从纵向上来看，一个国家的

---

① ［美］罗伯特·达尔：《民主理论的前言》，顾昕译，生活·读书·新知三联书店 1999 年版，第 181 页。
② 张静：《法团主义》，中国社会科学出版社 1998 年版，第 23 页。
③ 刘津洁、杨龙：《论政治权力结构》，《云南行政学院学报》2002 年第 2 期，第 13 页。

权力主体依次为中央、地方、基层等层面。这些机构和组织的不同搭配就形成了不同的权力结构。"政治权力的结构就蕴涵在政治主体的结构之中。"[①] 从政治发展的角度来看，人类历史上先后出现三种基本类型的政治权力结构，即奴隶制时代和封建制时代高度集权的专制型政治权力结构、资本主义分权制衡型政治权力结构和社会主义议行合一的政治权力结构。以政治权力结构的外部表现形态来看，上述三种政治权力结构的类型又可以相应地称作点式结构、面式结构、体式结构（见图1—1）。而从总体上来看，这三种基本类型的政治权力结构的更替，表征着人类的政治形态从野蛮到文明、由专制到民主的发展进程，也是人类政治文明从低级到高级、由简单到复杂的运动和发展的过程。

高度集权的专制型政治权力结构，主要存在于奴隶社会和封建社会。从世界古代史的角度观察，在这两个社会时期，古希腊、罗马时代和西欧封建社会虽然也曾先后出现过奴隶主阶级专政的贵族共和制和封建领主的城市共和国，但从总体上讲，它们的存在无论在时间和空间上都属于整个古代奴隶制和封建制时期的局部现象。因而，在那个时代的政治实践中，国家权力没有真正意义上的分工。政治权力高度集中，君主实行个人专制和独裁，"朕即国家"，不存在任何平行的、相互牵制的多元机构和分权机制，以及能够监督和制约君主或皇帝的权力主体。政治权力机构呈金字塔形。这种金字塔形政治权力结构在纵向上也表现为等级制，呈现一元化特征，所有权力的归宿都在一点上即君主或皇帝一个人手中。因此，有学者将这种权力配置结构也称作"点式"结构。

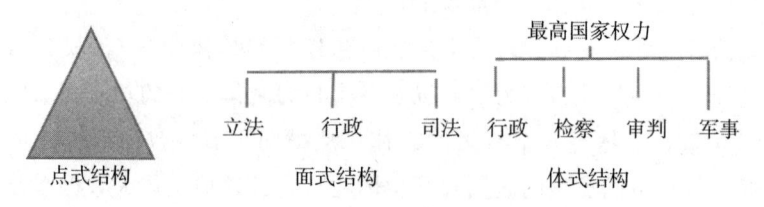

图1—1 三种政治权力配置的结构

分权制衡型政治权力结构，主要是指资本主义国家三权分立的结构模

[①] 李景鹏：《权力政治学》，黑龙江教育出版社1995年版，第38页。

式。真正意义上的国家权力分工是从近代资本主义社会才开始的。近代资产阶级政治思想家洛克首倡分权学说，孟德斯鸠进一步发展成为相对成熟的三权分立学说。他们的思想后来成为资本主义国家建立政治制度、构建政治权力结构的理论基础和重要原则。作为西方政治文明的产物，三权分立与制衡是人类政治权力结构发展史上的飞跃，它是人类进入资本主义时代对政治权力配置进行政治设计的重要文明成果，它以"面式"权力结构取代"点式"政治权力结构，使人类从奴隶制、封建制的集权形式发展到分权形式，对最高权力进行合理划分，这在政治实践中无疑是一个历史的进步。

议行合一的政治权力结构，主要是社会主义国家的权力配置结构。巴黎公社，是这种政治权力结构类型的最初尝试。第二次世界大战之后，亚洲、非洲和拉丁美洲的许多国家相继选择了社会主义道路，在苏联模式的"示范效应"下，同时结合自己的国情，建立起了以议行合一为基本原则的政治权力结构。议行合一为基本原则的政治权力结构，既区别于古代社会集权的"点式"政治权力结构，又与资本主义分权的"面式"结构不同，它是以民主集中制为组织原则，通过民主选举的形式，把国家权力集中到中央国家机关。在中央国家权力机构的设置上，既不像奴隶社会和封建社会把一切国家权力集中在君主或皇帝一人之手，也不像资本主义社会进行分权，而是进行有层次地体式构建，第一层次是设置最高国家权力机关，第二层次是设立由国家权力机关产生并对它负责的行政、检察、审判机关等，分别行使行政权、检察权、审判权等政治权力，各个权力机关的组织和运行遵循民主集中制的原则。

当然，上述政治权力结构主要指政治权力在国家机构之间配置的结果，也即我们所说的第一个层面的政治权力分配。然而，在社会阶层分析中，政治权力的配置主要指其在社会阶层之间的分配，其主体是社会阶层。在任何政治体系中，政治主体的政治权力都不是平均的。在社会阶层结构中也是如此。"政治权力的覆盖范围，取决于政治主体在其外部结构中的地位。政治主体所处的层次越高，其覆盖面越大，反之，则愈小。"[①]例如，在中国传统社会中，直接掌握政治权力的官僚精英在政治生活中的

---

① 李景鹏：《权力政治学》，北京大学出版社2008年版，第30页。

地位是最高的。在现代政治学家达尔描绘的当代西方国家多元民主政治中，少数利益集团在控制国家决策中扮演主要角色，一个权力精英在整个社会阶层结构中处于主导地位，其拥有的政治权力是社会阶层中最多的。除了权力阶层之外，其他的社会阶层并不直接拥有政治权力，但在一定程度上都生活在政治权力系统之中或者与政治权力有一定的联系，都希望能够获得政治权力或影响政治权力的行使。政治权力在社会各个阶层中的体现主要表现为影响政治决策的能力，其权力拥有状况主要通过政治参与状况体现出来。

（2）经济财富

经济财富本质上是经济资源，但经济财富还是一种潜在的政治资源，每个社会阶层的经济财富无疑对其政治地位和社会地位产生了深刻的影响。马克思主义认为，经济基础决定上层建筑，从根本意义上讲，社会阶层对政治资源的占有往往以对物质财富等经济资源的占有为前提。财富拥有的多寡，基本上与社会等级的高低以及政治权力的大小成正比，掌握了经济财富，也就具备了对他人进行支配的能力，政治主体经济财富的积累意味着其支配力量的扩大和增强。达尔指出，对政治影响力而言，财富和收入承担着某种与社会地位一样的关系。"低收入的人并非没有资源，但缺钱则使他丧失了一种相当重要的资源。"[①] 因此，物质财富在一定的情况下可以转化为政治资源。达尔明确指出：金钱可以至少通过三种方式直接获取政治影响力：财政压力、腐败和政治捐款[②]。这在当今西方国家的政治选举中体现尤为明显，金钱作为政治的润滑剂本质上就是金钱在政治价值上的体现。更需要指出的是，在现代政治中，财富的分配本质上是政治问题，它的背后凸现的是一种政治关系。当然，体现一个阶层物质财富的指标很多，其中，收入是最重要的观测指标，"收入所得上的简单差别确实被看作是一种衡量经济地位的最佳方式"。[③] 大量的研究也一再表明，收入的不平等可能会产生政治上的不平等。在具体的社会阶层分析中，我

[①] [美] 罗伯特·达尔：《谁统治：一个美国城市的民主和权力》，范春辉、张宇译，江苏人民出版社2011年版，第272页。

[②] 同上书，第269页。

[③] [美] 西蒙·马丁·利普塞特：《共识与冲突》，张华青等译，上海世纪出版集团2011年版，第76页。

们以阶层的经济收入作为衡量其物质财富最主要的指标。

(3) 社会声望

社会声望也是社会阶层政治资源的重要体现。社会声望有时也称之为社会地位，指的是一个人或某个群体在社会中受到的尊敬程度，这种尊敬程度往往通过一系列的社会评价体现出来。社会声望不是直接的政治资源，但社会声望可以转化为政治资源，从而能够影响政治生活。在传统社会中，贵族作为一个特殊社会群体，以其较高的社会地位影响政治。在中国古代社会中，乡绅是中国基层统治最重要的力量，乡绅借以统治中国农村、维持社会稳定的正是其个人威望。现代政治学家也承认，"声望意味着选票；选票意味着公共职位；而公共职位则意味着影响力"。[①] 但社会声望并不是稳定的，而是比较容易变动的，"它不是正式化的社会结构，而像一股风。但有一种笼罩力、移化力，对一般人有说服力，甚至于压服力"。[②] 在传统社会中，社会声望主要建立在血缘、世袭、爵位等条件之上，衡量社会地位的差别很多的时候是基于文化等特定符号。例如：在古代中国，读书人穿长衫，官员出行坐轿，官轿的大小和抬轿人数目的多少既是官阶高低醒目的符号，更是社会身份和社会地位大小的显示。费孝通先生所描述的中国传统社会的"差序格局"，本质上就是一种建立在社会身份基础上的关系格局。进入现代社会之后，社会声望更多地建立在成就而非继承的基础上，现代社会的发展使社会地位的渠道得以完全开放，社会大众进入精英的速率加快，原先的社会底层和中间阶层已经侵入了许多社会名流的传统领域，而社会名流们只能逃避到更为隐蔽的区域，远离公众的视线。这样，在现代社会中，社会声望的获得更多地与成就联系起来，与现代的社会流动机制高度相关。例如，社会声望与受教育程度有关，李普塞特认为，人们因其教育水平而得到不同程度的尊重和影响力。[③] 实证研究揭示了教育程度高低不同的人，在行为和态度上是存在差别的。一般来说，教育文化程度较高的社会群体具有较强的政治参与意

---

① [美] 罗伯特·达尔：《谁统治：一个美国城市的民主和权力》，范春辉、张宇译，江苏人民出版社2011年版，第57页。

② 殷海光：《中国文化的展望》，上海三联书店2009年第2版，第93页。

③ [美] 西蒙·马丁·利普塞特：《共识与冲突》，张华青等译，上海世纪出版集团2011年版，第77页。

识，而文盲往往对政治是冷漠的，他们很少甚至不知道政治参与，对政治参与的议题也并不了解。

传统社会中社会阶层分析主要局限于贵族、士绅等特定人群，而在现代工业社会中，一个阶层的社会声望主要通过阶层的职业声望体现出来，"职业既是物质报偿的优异指标，也是社会地位的优异指标，而且，多年来，人们已经发现，这样的发现与一系列像婴儿死亡率、教育获得机会、投票行为等因素相关。"[①] 职业声望所延续的社会声望对社会阶层的地位有很大影响，这些在今日的中国体现较为明显，公务员阶层由于具有较高的社会声望，往往使一些人趋之若鹜，是其他阶层流动和攀升的一个重要目标。在具体的社会阶层分析中，社会声望的高低往往可以通过社会成员的评价、社会阶层的相互认知等方式进行测量和分析。

当然，在上述三种主要的观测指标中，政治权力是最重要的，经济财富、社会声望对政治的影响是间接的，往往需要进行一定的转化。但如果撇开了经济财富、社会声望对政治影响的考察，是不能够较为全面客观地分析一个阶层的政治资源状况的。同时，从权力本身的表现形式来看，权力可以通过强制、报酬或自愿服从等方式体现出来，经济财富和社会声望是政治权力运行和实施的物质基础和信任基础。

另外，需要说明的是，我们从政治权力、物质财富、社会声望三个方面对社会阶层政治资源拥有状况进行分析，并不是简单地重复韦伯关于社会分层的三种标准。在韦伯社会分层标准中，权力、财富和声望三种社会资源并列，权力、财富和声望三种资源分别对应于社会分层的政治、经济和文化基础。实际上，结合权力、财富和声望三种要素之间关系的分析，权力、财富和声望完全可以用统一的政治资源概念进行表述。同时，我们主要以政治权力、物质财富、社会声望作为测度社会阶层政治资源拥有状况的主要指标，并不排斥其他类型政治资源在社会阶层分析中的重要性，我们这样做仅仅是基于分析的便利。

（三）政治资源的配置机制

众所周知，现代社会中资源的配置机制主要采取两种方式，即政府和

[①] ［英］罗丝玛丽·克朗普顿：《阶级与分层》，陈光金译，复旦大学出版社2011年版，第31—32页。

市场。传统的观点认为，在社会主义经济体制下，政府依靠计划指标来进行资源配置，在资本主义市场经济中，市场对资源配置起基础性作用。1992年，邓小平南方谈话，破除了把计划与市场对立的传统观点和思维惯性，提出计划和市场不再是社会制度的基本属性，计划与市场只是资源配置的两种手段，资本主义可以用，社会主义也可以用。现在一般认为，政府（计划）和市场作为资源配置的手段并不是截然分开的，更与社会制度选择无关。但人们这里所说的资源大多指经济资源，而政治资源具有不同于经济资源的特点和属性，政治资源的配置应不同于经济资源的配置。

与单纯的经济资源相比，政治资源具有公共性和非市场性。物质财富作为政治资源可以通过市场机制进行配置，但政治权力、政治文化等规范性政治资源，不可能通过一般意义上的经济市场来进行交易和配置。这一点，唐寿宁曾经有过精彩论述，他在为《同意的计算》中译本所做的序言中说："政治是个人之间的一种复杂的交换结构，通过这个结构，人们希望集体地获得个人自己私下确定的目标，而这些目标是不能通过简单的市场交换来有效获得的。"那么，政治资源如何进行分配呢？

西方公共选择学派对公共产品的分配进行了研究。公共选择学派认为，对公共产品的分配是一个不同于市场的集体选择过程，因而，应通过集体选择机制来进行。由布坎南、图洛克共同创立的公共选择理论的出发点是"经济人"假设、交换政治学和方法论的个人主义，它用经济学的方法来分析政治学的传统问题。西方主流经济学在分析市场决策时往往把人视为追求自身利益最大化的理性"经济人"，而把公共选择领域的政府官员视为大公无私的圣人，对政府缺陷视而不见。公共选择学派的代表人物布坎南对此提出质疑。他认为，人性在政治领域和经济领域都是一样的，既然政治过程也是一个交易过程，政治家和官僚的政治行为同经济学家研究的其他人的行为没有任何不同。[①] "政治人"与"经济人"一样，也是利己和追求个人效益最大化的，也会在政治行动前考虑成本—效益问题。一个人的本性并不因为他担任经理职位或者部长头衔而有丝毫的改

---

① [美]詹姆斯·M.布坎南：《自由、市场与国家》，平新乔、莫扶民译，上海三联书店1989年版，第40页。

变。在政治市场中，政治家和选民在做出政治决策、采取政治行为时都会考虑个人的成本和收益。政治交易的出发点是个人，所谓的集体选择实际上就是把个人的利益偏好转化为集体的利益偏好。民主机制就是选"主"机制，选民通过选票来选择政治家和政府，拥有政治投票权的选民就像在市场上购买消费品一样，通过投票购买自己喜欢的政治商品，通过投"政治表决票"以选择自己所喜欢的资源（如财政）分配方案。在政治市场中，追求个人利益最大化的选民总是把选票投给能为他们带来最大预期利益的人，同样，政治家通过竞选过程中种种动人的许诺来寻求选票最大化。政治资源的配置是通过建立在个人政治权利（政治投票权）基础上形成的集体选择来进行的，这种集体选择是在政治市场中实现的。

公共选择学派对公共资源和产品的民主分配过程具有重要意义，对于我们理解政治资源的分配具有一定的启示，但公共选择学派的民主决策分配理论大体上只是一种纯形式的研究，而现实中政治资源的分配与公共选择理论的研究相距甚远。由于政治资源包含的内容广泛，成分多样，政治资源体系中不同成分的资源需要通过不同的机制来完成，这就使政治资源的配置较为复杂。

实际上，从政治资源的广泛内涵出发，政治资源范畴中物质性资源可以通过一般的市场机制来配置，政治资源中具有公共性的政治权力、政治权利、政治意识等资源往往需要通过政府来配置。所以，基于对资源类型的判定，政治资源的配置机制可以说是一种政府＋市场的复合配置机制。政府的配置机制主要通过法律和组织体现出来，而市场配置机制主要体现在利益机制上。

法律是政治资源配置的宏观机制。法律是国家配置社会资源和政治资源的制度化的形式。法律机制的建立与运行，实际上就是国家对资源配置方式的重组与实践。法律是建立在经济基础之上的上层建筑，是对政治主体的行为规范。法律不仅规范着政治主体政治行为的正常界限，规定人们之间的权利和义务，形成正常的社会秩序，而且还规范着政治权力的设置。法律框定了权力主体、权利主体之间的资源分配及其各自的界限，"为了防止为数众多的意志相互抵触的无政府状态，法律限制了私人的权力。为了防止一个专制政府的暴政，法律控制了统治当局的权力"。① 法律明确国家所承担的社会管理职能；法律规定了公共权力内部的权力分立与制衡原则，使其各司其职，各安其分。同时，法律也禁止社会利益集团为私利对公权力施加不正当影响。在一个国家的法律体系中，宪法是元制度、元规则，它确定了一个国家政治资源配置的基本规则，往往规定着一个社会应该采用什么样的制度安排。现在世界上绝大多数国家的宪法基本上都对本国的国家性质、政权的组织原则、政治权力的分配做出了明确的规定。同时，宪法还会对本国政治力量的政治地位、社会组织、政治团体的参政进行规定，通过法律机制，一个国家政治资源的初始分配基本上能够确定下来。

组织机制是政治资源配置的实现机制。组织是政治资源配置的重要机制。正如科斯理论所揭示的，组织存在的必要性与合理性在于能节约交易费用，诺斯也把组织作为人类经济史上财富增长的关键之一。因此，同市场自发的对经济资源配置相适应，理性的组织往往是社会资源和政治资源配置的有效机制。组织在现代社会的政治生活中的作用日益显著，现代社会政治的重要特征是大量的社会组织的存在。美国著名政治学家塞缪尔·P.亨廷顿指出："组织是通向政治权力之路，也是政治稳定的基础。"② 没有组织就没有权力，权力存在于组织之中。美国社会学家丹尼斯·朗也认为"组织是集体权力的政治中心。"③ 政党是现代政治生活中的重要组织，政党是适应现代政治参与扩大的产物。现代政治是政党政治，在现代政治中，政党不仅是政治参与的重要工具，而且还是分配政治资源的重要载体，不同的政党制度决定了政治资源分配的格局。政党体制本身就规定了政党在国家政治生活中的地位及其相互关系，当然，这种政党地位、政党格局的形成往往由各个政党掌握的政治资源所决定。一党制、两党制、多党制往往是针对执掌政权的政党数量而言，一个国家是采取一党制、两党制还是多党制与多种因素相关，但政党之间力量的强弱、政党所控制的

---

① ［美］E. 博登海默：《法理学：法律哲学与法律方法》，邓正来译，中国政法大学出版社1999年版，第233页。
② ［美］塞缪尔·P. 亨廷顿：《变动社会中的政治秩序》，王冠华译，生活·读书·新知三联书店1989年版，第427页。
③ ［美］丹尼斯·朗：《权力论》，陆震纶、郑明哲译，中国社会科学出版社2001年版，第298页。

政治资源是决定各个政党政治地位、政党体制的重要影响因素。在一党制格局中，一党能长期执政，是因为这个长期执政的党掌握或者控制了该国主要的政治资源，与其他政党相比，其在政治资源的占有上具有绝对优势。在两党制格局中，主要由两个主要政党轮流执政，政治资源的配置在两个主要政党之间呈现此消彼长的状态。在多党制中，政治资源在政党之间的配置较为分散，单独的一个政党很难在政治资源的占有上具有相对或绝对优势，政党之间只有通过联合或者联盟才能获得执政机会，政党联合的实质意义在于几个政党政治资源的整合。当然，除了政党之外，社会团体等组织也是政治资源配置的重要机制。与政党相比较，社团组织是一种非正式的资源配置渠道，但它在日益多元化的现代社会越来越受到倚重。现代多元社会权力安排更具竞争性。社会的分化使国家、政党不再成为权力的中心，权力的分散化必然使不同的社团加入到权力竞争中。

利益机制。所谓利益，"就是基于一定生产基础上，获得了社会内容和特征的需要"。① 利益是政治行为的动因。利益机制对于资源的配置是一个动态的过程，它体现在利益的表达、利益的实现、利益的保障等环节。在利益表达环节，社会各阶层正是通过利益表达机制体现自身的利益诉求和资源偏好，利益表达机制应实现社会各阶层或社会群体的利益凝聚，使每个社会群体都能够通过畅通的利益表达机制向国家进行利益诉求，政治体系应通过利益表达机制了解社会阶层和社会群体关于资源分配的诉求，并通过公共政策实现社会各阶层利益整合；在利益实现过程中，政府通过执行公共政策来实现资源配置，政府行政过程就是满足和逐步实现社会各阶层关于资源分配的要求；在利益保障环节，利益保障机制的构建能够有效地监督利益实现的效果，并对利益实现结果进行必要的矫正与调整。所以，利益机制在整个政治资源分配中实际上起基础性作用，政治资源最终分配的格局往往是社会各个群体和社会阶层利益妥协的结果。达尔所描绘的西方多元民主实际上就是多个社会团体相互妥协、最终形成利益的一种过程，公共政策的结果就是社会集团之间达成利益妥协或平衡，形成资源分配的共识格局。

---

① 王浦劬等：《政治学基础》，北京大学出版社2006年第2版，第47页。

(四) 影响社会阶层间政治资源配置的要素

1. 国家的战略取向

总体上讲，国家在政治资源配置上可以分为两大战略取向：国家本位和社会本位。社会阶层所获得的政治资源取决于国家战略取向的变化，国家在现代化进程中采取的战略取向自然影响到社会所获得的资源总量以及社会阶层对政治资源的汲取。

国家的战略取向受制于国家与社会力量的博弈。一般地，根据不同的历史发展阶段国家与社会力量的对比，人们倾向于把历史上和现实中国家与社会关系划分为四种类型。即：强国家——弱社会模式，国家通过集权对社会进行全面控制，国家力量很强，社会力量很弱，这种模式的典型国家主要有实现现代化以前的东亚国家、获得独立之初的拉美国家；弱国家——强社会模式，国家（政府）处于很软弱的状态，国家的力量受到强大社会的制约，塞缪尔·P. 亨廷顿所说的"普力夺政体"就是这种模式的典型；强国家——强社会，国家和社会的力量同样强大，社会高度分化，国家的制度化水平也很高，国家与社会的参与程度之间形成良性互动；弱国家——弱社会模式，这种模式的国家经济落后，缺乏强有力的社会整合机制，社会分化程度低，许多非洲的发展中国家属于这种类型。

实际上，国家与社会力量的对比，取决于双方资源占有的大小。国家与社会的存在都必须建立在资源的基础上。在政治资源总量一定的情况下，国家与社会在政治资源的划分上存在着此消彼长的关系。因此，国家与社会的关系也可以依据双方政治资源占有的多寡进行划分。如果政治资源主要集中在国家一极，国家几乎垄断了所有的政治资源，社会从属于国家，往往形成的是强国家——弱社会的模式；如果政治资源主要由社会掌握和配置，往往形成的是强社会——弱国家的类型，而强国家——强社会和弱国家——弱社会是政治资源在国家与社会之间分布基本呈现均衡的两种相反的模式。

在人类的历史上，同社会相比，国家是后来者，是为了满足人类发展的需要而产生的。马克思主义认为，国家是从社会中产生的，"国家是社会在一定发展阶段上的产物……这种从社会中产生但又自居于社会之上并且日益同社会相异化的力量，就是国家"。① 因此，社会决定国家，由国家伴随而来的一系列政治资源本质上来源于社会。由此而论，社会是政治资源原初的所有者。但随着人类社会形态的不断更替，当人类进入阶级社会之后，尤其是在整个前资本主义时期，随着国家力量相对于社会力量的日益增强，政治资源不断得到开发和发展，政治资源的形式和内容不断增多，国家逐渐成为政治资源的所有者，成为政治资源配置的主导力量。国家在政治资源配置中起主导作用，势必对社会能够获得的政治资源空间形成了一定的制约。

对于很多后发国家而言，在现代化的不同阶段，国家往往采取不同的战略取向。在现代化的初期，"现代化需要改变传统的社会、经济和文化信仰及行为方式，因此也就需要政策创制，需要权力的集中。"② 这样，国家往往控制了主要的资源，是政治资源的掌控者，政治资源的配置自然体现国家本位，往往会形成强国家——弱社会的格局。当现代化进入中期之后，随着政治参与的不断扩大，新的社会团体要求进入政治体制，国家为了有效控制政治参与，势必要在政治体制中扩大权力，以吸收和吸纳新近动员起来的社会力量，从而就需要扩大政治权力，从而建立一个现代体制。这样，国家就在积聚传统政治资源的基础上，不断创造和开发新的政治资源，以弥补现代化进程中政治资源的流失和应付新的社会力量挑战。在这个过程中，国家和社会的力量都在成长，社会在一定程度上能够获得一定的政治资源；当现代化进入到第三阶段时，政治体制就面临参政团体进一步要求分散权力并在团体和机构之间确立相互制约的制度，③ 政治资源的分配向社会倾斜成为必要的选择，社会本位往往成为战略取向。

2. 资源分配的规则

如果说，一国的战略取向从整体上影响到国家与社会之间政治资源的动态分布，那么，具体的资源分配规则直接影响社会阶层政治资源的获取，决定资源在不同位置的社会群体中如何分配。④ 在传统社会中，资源

---

① 《马克思恩格斯选集》第4卷，人民出版社1995年第2版，第170页。
② [美]塞缪尔·P.亨廷顿，《变动社会中的政治秩序》，王冠华译，生活·读书·新知三联书店1989年版，第131页。
③ 同上书，第132页。
④ 李强：《社会分层十讲》，社会科学文献出版社2008年版，第8页。

分配的规则主要依靠社会等级，社会群体等级不同，获得的资源内容和数量不同。在现代社会中，资源分配的规则更多的依据市场竞争等因素。同时，规则的公平与否、规则的健全与完善也影响社会阶层对资源的获取，在资源分配规则存在漏洞的情况下，有些社会群体利用规则的缺失和漏洞获取超量的政治资源，而有些群体由于规则存在问题或者不公平反而成为利益受损者，在资源分配中处于劣势。

3. 政治个体的政治技能

政治资源的运用和利用即政治技能。人们政治利益的诉求、政治参与的质量与其政治技能直接相关。例如，普通公民往往缺乏政治演说的能力，而政治家或者政客在竞选时往往具备这种演说的技能，自然能够赢得一定的政治影响。美国著名政治学家达尔认为，一个人比他人获得了更多的权力可以从两个方面解释：即所使用的资源量的差异和使用资源所需要的技能和效率上的差异。① 因此，一位老练的政客用较少的资源就会有较大作为，而一位笨拙的政客资源虽多，而作为较小，这正是政治资源技能存在一定的差异造成的结果。而人们政治技能上的差异来自于学习和实践政治技能的天赋、机会和刺激的差别，② 而有些差别客观上很难改变，例如，天赋的差别。正是因为个体之间政治技能的差异，导致人们获取和运用政治资源的能力客观上存在差别，这自然影响到社会阶层成员对政治资源的获取。

4. 信息因素

现代社会是"信息社会"，每个社会成员的生活都与信息相关，社会成员的政治行为有赖于对信息的把握，能否掌握足够的信息，是否有畅通的信息获取渠道、信息量的大小对社会成员的参政起着至关重要的作用。在现代社会，谁最先占有信息，谁掌握的信息最全面、最丰富，谁就在政治资源的获取上占据一定的主动性。随着民主政治的推进，人们获取信息的方式和渠道越来越多样化，信息向社会的渗透越来越强。人们获取的信息量越来越大，信息的内容越来越丰富，信息传播的渠道更现代化，信息

---

① [美]罗伯特·达尔：《现代政治分析》，王沪宁译，上海译文出版社1987年版，第152页。

② 同上书，第48页。

对于政治的重要性也日益凸显。与此同时，在市场经济条件下，人们获取的政治信息，无论是在数量上还是在内容上都存在差异，市场经济不可避免地在公民之间产生大量的资源不平等，这些不平等不仅扩大到工资收入，而且直接和间接地扩大到信息、地位、教育等。① 而这些资源都可以转变成政治资源，他们能够被用来获得影响、权威和权力。信息的不平等直接体现在不同社会地位的人获得信息的内容和数量以及渠道的差异。一位国务卿和一位参议员（外交委员会的成员）比绝大多数公民得到更多美国外交方面的信息。公务员阶层更关心也更容易、更迅速地获得公共政策方面的信息，知识分子群体对教育信息的获取具有更便捷的条件。可以预见，随着信息化时代的到来，人们获取信息的渠道将会越来越多，信息内容会越来越丰富，信息对社会成员资源分配将会带来越来越大的影响。

（五）判断社会阶层间政治资源配置优劣的标准

如何判断资源配置的优劣或确定所有可能的资源配置中的最优配置呢？在经济学家看来，对资源配置优劣的经典解释莫过于意大利著名经济学家帕累托。他提出了资源配置的帕累托最优状态理论，即：如果对于既定的资源配置状态，任意改变都不可能使至少有一个人的状况变好，而没有使任何人的状况变坏，那么这种资源配置的状态为帕累托最优状态。西方古典经济学认为，在完全竞争的经济中，市场机制这一"看不见的手"能够自动实现资源的最优配置。而随着新制度经济学的兴起，新制度经济学家科斯对资源配置的传统理论又进行了补充与发展。科斯认为，西方主流经济学在论证资源配置的实现条件时，要依赖于一个隐含的假定：经济行为不存在外部影响即没有外部性。而现实的经济生活中，外部性无处不在、无时不有。各种形式的外部性造成了一个严重后果，即完全竞争条件下的资源配置将偏离帕累托最优状态，"看不见的手"在外部性存在的情况下，失去了作用。科斯宣称，解决问题的办法是界定私有产权，只要财产权是明确的，并且其交易成本为零或者很小，则无论在开始时将财产权赋予谁，市场均衡的最终结果都是有效率的。也就是说，能够达到帕累托

---

① ［美］罗伯特·达尔：《论政治平等》，谢岳译，上海人民出版社2010年版，第43页。

最优状态。

如果说，经济学家是从效率的角度来评价资源配置的优劣，那么，政治学家往往从公平与正义的角度评判资源配置的优劣。当代著名政治学家罗尔斯认为，正义是社会制度的首要价值。① 仅仅效率原则不可能成为判定社会结构和政治制度配置是否合理的标准，一个有效率的社会未必就是公正和正义的社会。因此，简单地把判断经济资源配置的有效性原则用于判定政治资源是不科学、不合理的。"问题是要在它们之间进行选择，找到一种正义观来选出一种有效率的同时也是正义的分配形式。"② 为此，他提出了著名的正义观。这个一般的正义观就是"所有社会价值——自由和机会、收入和财富、自尊的基础——都要平等地分配，除非对其中的一种价值或所有价值的一种不平等分配合乎每一个人的利益。"③ 上述正义观由两个著名的正义原则构成，即：平等自由原则和机会的公正平等原则。④ 平等自由原则主要用于处理公民的政治权利，而机会的公正平等原则主要来处理社会、经济利益的分配。机会的公正平等原则认为，在与平等自由原则相一致的情况下，社会产品的分配应采取适合于最少受惠者的最大利益。罗尔斯的分配正义反映了一种对最少受惠者的偏爱，对社会弱势群体利益的关注。在罗尔斯看来，把平等自由原则和机会的公正平等原则结合起来，能够做到既实现效率又维护了公平。这样的社会结构、制度安排才是合理的，能够最大限度地减少社会偶然因素和自然运气对资源分配造成的不平等，实现资源的最优配置。

经济学家和政治学家关于资源配置的研究给我们一定的启发，但不管是经济学家提出的效率还是政治学家所说的公平正义，简单地套用上述标准必然有失偏颇。假如我们把帕累托原则运用于政治资源的配置中，我们也可以得到政治资源配置的帕累托定律，即当政治资源

---

① ［美］约翰·罗尔斯：《正义论》，何怀宏译，中国社会科学出版社1988年版，第3页。
② 同上书，第71页。
③ 同上书，第62页。
④ 这两个原则的具体表述是：每个人对与所有人所拥有的最广泛平等的基本自由体系相容的类似自由体系都应有一种平等的权利。社会和经济的不平等应这样安排，使它们：①在与正义的储存原则一致的情况下，适合于最少受惠者的最大利益；并且，②依系于在机会公平平等的条件下职务和地位向所有人开放。参见［美］约翰·罗尔斯：《正义论》，何怀宏译，中国社会科学出版社1988年版，第60—61页。

的配置达到这样一种状态：任何改变资源配置的方法不可能在不影响一部分人处境的情况下，使得一部分人的处境变得更好，那么，政治资源的配置达到了帕累托最优状态。这样直接把帕累托原则套用于判断政治资源的配置、把帕累托原则普遍化是一种错误的做法。政治资源不同于经济资源，政治资源的配置自然不能仅仅以效率作为标准。政治资源是不同形态资源的组合，各种类型的政治资源配置很难有一个统一的标准。那么，我们如何判断政治资源配置的优劣呢？总体上，我们认为，社会阶层间政治资源的配置应该符合两大标准：即均衡化和民主化的标准。

1. 政治权力配置的均衡化

首先，判断政治权力配置的标准，是看能否实现三个均衡。如前所述，政治权力的配置有三个方面：即国家组织内部权力配置；国家与社会之间权力配置；社会群体、社会阶层之间权力配置。

政治权力配置要实现的第一个均衡就是国家组织内部权力配置，西方自由主义思想家洛克和孟德斯鸠主张以权力制约权力，为此，在政治权力的配置上必须实行权力的分立和相互制衡。西方资本主义文明的一个重要成果就是构建了三权分立、相互制约制衡的政治架构，这样，国家组织内部权力配置的均衡基本上已经实现。

权力配置第二个均衡是实现政治权力在国家与社会之间的平衡即政治权力的"有效"与"有限"的平衡。政治权力是核心的政治资源，如何实现政治权力的配置，做到既能促进社会发展，又能够保护人民的权利始终是政治权力配置中的关键问题。出于对政治权力有可能侵犯公民权利的恐惧，古往今来的思想家们把关注的重点集中在如何有效地来制约政治权力，提出以社会制约权力，典型的代表是18世纪法国思想家托克维尔和美国现代政治学家罗伯特·达尔，为此他们提出培育公民社会，发展社会民主。在权力制约思想的影响下，近代西方国家在政治实践中，往往通过确立宪政制度来确保权力的正确使用。因此，强调政治权力的有限使用在很长时期内曾是西方宪政运动的主题。从宪政的内涵来讲，宪政即"限政"，限制政府权力始终是宪政的目标和实质。随着现代宪政制度的确立，政府的政治权力得到了一定程度的制约，社会自由权利的最大威胁得到解除。但政治权力配置的另一方面是：对政治权力的过度限制又往往导致权力在社会发展中的作用减弱。对此，奥尔森警告道："政府的行政首脑一定要有一些可以增加其成为专制者能力的权力。如果那些建立代议制政府的人在限制行政权力方面走得过远的话，那么可能使政府无力快速地行动，从而使其更容易被外部或者国内敌人打败与颠覆。所以，民主国家常常由于这样的失误或者不幸的事件而崩溃。"① 现代政治发展的实践也证明了奥尔森的论断并非无的放矢。由于缺乏强有力的政府，许多发展中国家的现代化进程一度出现中断。因此，对政治权力的配置决不等于仅仅就是对政治权力的限制，它还存在着一个如何更好地发挥政治权力的效能的问题，问题的关键是应该把政治权力的限制与有效使用结合起来，也就是要寻求政治权力配置中的"有效"与"有限"的最佳结合点，达到权力配置中的"有效"与"有限"的平衡。

对于社会阶层分析而言，我们探讨的重点应是政治权力配置的第三个均衡，即社会阶层间政治权力的配置。能否实现社会阶层间政治权力配置的均衡，关键看社会阶层在政治权力上能否实现平等的代表、平等的参与以及平等的影响。② 平等的代表意味着各个社会阶层在国家权力结构中具有平等的话语权，具有畅通的利益表达渠道，社会阶层在国家权力结构中的政治代表的数量差异不大；平等的参与意味着社会阶层都有一定的政治参与渠道，各个阶层政治参与的准入门槛一致，在政治参与议题和条件上不人为设置针对某些阶层的障碍，国家提供相对平等的政治参与机制；平等的影响意味着社会阶层对公共政策具有大致相同的影响力，不会出现某些阶层对社会政策的"失语"状态。

2. 物质财富配置的均衡化

从物质财富来看，判断其配置优劣的标准，是社会阶层之间物质财富不能过于悬殊。物质财富是有形的政治资源，资源的分化首先是从物质财富的分化开始的。资产阶级启蒙思想家卢梭在《论人类不平等的起源和基础》一书中曾经指出，人类走向不平等共有三个阶段，对应于三

---

① [美]曼库尔·奥尔森：《权力与繁荣》，苏长和译，上海世纪出版集团2005年版，第33页。
② 此处观点受王绍光先生的启发。王绍光先生在《民主四讲》一书中，提出衡量一个政体是否真正民主的标准是平等的参与、平等的代表和平等的影响。参见王绍光：《民主四讲》，生活·读书·新知三联书店2008年版，第205页。

种状态。① 其中，第一个状态就是在剩余产品出现后，原始人开始分化为富人和穷人。财富的不平等必然导向力量的不平等以及政治上的不平等。卢梭还深刻地指出："社会中的各种不平等最后都必然会归结到财富上去。因为财富是最直接受益于幸福，又易于转移，所以人们很容易用它来购买其余的一切。"② 中国传统社会是一个不患寡而患不均的社会，中国历史上多次的农民起义都曾经提出"均贫富"的口号，斗争的矛头直指社会财富分配的严重不公。现代化的历程也表明，由于财富分配不公导致政治动荡的频率较高，许多发展中国家出现的政治动荡，往往并不在于贫困而在于致富的过程中财富分配的悬殊。总之，物质财富的分配是以相对公平、均衡为取向的。我们对物质财富的分配，一方面要尽量做到"物尽其用"，使物质财富的配置，能够推动经济增长，取得最大的经济效益；另一方面，要合理调整物质财富和利益的分布，改变财富在社会群体间、社会阶层间分布和占有的不平衡状态，避免出现贫富分化。

3. 政治资源的配置应符合民主化的发展趋势

政治资源的配置状况必须符合社会民主化的发展趋势，代表人类社会政治文明的前进方向，确保政治资源各个要素的相对分离和均衡。尤其是权力、物质财富和社会地位的相对分离。美国政治学者鲍什曾经指出，民主制是自我维系的政治均衡状态。不仅如此，民主转型的可能性、威权制度的稳定和革命的爆发都取决于个体间资产的分配和属性以及解决国内冲突时人们所掌握的政治资源。只有不平等和资产专用性都达到了很高水平，革命运动和内战才有可能爆发，因为这个时候竞争各方之间的权力均衡非常不稳定。③ 也就是说，政治资源中关键性要素：资产、财富、权力在社会成员之间的配置状态影响民主政治的实现，社会成员权力、财富出

---

① 卢梭认为，法律和私有财产权的设定是不平等的第一阶段，官职的设置是第二阶段；合法的权力变成专制的权力是第三阶段。富人和穷人的状态是第一个阶段认可的，强者和弱者的状态是第二个阶段认可的，主人和奴隶的状态是第三个阶段所认可的。参见卢梭：《论人类不平等的起源和基础》，李常山译，商务印书馆1962年版，第141页。

② 卢梭：《论人类不平等的起源和基础》，李常山译，商务印书馆1962年版，第143页。

③ [美]卡莱斯·鲍什：《民主与再分配》，熊洁译，上海人民出版社2011年版，第219页。

现非常严重失衡的时候，可能会导致政治动荡。民主是政治文明的成果。按照虞崇胜先生的研究，政治文明是人类社会政治生活的进步状态。从静态的角度看，它是人类社会政治进程中取得的全部进步成果；从动态的角度看，它是人类社会政治进化发展的具体过程。[①] 政治文明一般可以分为政治意识文明、政治制度文明和政治行为文明三个部分，上述三个部分构成政治文明的三维结构。政治意识文明的表现是"有容"，政治制度文明的表现是"有衡"，政治行为文明的表现是"有序"。实际上，不管是政治意识的"有容"、政治制度的"有衡"抑或政治行为的"有序"，都必须通过政治资源的配置来实现。尤其是政治制度的"有衡"更是以几种关键性政治资源的均衡配置为基础的。英国资产阶级革命所确立的成果就是建立了人类历史上第一个宪政国家，通过宪政制度实现了新兴资产阶级与传统王权在政治资源配置上的平衡。英王拥有至高无上的荣誉，是英联邦的象征，但不再同时拥有实际的政治权力。实际的政治权力由民选的议会掌握，在议会中，下院是掌握实权的立法机构，上院成为传统贵族的栖身地。所以，议会内部也实现了社会地位与政治权力的分离与分享。被称作为西方民主制度典范的美国更是建立了比较彻底的三权分立相互制衡相互制约的政治制度，其实质也是三种主要的政治资源由不同的部门进行适当的分割与分享，以此试图实现各个阶层社会力量在资源配置的合理性，反对专制和特权。

三 政治资源配置与社会阶层关系

（一）政治资源：社会分层的逻辑起点

社会分层研究必须首先明确社会阶层的概念。对此，学者们提出了不同的解释。[②] 大多数社会学者认为，社会阶层一般指处于社会结构纵向序列

[①] 虞崇胜：《政治文明论》，武汉大学出版社2003年版，第111页。

[②] 如有研究者认为，社会阶层是人们因经济状况、社会地位或从事职业的不同而划分出的层次差别；它是与社会分工和一定的社会差别联系在一起的一个综合性的社会范畴；社会阶层包含由经济因素及其结合方式直接引起的阶级性层次差别，也包含由非经济因素及其结合方式直接引起的非阶级性层次差别。参见戴德超：《当代中国新的社会阶层研究》，大连理工大学硕士论文，2009.12。

中具有相同性质的人群团体。从阶层本身的含义来理解，"阶"意味着社会人群有一定的等级，"层"意味着社会人群处在同一水平、同一层次。社会阶层的地位存在着高低之分，社会地位相同的社会群体可归为同一阶层。因此，尽管学者们对阶层界定存在差异，但不可否认的是，作为同一社会阶层的成员在态度、价值观以及行为模式等方面具有一定的相似性。

说起阶层，让人不由得想起另一个概念：阶级。现实中，有人常常把阶层与阶级这两个概念对立起来，实际上，阶层与阶级既有联系又有区别。

首先，就单独使用的意义来说，阶级和阶层是两个有所差别的概念，前者是马克思主义哲学唯物史观的概念，后者是社会学的概念。[①] 阶级这个社会共同体往往是在一定的社会生产体系中形成的，对生产资料的占有关系是阶级最本质的特征。[②] 因此，划分阶级的首要依据是经济地位，即对生产资料的占有关系不同。这就是阶级内在的质的规定性。其余的特征都是由这一本质特征派生出来的。而阶层是因财产状况、社会地位或谋生方式等不同而区分的社会集团。社会阶层形成的关键是社会资源和社会机会在不同社会群体中的分配方式或配置方式的差异。阶级概念着重强调生产资料的占有的决定性意义。而生产资料就是一种最重要的社会资源，尽管不是唯一的社会资源。

其次，阶级和阶层虽然包含的关系不同，但研究的对象是同一的，两者研究的都是基于生产力的发展和社会分工后引发的社会成员的分化现象。只不过，阶级是个大概念，阶层是个下属概念，阶层是阶级内部更为细小的社会集团，正如朱光磊先生所言，在大多数情况下，阶层是属于阶级内部的"同中之异"[③]，即每个阶级下面按照不同的标准再分若干个阶层，阶层从属于阶级。

再次，阶级分析和阶层分析又有区别。阶级分析和阶层分析是从不同

[①] 王伟光：《社会矛盾论——我国社会主义初级阶段阶级、阶层和利益群体的分析》，中国社会科学出版社2011年版，第204页。

[②] 列宁指出："所谓阶级，就是这样一些大的集团，这些集团在历史上一定的社会生产体系中所处的地位不同，同生产资料的关系不同，在社会劳动组织中所起的作用不同，因而取得归自己支配的那份社会财富的方式和多寡也不同。所谓阶级，就是这样一些集团，由于它们在一定社会经济结构中所处的地位不同，其中一个集团能够占有另一个集团的劳动。"《列宁选集》第4卷，人民出版社1995年第2版，第11页。

[③] 朱光磊：《当代中国社会各阶层分析》，天津人民出版社2007年版，第3页。

的角度来分析社会成员构成结构的。阶级反映社会层级之间质的差异，而阶层则反映量的差异。

最后，虽然阶级和阶层是两个有所差别的概念，但不应把阶级与阶层对立起来，在阶级和阶层上不应树立非此即彼截然对立的两极思维。

中国过去往往用阶级概念分析和解决问题。在革命年代，阶级分析是一套革命理论，它是实行社会动员、制定革命策略的基本依据。毛泽东在《中国社会各阶级的分析》一文中开篇即提出："谁是我们的敌人？谁是我们的朋友？这个问题是革命的首要问题？我们的革命要有不领错路和一定成功的把握，不可不注意团结我们真正的朋友，以攻击我们真正的敌人。我们要分辨真正的敌友，不可不将中国社会各阶级的经济地位及其对于革命的态度，做一个大概的分析。"[①] 新中国成立以后，在很长一段时间内，阶级分析成为中国主导意识形态的主要组成部分，毛泽东等领导人仍把它作为党和国家制定政策的主要依据。

改革开放之后，党的工作重心转向经济建设，随着思想解放运动的开展以及对外开放过程中西方社会学理论的引进，阶级分析理论逐渐受到质疑，有关阶级和阶级斗争的话语在社会政治生活中逐渐消失，作为学术范畴的阶级分析也从学术话语中逐渐消失了，社会阶层分析逐渐取代了阶级分析。

不可否认，阶级分析在当下的中国仍然有一定的价值。阶级分析从生产关系的角度揭示社会群体差异的根源，能够深刻地把握问题的本质；阶级分析关于利益的观点，为我们寻找社会冲突的根源，整合社会阶层利益提供了一个重要路径。马克思主义阶级分析理论所倡导的社会公正的基本价值取向，是现代社会资源分配的理论依据。当然，随着经济的发展、社会的进步，阶级分析理论中许多具体的历史条件发生了变化。在这种情形下，如果仍然原封不动地照搬马克思主义的阶级分析理论，难以反映社会主体复杂、多元的社会现实，必定会做出许多难以符合实际的判断。再者，随着改革开放的深入，生产资料所有制的形式及其作用在人们的观念中的绝对地位有所松动，而收入、职业等因素在人们的阶层归属感中的作用日益增强。所以，阶层分析取代阶级分析在研究手段、研究方法上更适应当今中国社会的发展，也更容易为社会所接受。

---

① 《毛泽东选集》第1卷，人民出版社1991年第2版，第3页。

阶层分析的核心是社会分层问题。① 社会分层本质上是社会自然分化的结果，是由于其成员不同的创造性而产生的。人类自进入阶级社会以来，便存在着事实上的不平等，这种不平等构成了个体的社会分层基础。一旦这种不平等现象累积成为一种制度化的社会等级体系，社会分层也就出现了。

　　社会分层影响到人们社会地位的高低，形成相互的社会关系。那么，在社会分层中，影响和决定性的因素是什么呢？

　　西方研究社会分层的学者很多，但影响最大的是卡尔·马克思和社会学家马克斯·韦伯。马克思主义认为，人类社会关系的本质是经济利益关系，任何时期的社会历史活动，都可以从经济利益冲突中找到痕迹。因而，阶级阶层关系本质上是经济关系，经济地位具有本原的特征，对生产资料的占有决定了各个阶级的地位和阶级关系，因而以生产资料为核心的经济财富是社会分层最主要的因素。马克思主义的观点仍然是当前我们阶级阶层关系研究的主要指导思想。与马克思相比，韦伯则认为社会分层不是单一因素决定的，主张社会分层的多元标准。韦伯把显示经济地位的财富和收入、显示政治地位的权力、显示社会地位的声望作为社会分层的三个基本维度。同时，韦伯还指出，社会分层的三个层面具有相对独立性，无主次之分，财富、权力、声望之间的影响是相互的，不是单向度的一方决定另一方的关系。

　　上述两种研究传统一直影响到后来的社会阶层关系的研究理路，催生了新马克思主义和新韦伯主义。无论是新马克思主义和新韦伯主义，都试图在马克思和韦伯的阶级阶层研究的基础上，根据政治、经济和社会状况

---

① 关于社会分层的界定有不同的说法：一是视其为客观过程的界定，即认为社会分层是指社会成员在社会生活中由于获取社会资源的能力和机会不同而呈现出高低有序的等级或层次的现象和过程；二是视其为主观方法的界定，即认为社会分层是根据一定的标准将其社会成员划分为高低有序的等级或层次的方法。参见［美］戴维·波普诺：《社会学》，李强等译，中国人民大学出版社 2007 年第 11 版，第 60 页。也有学者认为，社会阶层分化指的是社会阶层结构的动态变化，既包括原有社会的阶层结构变化，又包括社会成员在阶层序列中的变化。因此，社会阶层分化可以分为水平分化和垂直分化。水平分化是社会成员从其原社会阶层中流出来，水平流入别的阶层或重组为新阶层；垂直分化指的是社会成员在社会阶层中的纵向流动，社会地位要么上升要么下降。参见谢飞燕：《论当代中国社会阶层分化及其影响》，大连海事大学博士论文，2012.6。

的变化，重新阐释和反映社会阶层发展变化的现实，其分析模式都是针对当代西方发达国家的社会阶级阶层状况而提出的。对于中国学者而言，如何结合中国国情，对这些西方阶级阶层分析理论进行必要的借鉴和修正，从而提出较为适合当前中国的阶级阶层分析模式是一个很大的挑战。

改革开放以来，中国阶层关系的发展日益呈现复杂性，受西方分层理论的影响，中国学者也尝试以新的理论视角来把握社会阶层关系，先后提出了多种分层标准，比较有影响的观点主要有：

第一，根据生产资料的占有划分社会阶层。受马克思主义的阶级阶层理论的影响和指导，相当一部分学者在社会分层问题上仍然主张"回到马克思"。社会学者仇立平观察到，发轫于20世纪80年代的中国社会经济改革，在普遍改善人民生活状况的同时，也产生了社会财富分配差距过大的问题。在社会经济发展的过程中，一度沉寂的资本的力量再次活跃起来，劳资冲突时有发生，社会阶层（阶级）分化，社会矛盾凸现，曾经一度淡忘的阶级现象又开始出现，阶级分析可以重新回到现实中。仇立平认为，按照对马克思阶级理论的理解，阶级是由生产资料的占有关系确定的，而在不同的时期、不同的历史阶段生产资料的具体表现形式不同。在现代经济中，资本、技术、管理和劳动是最主要的生产要素，也是生产资料新的表现形式。在今天的中国，基于对劳动、资本、技术和管理四种生产要素的占有关系，形成了劳动阶级（工人和农民）、资本所有者阶级、专业技术人员阶级以及管理者阶级。[①] 因此，马克思的社会阶级理论仍然适合分析当代中国的社会分层，应该根据中国社会形势的发展，在重新解读马克思阶级理论的基础上，在马克思阶级阶层理论的指导下进一步研究当代中国社会阶层问题。

第二，以职业为基础进行阶层划分。李路路、朱光磊等学者在进行阶层划分时，试图摆脱意识形态的影响，运用社会学知识背景进行研究，多数情况下，他们基于职业进行分类，他们认为职业的不同真实反映出社会群体之间的经济社会差异。陆学艺主编的《当代中国社会阶层研究报告》一书提供的十大阶层也主要是以职业为基础的。

---

① 仇立平：《阶级分层：对当代中国社会分层的另一种解读——基于学理层面思考的中国阶级分层》，《上海大学学报》（社会科学版）2007年第2期。

第三，按照文化资源进行分层。有学者认为，在当代中国社会转型中，除了市场（资本）和计划（再分配）的力量，传统（等级的、文化的）力量在社会分层中仍然起到一定的作用，传统因素中文化资本在当代社会分层与流动中的作用往往受到研究者的忽略。中国传统社会的等级秩序实质上是以文化作为维系的基础，儒家传统观念也是从文化角度来看待社会等级秩序的，儒家倡导社会身份地位的流动性和开放性，反对世袭的等级制，主张打破门阀界限，认为学而优则仕，人皆可为尧舜。一个人通过道德修行是可以改变身份的，乡野小民通过教育和修身也可以进入士人行列。"朝为田舍郎、暮登天子堂。"君子小人之别，表面上是义利之别，实际上是文化的差异。正因如此，中国古代社会划分出"士农工商"的社会格局，士人处在社会上层，劳心者与劳力者的区别就是文化差异。在当代中国，教育文化资本对于社会阶层流动、社会阶层结构仍然具有基础性作用，现代社会造成结构分化的代际流动机制主要通过教育这一环节传递。一个明显的事实是，20 世纪 90 年代后，教育不平等状况与中国的阶层分化呈现同步性演进，教育体系日益成为身份区隔和阶层封闭的场域，成为不平等结构的再生产之源。①

第四，按照消费进行分层。中国社会科学院研究员李培林、张翼提出了消费分层。他们认为，仅仅依靠职业和收入作为社会分层的主要指标具有很大的局限性。由于分配领域中隐性收入的广泛存在，人们显性的工资等收入很难真实反映其物质财富的多寡，而消费结构更能反映人们经济的真实情况。他们根据社会抽样调查，将国际上通行的衡量消费水平的恩格尔系数作为消费分层的划分依据，将当前中国社会阶层划分为七个阶层：最富裕阶层、富裕阶层、中上阶层、中间阶层、中下阶层、贫困阶层和最贫困阶层。②

第五，住房分层。研究住房分层的学者主要有边燕杰、刘祖云等。住房分层的理论基础是空间决定论，所谓空间决定论是指人们在社会生活中所占有的居住空间所表达的社会信息、社会地位在相当程度上决定了人们

---

① 邵书龙：《当代中国社会结构分层机制分析：等级的、文化的视角》，《天府新论》2012年第3期。

② 李培林、张翼：《消费分层：启动经济的一个重要视点》，《中国社会科学》2000年第1期。

所处的社会阶层,例如,在中国传统社会,住宅的大小、布局无不象征着阶层的尊卑,从这个意义上看,居住空间是影响社会阶层的重要自变量。随着房地产的市场化,有无住房、住房的空间大小事实上已经成为社会阶层分化的助推器。社会强势阶层地位的显现很多是通过住房这样的不动产体现出来。在住房日益商品化的当代中国,在一些经济发达的一线城市,拥有数量不菲的住房往往被视为经济成功的重要标志。不仅如此,一些特有的社会群体、社会阶层如党政精英还享受更加优惠的购房政策,能够以更优惠的价格购买"经济适用房"。[①] 为此,住房分层者往往以住房为标准将社会成员分为住房无产者(无产权房阶层)、有产者(有产权房阶层)和富有者(多产权房阶层),进而从另一个角度解释社会分化。

第六,利益群体分类模式。采取利益群体的学者认为,阶级阶层往往指利益分化已经形成、相对稳定的社会集团,而当今中国,虽然社会阶级阶层结构发生了深刻变化,但新的社会阶级阶层并没有真正形成,各个社会群体还正处于重新分化和组合之中,使用地位相对稳定的阶级阶层概念并不符合中国利益分化还在继续的现实。因此,使用比阶级、阶层范畴更小的利益群体来描述和分析当代中国社会群体的变化可能更为恰当。为此,清华大学李强、孙立平、沈原教授根据改革以来人们利益获得和利益受损的状况,将中国人分为四个利益群体或利益集团,即特殊获益者群体、普通获益者群体、利益相对受损群体和社会底层群体。[②] 在此基础上,李强教授将第一个群体称为上层,第二个群体称为中层,第三个群体称为中下层,第四个群体称为底层。

第七,更多的学者采取多元标准。受韦伯多元分层理论的影响,越来越多的社会学者倾向于从多元的视角来进行社会分层,他们认为社会阶层

---

① 边燕杰、刘勇利:《社会分层、住房产权与居住质量》,《社会学研究》2005年第3期。
② 特殊获益者群体是在改革20余年中获益最大的人,如民营企业家、各种老板、公司董事长、高级经理、工程承包人、市场上的各种经纪人、歌星、影星、球星等明星,以及与外资、外企结合的外企管理层、技术层等;普通获益者群体是改革以来在经济以及各种社会资源方面获得了明显的利益的群体,包括各个阶层的人,其中既有知识分子、干部,也有普通的经营管理者、办事员、店员、工人、农民等;利益相对受损群体是指在改革的现阶段利益受到损害者,包括在改革前期获益的前两个群体中的一部分,如城镇中的失业、下岗人员;社会底层群体指贫困地区的农民等。具体参见李培林、李强、孙立平等:《中国社会分层》,社会科学文献出版社2004年版,第30—33页。

分化是多种因素共同作用的结果。虽然，各种因素作用程度不同，可能存在主次之分，但把社会阶层分化归结为单一因素显然是不全面的。这其中，市场机制对于推动社会转型和社会分化固然重要，但权力机制、利益机制都对社会转型起明显作用，中国社会阶层的分化是多种因素合力的结果。陆学艺等社会学者结合当代中国现实，在职业分类的基础上，以人们对组织资源、经济资源和文化资源的占有状况作为当前中国社会阶层划分的标准。他们所说的组织资源、经济资源和文化资源分别对应于权力、物质财富和社会声望。在这三种资源中，最具有决定性意义的资源是组织资源，经济资源自20世纪80年代以后越来越重要，但它的作用也受到意识形态和社会制度的抑制，文化资源的重要性在最近几年上升很快，它在决定人们的社会阶层位置时并不亚于经济资源。李春玲基于对大量的个案访谈资料的分析，发现人们凭借于个人社会经验和主观感觉对人群进行的分类，主要是依据三个方面的标准：即是否有钱（收入高低或拥有财产多少）、是否有权（在政府或企业组织中担任的职位高低）、是否有文化（学历文凭高低）。也就是说：人们倾向于依据经济资源、权力资源和文化资源的拥有量来评判个人或群体的社会经济地位。基于此，李春玲认为，在当代中国社会，依据经济资源、权力资源（或称之为组织资源）和文化资源的占有量来进行当代社会的阶层划分和分析，有助于深入理解目前社会经济分化现象。[①] 刘精明、李路路（2005）以居住模式、社会交往、生活方式、阶层意识为四个维度，认为在居住、交往、生活方式和认同维度上，尤其是在客观分层结构的两端已经形成了阶层化的主要趋势。

综上所述，可以看出，国内学者在划分社会阶层时，普遍形成一个共识，即资源是社会阶层划分的主要观测点，社会分层的形成与社会成员对资源的占有相关。在这里，用占有资源的不同来区分人们所处的社会阶层，占有资源的多少以及占有资源的类型往往决定了社会成员的阶层地位。中国社会学者李强认为，社会分层本质上讲的是社会资源在各群体中

[①] 李春玲：《断裂与碎片：当代中国社会阶层分化实证分析》，社会科学文献出版社2005年版，第101—106页。

是如何分布的，资源的类型和占有水平常常成为划分阶层、社会地位的标准。① 资源构成了社会阶层的内在规定性，只不过，资源的类型很多，学者们关注的资源不同，在阶层划分上就存在一定的差别。

在资源类型中，经济资源一度被认为是最重要的划分阶层的标准。马克思主义认为，经济关系是本质和基础的关系，经济基础的决定作用是第一位的，人们的经济地位决定社会地位，人们对生产资料的占有关系决定政治社会关系，谁拥有了生产资料就可以直接或间接地拥有政治权力，并进而控制意识形态。把经济资源作为社会分层最重要的标准，能够较为深刻地揭示社会阶层的本质，但对于一个越来越分化和多元化的现代社会，我们更主张多维的视角来观察社会阶层。我们认为，政治权力等政治资源对社会阶层的塑造性越来越明显，从资源政治学的角度观察，政治资源是理解和研究现代社会阶层关系和社会结构的逻辑起点。上述观点的提出并非主观臆造，而是具备充分的理由。

第一，政治资源概念本身就包含划分社会阶层的多种因素，能够统一当前划分阶层的多种标准，这些因素在现实中也的确深刻影响了社会阶层地位的分布。我们既然主张较为全面地反映社会阶层，那么，政治资源概念既比较恰当地涵盖了影响和决定社会阶层地位的基本要素，又能在一定程度上揭示影响社会阶层和社会地位中各种因素之间的内在联系。因此，通过政治资源概念的汇聚性，我们能够把划分社会阶层的多元标准表达和体现出来。

第二，政治资源范畴与社会阶层关系的研究内容也是基本一致的。许多社会学家认为，阶层关系主要体现为利益关系、支配关系和身份关系。利益关系的载体是物质利益，支配关系的载体是权力，身份关系的载体是社会声望。实际上，在很大程度上，政治现代化的实质就是这三种要素在社会阶层之间的协调。随着现代化的发展，权力等级和声望必须扩大，以吸纳传统的、调整中的、新的角色，一种新的等级取代了原来的等级。② 尤其是权力对于现代化进程中阶级阶层关系起决定作用。权力对阶级阶层

---

① 李强：《社会分层十讲》，社会科学文献出版社 2008 年版，第 12 页。
② [美] 戴维·E. 阿普特：《现代化的政治》，陈尧译，上海人民出版社 2011 年版，第 94 页。

关系的影响在某种程度上甚至超过了所有制的影响。① 政治权力对于社会阶层地位的获得甚至起到决定性的作用。② 所以，以政治权力为核心的政治资源范畴能够反映出社会阶层关系的变化。

第三，我们强调用政治资源的标准进行社会分层，实际上也是对改革开放前后中国社会分层标准转换的重要反映。改革开放前的中国社会分层，基本上是一种政治分层。在政治分层框架下，特殊时期划定的阶级成分等因素决定政治地位，它与经济因素并不直接挂钩。也就是说，在政治分层下，经济财富并不能直接决定社会地位，在政治秩序尚能得到保障的时期，政治分层地位的高低与经济分层地位的高低基本上没有明显的相关关系，③ 个人的经济财富对于社会地位的提升基本上没有影响力，甚至一些拥有财富的社会成员被扣上"地富右"的帽子，成为专政的对象。这种政治分层一旦形成，很难改变，具有很强的封闭性，社会群体、社会阶层具有很强的同质性。改革开放之后，社会学家所说的整体型社会逐渐解体，中国原有的身份制度或身份体系逐渐弱化，人们的后天努力逐渐取代先赋因素成为获取各种资源、决定社会地位的重要砝码，这样，原先的政治分层事实上已经被打破，在及时准确反映改革开放之后的中国社会阶层的变化上，政治资源事实上已经成为第一位的观测点。在政治资源为基础的分析框架下，我们首先面临的是一个开放的社会分层体系，多种因素对社会分层产生影响，以政治资源为基础的社会分层涵盖了包括经济因素在内的各种影响社会分层的资源要素。从某种意义上讲，改革开放之后中国社会阶层的分化其实是政治资源分化的结果。

（二）政治资源配置：社会阶层关系形塑的重要机制

政治资源对社会阶层关系的形成产生了深刻影响，任何社会的阶层关系的形成都是建立在政治资源配置的基础上的。阶层的本质是政治资源配置在社会个体上的不均匀而导致的人与人之间社会地位的差异，每一社会

---

① 王春光：《统合：透视当代中国社会阶级阶层关系的新框架》（上），《河北学刊》2010年第2期。

② 李路路：《社会分层结构：机制变革与阶层相互关系》，《江苏社会科学》2004年第1期。

③ 李强：《社会分层十讲》，社会科学文献出版社2008年版，第46—47页。

阶层所占有的资源和机会，构成了社会阶层的客观基础。马克思主义认为，统治阶级与被统治阶级的分野在于对生产资料的占有关系不同，统治阶级对被统治阶级的剥削与掠夺是建立在占有庞大的经济财富和经济基础上的。不仅如此，统治阶级经济、政治、社会地位的维系与巩固还依赖其自身不断攫取更多的政治资源，各种政治资源配置的差异使社会阶层之间形成强弱之分。社会强势阶层之"强"在于其往往垄断或者集聚了丰富的政治资源，随时可以动用自己掌握的权力、社会关系等影响公共决策。而社会弱势阶层之"弱"是全面的，不仅在经济财富上很贫乏，更重要的是政治生活的"贫困"[1]，他们是处于政治权力边缘的人群，其基本的政治权利很难得到保障和实现，政治发言权与参与权普遍处于虚置状态，不但不能享受到各种平等的对待，而且其自身合法权益也难以保障。社会学家孙立平在概括中国弱势群体的特征时也指出：在经济生活中的贫困、市场竞争中的不利地位以及政治层面缺少必要的资源是社会弱势群体的弱势的重要体现。[2] 总之，由于先天或后天的条件不同，社会成员获取和占有的政治资源不同，就会形成不同的政治影响力，社会阶层之间的支配、利益和身份关系在不同时期的体现也不同。

（三）政治资源配置的格局：社会形态的划分

在阶层形成的基础上，政治资源配置最终会形成建立在不同阶层结构上的社会形态。实际上，基于不同的政治资源要素，许多政治学家早已阐述和归纳过这种资源配置与社会政体之间的内在关系。古希腊政治思想家亚里士多德首创较为完整的政体学说。亚氏在划分政体时，采用的一个重要依据就是看政治权力是掌握在一人、少数人还是大多数人手中。这样，政体相应的被划分为君主、贵族和共和三种形式。17 世纪英国独立派政治思想家哈林顿以财产作为划分政府的基础，财产中最重要的是土地。因此，国家的性质、政府的形式是由地产分配的情况决定的。如果国家的大部分土地为个人所有，就会形成君主政体；如果土地为少数人所占有，政

---

[1] 赵春丽：《社会弱势群体的政治贫困及补救》，《唯实》2008 年第 4 期。
[2] 孙立平：《断裂：20 世纪 90 年代以来的中国社会》，社会科学文献出版社 2008 年版，第 68—69 页。

府就必然是贵族政体；如果土地为全体人民所有，政府就必然是共和政体。现代政治学家达尔认为，不同的社会形态中，政治资源配置的格局不同。虽然，政治资源在任何社会都不可能实现完全均等的分配，但政治资源的配置的不断改进和优化，推动人类社会不断走向文明和相对平等。在前工业社会，政治资源的配置是累积性的。"在贵族寡头统治的政治系统中，政治资源具有明显的累积性特征；当一个人比另一个人在某一种资源（诸如财富）上更为充裕时，他通常也会在几乎其他所有资源上都更为充裕——社会地位、合法性、对宗教和教育机构的控制、知识、官职。"[①]虽然，现代工业社会并没有根除政治上的不平等，但使政治资源配置分散化，"工业社会的制度和进程导致了政治资源的分散格局。"[②] 随着一个国家走向高度工业化，它在重要政治资源上的极端不平等就会缩小。按照达尔的理论，民主社会与专制社会之分野，在于政治资源配置格局不同。在专制社会，政治资源高度集中在社会上层，政治资源被少数特权阶层、特权群体所垄断和控制，政治资源具有高度的累积性和集中性。而民主社会应该是一个政治资源配置较为合理、分散的社会，民主社会成熟的竞争、法治体系使任何一个政治组织或政治集团都不可能实现对政治资源的垄断，"一个由具有凝聚力的领导者团队主导的政治系统已经让位于一个由许多不同阶层的领导者主导的系统，每个人都能以各自不同的方式将政治资源组合起来"。[③]

（四）政治资源的流动：社会阶层关系演变的内在动力

政治资源总是处在不断的流动之中，在一个相对的时期内，如果政治资源在社会阶层之间的配置实现了相对均衡，社会阶层关系往往在一定时期内保持相对稳定，但这种均衡只是暂时的、局部的。除非出现特殊情况，社会阶层的位序结构并不是固定不变的，社会阶层在水平和垂直方向上的变化，都意味着在不同的阶层结构中政治资源占有情况发生的变化，意味着政治资源在社会阶层之间的不断流动，从而导致社会阶层关系出现

---

① ［美］罗伯特·A.达尔：《谁统治：一个美国城市的民主和权力》，范春辉、张宇译，江苏人民出版社2011年版，第96页。

② 同上书，第95页。

③ 同上书，第96页。

调整和变化。在这个过程中，由于政治资源的流动变化使阶层之间合作的利益基础遭到破坏，阶层之间的合作可能走向对立；政治资源的流动也有可能使原先具有资源优势、占据支配地位的社会阶层地位下降，可能逐渐沦为社会弱势阶层，而原来处于被支配地位的社会阶层在新的资源分配格局中受益，从而改变了阶层的不利处境，反而在新的阶层关系中处于支配地位。因此，政治资源的流动对原有的阶级阶层关系带来一定的影响，推动社会阶层关系向新的方向发展。

（五）政治资源的争夺：社会阶层冲突的重要原因

对于阶层冲突和阶级冲突的原因，政治学家和社会学家曾做过不同的解释。马克思主义认为，财产所有权的问题是导致阶级冲突的决定性原因。社会学家韦伯认为，导致阶级冲突的一个重要表现就是低层社会群体拒绝接受既存的社会关系模式，而低层社会群体之所以拒绝接受既存的社会关系模式，主要是因为不满权力、财富、社会声望等资源的分配。[①] 不管是马克思还是韦伯的解释，其背后其实都有一个共识，即阶层冲突源于资源争夺。对资源、特别是政治资源的争夺是造成社会不和谐的重要原因，资源的稀缺性和有效性导致了人们对它的激烈争夺。由于人们面对的是一个资源相对稀缺的世界，人类又有着天然的利己本性。每个人都企图在有限的资源中尽量获得令自己满意的份额，每个人都试图确立对自己有利的资源分配规则。在资源分配中，人们常常所说的边际效应递减规律似乎并不奏效，每个人对资源的攫取似乎是无止境的。这样，人类的利己本性、对资源的刚性需求与现实资源的匮乏就必然形成不可避免的矛盾。在专制社会，丛林法则决定资源分配。在现代民主社会中，虽然资源分配相对平等化，但并不能从根本上解决资源供需的矛盾。资源配置的差异不可

---

① 具体来说，导致低层社会群体拒绝接受既存的社会关系模式的因素主要有四点：首先是权力、财富和社会声望三种资源分配之间的关联程度；其次是组织社会成员的社会科层结构的状况；再次是导致权力、财富和社会声望水平提高的个人流动的频率；最后是权力、财富和社会声望三种资源分配之间的差距，因为差距愈大，个人向上流动的频率愈低，其后果是愈容易导致低层社会群体成员的不满。具体参见李培林：《社会冲突与阶级意识：当代中国社会矛盾问题研究》，社会科学文献出版社2005年版，第32页。当然，西方比较有影响的社会冲突学者还有科塞、达仁道夫、帕森斯、李普塞特等。

避免地形成利益冲突。美国现代政治学者罗伯特·杰克曼认为，政治生活中的价值性资源——权力、声望、荣誉等正是个人和团体争相获得的东西，而这些东西又相互关联，存在着分配不均现象，因此冲突不可避免。① 这样，围绕着政治资源的争夺，阶层矛盾和阶层冲突不可避免。

---

① ［美］罗伯特·杰克曼：《不需暴力的权力》，欧阳景根译，天津人民出版社2005年版，第45页。

第二章 当代中国社会阶层间政治资源配置状况之历史考察

作为现代化的后来者，当代中国政治资源配置的主体是国家，现代化的进程是由国家力量来推动的。改革开放前后，中国社会阶层间政治资源的配置呈现出显著的变化和不同的特点。

一 改革开放前的政治资源配置

1949年中华人民共和国成立，经过社会主义改造，中国大陆建立了社会主义制度，与社会主义制度相适应的是一个"全能主义"的国家政权体系，国家与社会高度合一，国家通过对政治资源的垄断控制了社会的各个领域，有学者称这种社会结构是"总体性社会体制"。① 在这种总体性社会中，社会组织和社会成员要想获得生存与发展，就必须从国家那里获得发展的社会资源与政治资源。国家掌握着政治资源的配置权，国家对政治资源的配置主要是通过三大体制——"单位制"；人民公社体制以及身份制来进行，这三大体制对资源的分配深刻影响和塑造了这个时期的社会阶级阶层结构。

（一）"单位制"——政治资源配置的城市路径

1. 单位和单位体制的形成

在当代中国的城市中，人们的社会生活仍然与单位紧密联系在一起，

---

① 孙立平：《国家、民间统治精英及民众间互动关系的演变》，《发展与不平等：大陆与台湾之社会阶层与流动》，香港中文大学香港亚太研究所1994年版，第70页。

单位在城市居民的心目中具有重要地位。中华人民共和国成立后形成的单位体制，虽然在改革开放后在功能和性质上有所变化，但作为一种资源配置机制实际上一直在发挥作用。政治学者刘建军通过研究认为，"单位"是社会调控体系中以实现社会整合和扩充社会资源总量为目的的制度化组织形式，是国家与个人之间的联络点。① 单位作为国家调控体系的基本单元，既是国家政策的最终落实者，又是整个政治体系的支撑者和资源的最终分配者。② 因此，从政治功能上讲，单位的意义并不在于它是整合城市的社会组织，而是一种特殊情况下的资源分配组织和资源分配体制。

单位体制的形成是与中国现代化进程密切联系在一起的。"单位以及单位体制是中国从落后状态中推进社会主义工业化在组织上的反映。"③ 如果我们把"单位"放大到中国现代化进程中来考察，就可以看到，"单位在表面上看来是新中国成立之后特定时期的特殊产物，实际上却是中国社会自身所孕育出来的一种特定的制度形式，也就是说这是政府在适应社会资源总量之要求及其所提供的条件的基础上，依靠国家强力和再分配体制，把城市社会纳入到现代化进程中的理性运动。"④ 中华人民共和国成立之后，面对的是一个社会资源和政治资源总量严重不足的社会。从当时城市发展状况来看，城市中社会资源处于根深蒂固的分割状态。在这样的情况下，如果不借助强有力的国家政权，真正意义上的现代化不可能展开。而一个国家政治资源的拥有量往往决定了这个国家能力的强弱或大小，革命后国家现代化的逻辑是存在着能够推动现代化的强大的国家组织。当政治资源和社会资源总量处于贫弱的境况下，国家为了实现现代化的宏伟蓝图，完成现代化的历史使命，只能采取有组织的、集中有限的政治资源的方式来推动现代化，只能依靠自上而下的权威的力量建立统一的体制，通过对分散和分割的社会资源进行集中提取和分配，有针对性地建构现代化的经济体系和调控体系，而单位制的构筑正是适应这种战略的

---

① 刘建军：《单位中国：社会调控体系重构中的个人、组织与国家》，天津人民出版社2000年版，第43页。
② 同上书，第19页。
③ 路风：《单位：一种特殊的社会组织形式》，《中国社会科学》1989年第1期，第74页。
④ 刘建军：《单位中国：社会调控体系重构中的个人、组织与国家》，天津人民出版社2000年版，第59页。

产物。

2. 单位的政治资源配置功能

国家通过单位进行政治资源的配置往往采取制度化和非制度化两种形式。制度化的配置形式往往是按照组织规范的要求去配置单位组织的资源，也就是说，政治资源的配置是按照一定的规定和规则进行的。各个单位根据行政管理关系，按照距离国家权力中心的远近，被动接受上层分配下来的资源，其分配的基础和依据是单位的等级或所有制规模。在当代中国，单位的级别与身份非常明显，无论是行政单位、事业单位或企业单位，都被赋予一定的行政级别。在一般情况下，单位的行政级别与单位所能获取的政治资源和经济利益相挂钩，单位的行政级别越高，其能够获取的资源就越多。另外，单位的所有制层次也是单位级别的一个体现，是国家对单位进行资源配置的一个重要依据，单位的所有制层次主要集中在企业单位。与单位的行政级别一样，单位的所有制层次愈高，其所能占有的各种资源、机会和利益就愈多。[①] 而非制度化的资源配置方式则是指不按照组织规范和制度的要求去配置资源，单位在资源获取上有很大的主动性和灵活性，在国家与单位的资源配置上体现一定的关系取向，单位与国家之间的那些特殊主义性质的社会关系或"社会网络"往往决定获取的资源的多寡。资源配置的非制度化形式的存在，说明国家对政治资源配置的空间具有争夺和讨价还价的余地，"单位，以至地方政府，并非纯然被动：由国家决定分配多少就拿多少。讨价还价能力愈强的地方政府与单位，愈有办法拿到较多资源，改善职工的科层处境。"[②] 所以，也就出现了单位通过各种社会关系展开对国家资源的争夺。

制度化和非制度化的两种政治资源配置的形式，不仅体现在宏观的国家单位之间，而且还体现在单位内部政治资源的分配上。国家通过单位将掌握的政治资源和社会资源分配至单位中，单位再分配给个人。因此，单位内部政治资源的分配具有再分配或二次分配的性质。单位内部政治资源制度化再分配的依据一般涉及"单位人"的行政级别、政治面貌、工作

[①] 李汉林：《中国单位社会：议论、思考与研究》，上海人民出版社2004年版，第34页。

[②] 李明堃：《中国之社会分层》，《发展与不平等，大陆与台湾之社会阶层与流动》，香港中文大学香港亚太研究所1994年版，第9页。

能力、教育程度、工龄，等等，在传统体制下，往往把政治面貌作为重要的分配依据。一个单位的领导，由于具有较高的行政级别，因而能够更多地或更方便地占有或分得较多的政治资源。不同的行政级别往往享有不同的资源待遇。"在这里，人与人之间的不平等以及社会地位的高低，通过制度化的方式被固定化和合法化，而这种制度化的方式又和资源、利益及机会的分配和占有紧紧地连在了一起。"[①] 而单位内部非制度化的政治资源再分配往往体现出强烈的关系取向。个人在单位中的人缘以及与单位领导的关系，往往是获取资源的重要手段，单位成员往往动用各种关系"渠道"来谋取个人发展所需的政治资源。李汉林通过对单位制的研究认为，在单位内部也会形成社会学家费孝通先生所说的错综复杂的关系网络以及各种根据"以我为中心向外推"的差序格局。[②] 虽然，单位有一套正式的资源分配规则，但人们常常借助自己在单位积累的人脉、人缘以及与单位成员的"交情"来获取资源。

制度化和非制度化的两种政治资源配置的方式，往往是结合在一起使用的，在更多的时候，由于制度建设的滞后，政治资源配置的非制度化方式往往唱主角。同时，不同的"单位人"对于这两种资源配置的选择偏好是不同的。李汉林通过对单位组织中的地位、资源、满意度、相对剥夺感和依赖性行为的社会调查后认为，单位中具有较高的政治地位、权力较多、获取和支配资源也较多的成员倾向于采用制度化的方式来维持已获得的资源，他们的既得利益促使他们不希望被其他人采用非制度化的方式予以剥夺。但是，对于那些政治身份较低、权力较小、因而获取和支配资源也同样较少的人来说，采用制度化方式获取资源难度较大。相反，以非制度化的方式获取资源反而有一定的可能性，因此，他们更倾向于采取非制度化的资源获取方式。而一旦他们获得了较多的政治资源和社会资源，他们又会赞同采取制度化的资源配置方式。[③] 也就是说，随着单位成员社会和政治地位的变化，他们往往赞同对自己有利的资源配置方式。

---

① 李汉林：《中国单位社会：议论、思考与研究》，上海人民出版社2004年版，第33页。
② 同上书，第231页。
③ 同上书，第190页。

3. 通过单位来实现政治资源的配置导致的结果

国家通过单位来实现政治资源的配置，导致直接的后果是形成单位对国家，单位成员对单位的全面依附关系，这种依附关系在改革开放前的当代中国社会最为明显，这种依附关系存在的基础就是政治资源和其他社会资源。在中国的单位社会中，一些生活中须臾离不开的重要的社会、经济和政治资源并不是由社会直接分配到个人的，而主要是由国家直接分配到单位，然后再由单位分配到个人。由于在相当长一段时间内，中国政治资源始终处于短缺状态，这种短缺的政治资源的分配，往往通过一个一个具体的单位来进行。国家通过掌握资源从而控制和支配单位，单位通过掌握单位成员所需要的发展机会和各种政治资源从而控制单位成员。单位生活成了人们生活的常态，离开了单位，人们就失去了在社会上行走的身份和地位，国家也就失去了对社会成员的控制。这样，以资源控制为纽带，单位成员、单位、国家形成层层依附关系，个人对单位、单位对国家的依附就成为普遍的社会关系。单位成员对单位的依附虽然是直接的，但却是表面的、形式上的依附；单位成员对国家的依附虽然是间接的，但却是实质的真正的依附。"个人对单位组织的服从，同时即是对国家的服从；单位组织对个人的权力，在很大程度上即是国家权力的表现。"① 人们通过单位（组织）高度依赖政府或国家。

由于单位对国家、单位成员对单位的全面依附关系，使整个社会形成了对国家的资源依赖关系，社会的力量相对于国家就显得弱小，就形成了改革开放前的强国家——弱社会的制度模式。这样，改革开放前的当代中国社会，呈现在人们眼前的"是一个由极其独特的两极结构所组成的社会：一极是权力高度集中的国家和政府，另一极则是大量相对分散和相对封闭的单个的单位组织"。② 所有的单位，不管是行政的、经济的、事业的，基本上缺乏独立性，都由国家和政府控制和管理，在单位内部建立党的组织系统、行政系统，单位集政治、经济、安全、福利等多种职能于一身。国家主要通过单位来实现对社会的整合和控制，"单位作为国家政权的延伸或者本身就是国家政权的一部分，国家权力就是通过单位作为中介

---

① 李汉林：《中国单位社会：议论、思考与研究》，上海人民出版社2004年版，第11页。
② 同上书，第192页。

实现对资源的再分配,达到对社会有效调控的目标"。① 正是这样,国家借助单位组织,实现对社会的整合。

国家通过单位来实现政治资源的配置,还导致的一个后果,是围绕着政治资源的分配形成的冲突。在改革开放前的中国,政治资源特别是经济实体性资源始终处于短缺状态,而这种短缺资源的分配又是通过一个个的单位来进行的,又由于单位功能的多元化、单位掌握着政治资源的配置的权力,这就造成了相当长时间内人们的社会行为和社会交往都集中在单位,造成了人们在社会、经济、政治等各方面的需求与单位联系在一起,只有功能多元化的单位才能满足人们的需求。当单位中的资源分配的规则、制度不公正或非制度化的资源配置方式盛行时,必然使一部分单位成员在博弈过程中利益受损,这部分单位成员就会产生怨恨心理或愤慨情绪,很容易造成单位成员之间的冲突。这种围绕着政治资源的分配形成的冲突,不仅在单位内部的成员之间,还体现在单位与单位之间。资源分配的单位机制使单位成为事实上的政治资源的占有者和支配者,国家对单位无限的资源输入,使单位能够获得稳固的发展基础,单位作为拥有资源的实体,其主要的精力便集中在争取国家更多的资源输入。因此,单位和单位成员之间围绕着政治资源的分配不可避免地产生彼此之间的冲突。

(二) 人民公社体制——政治资源配置的乡村路径

1. 人民公社体制的缘起

从政治资源意义上讲,人民公社体制是中国现代化进程中社会资源和政治资源总量不足的产物。1949 年后建立的新中国是在"一穷二白"的基础上建立起来的,经济基础薄弱,社会资源匮乏。虽然,新生的政权获得了国内大多数人民的政治认同与支持,但国内的政治形势还并没有处于非常稳定的状态,并且,在国际上还处在西方发达资本主义国家的严密封锁之下。从总体上讲,中国共产党的政权体系拥有的政治资源非常匮乏。为了解决政治发展进程中面临的资源约束与困境,现代化的后来者往往采取强大的政府推动的方式,"强有力的中央政府、紧密的地方控制和巨大

---

① 刘建军:《单位中国:社会调控体系重构中的个人、组织与国家》,天津人民出版社 2000 年版,第 64 页。

的城乡差距，这三条总是和现代化后起之秀形影不离"。① 当代中国的现代化采取的是非均衡的赶超战略，这一战略以优先发展重工业为重心，而新中国的工业基础薄弱，缺乏重工业化建设的必需资本，而农业是国民经济的基础产业，这样，农业就不可避免地承担起国家工业化"原始资本积累"的职责，对农业剩余资源的提取就成为工业化原始资本的重要来源，② 而这种提取不可能通过分散的小农经济能够实现。最好的也是代价最低的办法就是改造农民的所有制，改变分散的小农经济的形式，通过集权的方式，建立农户联合劳动制度，强制性地配置稀缺有限的农村社会资源和政治资源，才能够获取现代化所需的经济和政治资源。另外，从政治层面上讲，现代化的推动还必须获得农村的政治支持，必须有农村的政治稳定作为基础。美国著名政治学家亨廷顿曾指出："在现代化政治中，农村扮演着关键性的'钟摆'角色。"③ 而中国的现代化自晚清启动以来，现代化的潮流长期未能波及农村，农村实质上被抛在现代化进程之外，国家的力量始终没有真正渗透到基层社会，国家始终难以实现对农村的政治整合，国民党政权大陆溃败的一个重要原因就是失去了农村的政治认同和支持，而中国共产党革命成功能够取得政权的一个重要的原因，就是通过土地改革获得了来自农村的政治资源。新中国成立以后，中国共产党对农村的大规模改造，目的是"摧毁旧秩序，建立与政府的新联系，从农民中取得更多的资源"④，其实质就是要重建国家与乡村的关系，强化对农村的政治整合，以便继续获得农村的政治资源。国家对农村经济资源和政治资源控制的加强和整合，最终以农村人民公社这一制度安排得以实现。所以，人民公社体制的产生及最终定型，正好以特殊的农村治理形式满足了现代化的发展战略，农村人民公社体制也就成为当时国家实现对农村政治资源配置的重要组织。

---

① [美] 吉尔伯特·罗兹曼：《中国的现代化》，国家社会科学基金"比较现代化"课题组译，江苏人民出版社 2003 年版，第 449 页。

② 吴毅：《人民公社时期农村政治稳定形态及其效应——对影响中国现代化进程一项因素的分析》，《天津社会科学》1997 年第 5 期。

③ [美] 塞缪尔·P. 亨廷顿：《变化社会中的政治秩序》，王冠华译，生活·读书·新知三联书店 1989 年版，第 266 页。

④ [美] 巴林顿·摩尔：《民主和专制的社会起源》，拓夫译，华夏出版社 1987 年版，第 181 页。

2. 农村人民公社时期农村政治资源的配置

国家通过农村人民公社体制实现对农村政治资源的配置，主要体现在三个方面。

第一，人民公社是社会主义制度在农村的基层单位，公社的政治权力体系是国家政治权力体系的一个组成部分，是国家政治权力在乡村的延伸，"国家政权凭借人民公社对农村经济、政治资源的高度垄断，空前深入地介入农村，实现了对农村社会的全控型治理"。① 由于人民公社是政社合一的组织，这种政社合一意味着国家行政权力和社会权力高度统一。在实际运作中，人民公社集生产建设、财政、民政、文教、卫生、治安、武装多种职能于一身，它既是农村基层政权机关，又是一个小而全的经济系统和军事组织，是整个国家政权在农村的缩影。人民公社的组织层次，基本上是按照中共中央八届六中全会通过的《关于人民公社若干问题的决议》精神构建的。② 人民公社实行"三级所有，队为基础"，其组织层次从下至上依次为生产队、大队、公社，公社在最上层，其干部主要由上级党委任命，公社一般不直接组织生产，主要职责是决策，召开会议，贯彻文件，发展农业生产。大队直接受公社的领导，承担着"上情下达"的职责。生产队是公社的细胞，是基本核算单位，实行独立核算，自负盈亏，是公社制度中最基本的层面。生产队直接组织生产，又是国家权力的末梢，社员通过生产队参与公社的政治生活。人民公社体制的建立形成了国家权力对乡村底部的渗透，在纵向上形成了中央对地方、地方对基层、基层对民众个人的全方位、单向性集中。这样的组织体制改变了传统中国政治中县以下社会自治的局面，把国家对农民个人的控制纳入了完全组织化的渠道，使农民形成了对公社体制的被动性依附。在公社体制中，由于当时的户籍制度和口粮制度的限制，农民个体是没有流动自由的，社员没有"以脚投票"的权利。公社体制下的国家与社会关系的特点是社会与

---

① 贺雪峰：《论乡村社会的秩序均衡》，《云南社会科学》1999年第3期。

② 1958年12月，中共中央八届六中全会通过的《关于人民公社若干问题的决议》指出："人民公社应当实行统一领导、分级管理的制度。公社的管理机构，一般可以分为公社管理委员会、管理区（或生产大队），一般是分片管理工农商学兵、进行经济核算的单位，盈亏由公社统一负责。生产队是组织劳动的基本单位。"具体参见中共中央文献研究室：《建国以来重要文献选编》第10册，中央文献出版社1995年版，第447页。

国家是完全同一的，社区政权化、社会国家化。

第二，国家通过人民公社体制，保证了对乡村物质性资源的汲取和分配。从某种程度上讲，人民公社时期，国家对乡村物质性资源的配置的重心应该说就是对资源的提取，对农业物质资源的征取始终是整个人民公社期间的主要的工作之一。人民公社时期，生产队经济工作的首要任务就是完成国家的农副产品的征购任务。《农村人民公社工作条例修正草案》的第33条明确规定："生产队有完成国家统购粮食、棉花、油料和派购农副产品的义务。"为了能够实现这种物质资源的征取与派购，国家通过具有强烈计划色彩的农副产品的统购统销制度来进行，来实现农业剩余资源的提取与转移。这个时期，不管是从比例还是从数额上，国家对农副产品的征购都是惊人的。根据辛逸的计算，人民公社25年间，国家征购占当年粮食产量的比重年均为23.27%，若考虑到当时我国农村人均消费粮食只有一百六十公斤，这个征购比例对勉强维持温饱的农民来说，是一个非常大的负担。① 当时绝大多数农村经济作物都被国家低价征购了。大公社时期，国家对棉花的征购率年均为87.5%，人民公社时期，这个比例上升至93.28%，其中，1980年竟然高达99%。整个公社时期，棉花的征购率年均超过了90%，达到90.39%。相对于粮食，植物油的征购比例还算是略低的，人民公社时期，植物油的征购率是59.64%，整个公社期间这个比例年均为66.56%。② 人民公社时期，国家对农村物质资源的征取，其持续的历史时间之长，数额之大，制度安排之健全，在世界历史上是绝无仅有的。通过这种资源的提取，农村为城市的工业化建设做出了巨大贡献。③ 当然，在完成国家征购和集体提留之后，公社的剩余产品要进行分配。从分配的物质形态来看，采取现金分配和实物分配两大类，由于农业生产率低下，生产队的现金数量长期处于短缺状态。所

---

① 辛逸：《农村人民公社分配制度研究》，中共党史出版社2005年版，第45—46页。
② 同上书，第47页。
③ 据统计，在人民公社期间，我国农业为工业化建设累积提供了约5400多亿元的资金，年均高达210多亿元。如果将考察的范围扩大到新中国成立头40年，农业累积为工业化提供了近1万亿元的建设资金，占同期国民收入全部累积额的22.4%，平均每年高达近250亿元。若按每个农业劳动力平均计算，人民公社时期每位劳动力年平均向国家提供的剩余多达80余元。具体参见辛逸：《试论人民公社的历史地位》，《当代中国史研究》2011年第4期。

以，在人民公社组织内，对社员收入的现金分配只占很小的一个部分，主要的分配是以实物分配为主，实物分配的对象主要就是生产队的农副产品，其中又以粮食分配为主，其基本形式就是口粮，以口粮为主的实物分配份额占社员的收入总量的绝大部分。从分配方法来看，社员的分配主要是按照供给制和工分制相结合的办法进行。供给制主要是口粮分配，带有极强的平均主义色彩，实际上是按"口"分配，工分制是以劳动力当年通过出勤劳动所获的工分总数为依据进行的物质分配，实际上是按"劳"分配。按照人民公社组织的基本设想，是把按基本口粮分配与按工分分配相结合。① 但在实际的分配中，一方面农业生产落后，物资短缺；另一方面公社社员劳动积极性不高。所以，按工分分配很难执行下去，最后往往就是按人头为依据进行分配，结果，自然是平均主义盛行。

第三，在人民公社体制中，党政高度合一，党支部的领导处于核心，基层党支部在农村政治中具有极高的政治声望，成为乡村政治的主要权威。从横向上看，大队一级的管理委员会、妇联、民兵连等组织全部接受党支部的领导，围绕党支部开展活动，党支部的领导主要体现在组织领导上，农村组织的领导任免权集中在党支部中。从纵向上看，党的组织原则是下级服从上级，人民公社体制中所有的管理机构、社会组织、农村党支部都要接受上级党组织的领导，农村所有的政治、经济资源自然由下向上集中，行政向党组织集中，党组织向党组织负责人集中。以党组织为核心，党的领导一直延伸到社会底层，从而有效地控制了农村。通过大力开展政治社会化运动，强调用共产主义思想武装群众，用大公无私的共产主义精神破除个人主义和本位主义，人民公社体制以一种新型的组织权威彻底取代了传统乡村精英的个人权威、肃清了传统乡绅、宗族势力在农村的政治影响，使农民由对传统乡村精英的政治认同和政治忠诚转向对现代政党组织的认同，积聚和巩固了新中国成立初期中国共产党在全国人民心目中空前的政治威望。

---

① 中共八届十中全会通过的《农村人民公社工作条例修正草案》对集体的实物分配特别是粮食分配所设计的基本方法是："可以采取基本口粮和按劳动工分分配粮食相组合的办法，可以采取按劳动工分分配加照顾的办法，也可以采取其他适当的办法。"具体参见中华人民共和国国家农业委员会办公厅：《农业集体化重要文件汇编》（下），中共中央党校出版社1982年版，第639页。

（三）身份制：社会阶层身份地位的体现

新中国成立后，首先进行了社会主义改造，无论是城市还是乡村，中国不存在真正经济意义上的有产者和无产者了。但是在20世纪50年代中期，一套非财产所有权型的社会分层体系即社会学家所说的"身份制"却保留了下来。身份制主要突出政治分层而不是财富分层，也就是说，中国的身份制与经济地位无直接关系，它主要体现为：户籍身份、工人与干部身份、干部级别身份等，尤其是户籍身份和干部身份尤为重要，而户籍身份和干部身份是和户籍管理制度和档案管理制度密切相连的。

1. 户籍制度

我国现行户籍制度是在20世纪50年代至70年代逐步形成的。新中国成立之初，为了巩固新生的社会主义政权，建立统一的社会秩序，保持社会的稳定是当务之急，而"一个一体化的全国政治制度就需要国家以前政权从未尝试过的方式向社会渗透，而这种渗透转过来需要谨慎地发展组织才能认真地进行群众动员，以促使社会各阶层摆脱它们的狭隘观点"。[①] 因此，新中国成立初期一系列的群体运动和社会建设虽形式不同，但都遵循着一个重要的逻辑，即快速把国家政权的力量向社会渗透，从而控制和整合社会。户籍制度就是这样的一种制度安排。为了维护城市的社会秩序，加速工业化建设，就必须对新中国成立初期城乡之间的社会流动进行必要的控制。从1955年开始，全国开始建立严格的户口登记制度。1958年1月9日，全国人民代表大会常务委员会通过《中华人民共和国户口登记条例》，第一次以法律形式将新中国成立初期逐渐形成的户口登记制度确定下来，它标志着城乡有别的二元户籍制度正式确立，城乡利益格局得到固定。

从一般意义上讲，户籍制度的基本功能有两项：一是证明公民身份；二是提供人口基本信息，便于社会管理。客观上，新中国成立之初的户籍制度通过在城乡之间实行严格的流动限制，的确为稳定社会秩序、支持工业化生产发挥了主要作用，但是，由于我国的户籍管理制度是特殊时代的

[①] ［美］R. 麦克法夸尔、费正清：《剑桥中华人民共和国史：革命的中国的兴起（1949—1965）》，谢亮生等译，中国社会科学出版社1990年版，第70页。

产物，其原本意义上的应有功能逐步被异化，户籍身份逐渐成为带有明显等级身份色彩的符号。现行户籍制度最主要的方面就是将人们分为两类：城市户口和农村户口。城市户口和农村户口自然形成了我国城市与乡村相互分割的二元社会结构。① 更重要的是，以户口登记和管理为中心的户籍制度，不仅是中国的一项基本社会管理体制，更是直接影响城乡资源配置和利益分配的制度。不同的户籍身份，在资源获取上存在较大的差异。人们日常生活中的衣食住行、入学就业、福利保障都与户口身份密切联系。在城乡分割的户籍制度管理下，持有城市户口的居民在收入、消费、福利、就业以及参政等方面享有的待遇和权利非农民所能比及。学者陆益龙通过调查发现：第一，城镇户口者比农村户口者更容易获得党员身份。第二，在城市内部，个人的户口级别对党员身份获得影响不显著；在不同级别的城市如小城镇和直辖市之间，不同城市户口对于党员资格的获得也没有显著差异，同种类型的户口并不影响入党机会的获得。第三，非制度性即不迁移户口的流动者在异地城市工作居住，其获得党员身份的机会较少。第四，个人及其家庭越是能够获得制度性即正式户口迁移，表明其拥有的政治资本越多，因而获得政治资源的机会越多。② 由此说明，不同户口与权力之间有着较显著的相关，城乡户口身份对政治资源的获取有非常显著的影响。正因如此，户籍制度使"城乡差异成为最基本的社会分层"。③ 城市居民与农村居民生活在两个差异较大的生活世界中。城乡分割的户籍制度将农民牢牢地束缚在土地上，城乡之间很难有真正的社会流动，农民要想改变自己的生活模式进入城市，在当时只能通过获取教育资源，通过高考实现由农村向城市的跨越，但这样的机会并不是很多，"由于农民占到人口的绝大多数，这种城乡差异很大的体质自然就造成我国社会底层大、上层小的金字塔形状的社会分层结构特点"。④

2. 档案制度

如果说户籍管理制度造就了城乡之间的差别，那么档案管理制度则形

---

① 李强：《社会分层十讲》，社会科学文献出版社 2008 年版，第 311 页。

② 陆益龙：《户口还起作用吗——户籍制度与社会分层和流动》，《中国社会科学》2008 年第 1 期。

③ 李强：《社会分层十讲》，社会科学文献出版社 2008 年版，第 311 页。

④ 同上书，第 312 页。

成了干部和工人身份的差别。我国现行人事档案制度是由战争年代干部履历材料和证明材料发展而来的，早期人事档案管理的目的是为了干部的提升和审查。新中国成立初期，经过社会主义改造，我国逐步建立了以公有制为基础的计划经济体制，社会矛盾主要大量表现为人民内部的矛盾，传统的以党政干部为主体的人事档案，其适用的范围逐步扩大到国有企事业单位的职工以及在校学生。这样，在档案管理制度下，至少出现两种身份，即干部与一般工人。这两种身份的区别并不仅仅是管理方式上的差别，更主要的是体现在政治、经济上待遇的不同。从衣、食、住、行到生、老、病、死，具有干部身份的待遇要远远高于工人和农民。仅仅以养老为例，农民是家庭养老，实际上是自己养老，工人是单位养老，干部则是国家养老。除了看得见的差别外，许多差别还是隐性的。同时，身份一旦固定，很难改变，在这种缺乏真正社会流动的封闭的社会格局中，人们很难通过后天的努力自主地获得某种身份或者改变某种既有的社会身份，如工人要转变为干部，其难度不亚于农民转变为市民。

综上所述，改革开放之前，户籍、档案两大体制使所有的社会成员基本上划归到为干部、工人、农民三个高低有别、相互联系的身份群体，农民和工人成为人数最多的社会阶级，知识分子成为一个独立的社会阶层，社会阶级阶层结构形成人们通常所说的"两个阶级一个阶层"的基本社会结构（见图2—1）。

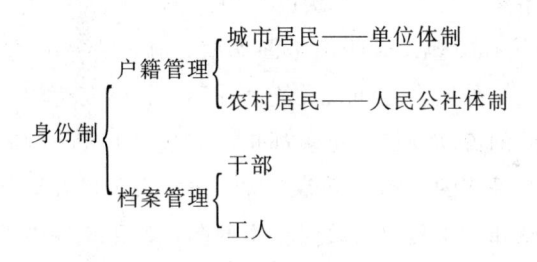

```
              ┌ 户籍管理 ┬ 城市居民——单位体制
              │         └ 农村居民——人民公社体制
        身份制┤
              │         ┌ 干部
              └ 档案管理┴ 工人
```

图2—1　社会阶层的另身份制

（四）新中国成立初期政治资源配置的格局与社会阶级阶层结构

基于上述分析，我们知道，由于改革开放之前资源配置主要由组织（人民公社、单位）来进行，从宏观角度看，中国社会分层类似于一种科层再分配体系，整个社会由许许多多类似细胞或蜂巢的组织（单位）构成。每个人都被纳入科层组织之内，个人获取资源的差别主要体现在科层组织的差异。在科层再分配制度下，资源由上而下，由国家直接向各单位进行分配，由单位进行再分配。① 这样，同一科层组织之中，尽管也存在种种不合理、不公正的资源分配现象，但在总体上，在社会资源总量不足的情况下，单位组织成员差异不大。城市工人和农民由于城乡差异在资源获取上存在一定差异，但工人、农民彼此很少直接交往，同在城市的工人之间和同在农村的农民之间并无大的社会差别，所获得的资源内容和资源量上并无较大差异，作为同一阶级阶层的工人、农民呈现出较强的同质性，社会结构也较为简单。这个计划经济时代的社会阶级阶层结构具有鲜明的时代特点：

第一，在这个阶层结构中，由于身份制的影响，无论是在收入、政治权力还是社会声望上，干部是资源的最大获益者。级别成为社会分层的基础，而级别的核心要素是政治权力。同时，权力、财富、声望三者高度一致的情况也大大强化了官本位制本身。

第二，在收入、政治权力、声望三种资源中，政治权力无疑对当时的社会阶级阶层结构的形成起到了决定性的作用。政治权力是当时社会阶级阶层结构塑造的一个最重要的体现，就是政治生活以不恰当的方式在社会生活中占据主要地位。② 当时的社会结构变动往往受政治运动的主导，虽然在那个时期也曾经出现过城乡之间一定范围的人员流动，但这些流动更多都是一种政治运动，如："大跃进"时期的人口迁移、"文革"中的知识青年"上山下乡"等，这些都是国家权力强制介入社会结构变动的典型体现。所以，这种城乡之间人员流动并不是自然发生的，不符合正常的精英与大众之间的流动规律，更多都是适应政治大环境的需要。它非但没有起到推进城乡平等的目的，反而更进一步扩大了城乡社会群体对二元分割结构的心理感知。正是因为政治权力的塑造作用，许多学者强调改革开放之前中国的社会分层往往是政治分层。

第三，社会成员的地位差异主要是由三种最基本的次级制度化结构即

---

① 李明堃：《中国之社会分层》，《发展与不平等，大陆与台湾之社会阶层与流动》，香港中文大学香港亚太研究所1994年版，第13页。
② 林毅、张亮杰：《新中国阶级阶层社会结构演变历程》，世界知识出版社2011年版，第87页。

具体的资源配置机制分割的结果,这三种次级制度化结构分别是"身份制"、"单位制"、"人民公社体制"。其中,身份制的存在凸显了城乡的差距、干部群众之间的政治差别。总体上,改革开放前的资源配置是行政主导的,而且受到特殊时代政治形势的影响。

第四,总体上,改革开放之前的"两个阶级一个阶层"的基本社会结构保持了长时期的基本稳定,这一时期的社会阶级阶层结构与当时的政治经济体制相适应,在一定程度上保持了农村和城市的政治稳定。但这一时期社会阶级阶层结构存在的问题也日益凸显,随着国家政治经济发展非常态的结束,社会内部必然催生出谋求社会阶层正常流动的客观需要,社会阶级阶层结构的变动也势在必然。

二 改革开放以来政治资源配置的变迁

对于改革开放以来中国社会阶层间政治资源配置的分析,我们可以借用美国政治学家罗伯特·达尔提出的"累积性不平等"和"分散性不平等"两个概念进行分析。"累积性不平等"和"分散性不平等"是美国政治学家罗伯特·达尔分析政治资源配置格局时提出的两个概念。达尔认为,任何社会政治资源的分配都不可能完全平等,政治资源的分配影响政治和社会平等,政治资源在社会中的配置会产生两种结果:"累积性不平等"和"分散性不平等"。① "累积性不平等"意味着社会成员在资源占有上会形成累积或叠加效应,各种资源之间的关联性很强,某个政治主体

---

① 具体来说,达尔是这样认定"累积性不平等"和"分散性不平等"的:假定一个政治体系中的每一个人都根据其在社会最重要的政治资源上占有的相对地位来排列,如果每个人的相对地位相同,从而形成一种完整的相互关联,资源的不平等就会是累积性的;如果每个人在某个等级序列中的地位与另一等级序列无关,资源的不平等就会是弥散性的。具体参见[美]罗伯特·A.达尔:《现代政治分析》,王沪宁译,上海译文出版社1987年版,第96页。在《谁统治》一书中,达尔还从六个方面详细地归纳了弥散性不平等的系统的特征:不同的公民可以使用多种不同的资源影响政府官员;除少数例外,这些资源的分配是不平等的;因使用某种资源获益的人经常缺乏许多其他资源;在所有的甚至是最为关键的决策中,没有一种影响力资源能够主导所有其他资源;除了某些例外,一种影响力资源在某些议题领域或某些特殊的决策中是有效的,但并非所有情况;事实上没有人,而且可以确定的是没有任何一个仅有少数几个人构成的群体,完全缺乏某些影响力资源。具体参见[美]罗伯特·A.达尔:《谁统治:一个美国城市的民主和权力》,范春辉、张宇译,江苏人民出版社2011年版,第255页。

拥有一项关键性政治资源，就会进而拥有其他政治资源。如：对权力的占有就可以通过权力进一步实现对财富、社会荣誉等资源的占有。而"分散性不平等"则意味着"在所有的甚至是最为关键的决策中，没有一种影响力资源能够主导所有其他资源"。① 也没有社会成员完全缺失所有的资源，社会成员或多或少都会拥有一项或者几项资源，即使缺少某种资源也可以通过其他资源进行一定的弥补。相对来说，"分散性不平等"是资源配置格局较为合理的一种状态，也是现代民主政体政治资源配置的一个重要特征。

达尔关于政治资源分配的两个概念对于改革开放以来中国社会阶层间政治资源配置的分析具有一定的借鉴意义。我们不妨用上述两个概念对改革开放以来中国社会阶层间政治资源的配置进行一个观察。

（一）20世纪80年代初社会阶层间政治资源的配置

十一届三中全会后，中国进入了改革开放的时期。20世纪80年代的改革，从形式上看是一系列的放权让利，实际上则是在新的分配与再分配政策下，调整国家、集体与个人之间的利益关系和资源配置。随着农村人民公社体制的瓦解，城市单位体制的衰落，国家不再是提供社会资源的唯一源泉。放权式改革使国家主动缩小和减弱政治资源控制的范围和力度，一部分政治资源开始从国家中游离出来，形成流动性较强的自由流动资源，进入市场和社会。随着社会开始拥有越来越多的资源，社会成员获取资源的数量开始增加，社会的自主性日益增强。国家与单位（组织）出现了调整，虽然单位体制仍然存在，但单位资源配置的地位已经下降，单位不再是社会成员获取政治、社会资源单一的渠道了，单位的职能发生了实质性的变化，逐渐由管理型单位走向利益型单位，城市居民由"单位人"加速向"社会人"转变，党、国家与社会的关系逐渐从三位一体的格局向各自相对独立的格局转型，社会大大拓展了其政治空间，相对独立的社会力量开始形成。更重要的是，作为社会资源组成部分的政治资源的配置也出现了新的变化。

---

① ［美］罗伯特·A.达尔：《谁统治：一个美国城市的民主和权力》，范春辉、张宇译，江苏人民出版社2011年版，第255页。

首先，政治权力的配置发生了变化。改革使权力配置由高度集中走向适度分权。这种变化从宏观上体现在两个方面：一是政治权力内部的横向分权，因为宪法的颁布，政府、人民代表大会、司法机关等在权力系统中获得了相对独立地位，作为政治权力的主体的国家机关，其权力的归属与范围逐步实现了初步的规范化。人大在立法方面取得了一定程度的自主权，司法机关开始独立行使司法权力。党政关系也逐步走向专业化的分工，党开始注重政治方面的事物，政府则开始负责具体的行政事务。二是纵向的分权，其主要体现在中央与地方政治权力纵向配置的变迁上。主要体现在：改变过去权力过于集中在中央的现象，扩大了地方的立法权，形成三级立法体制，下放地方政府的干部管理权，扩大民族自治机关在立法、财政、科教文卫等方面的权力，颁布了规范中央与地方职权的法律文件。经过一系列的对政治权力的调整，中央集权体制已经有所改变，社会政治权力的配置结构开始出现权力分化的结构图景，基层组织的政治资源得到积累和扩张。总之，改革使公共权力由政府转向社会，国家社会一体化的模式逐渐走向解体。

其次，原有的计划经济体制逐渐瓦解、所有制结构的变化使社会成员之间的经济财富发生了一定的变化。改革之前，城乡居民存在一定的收入差距。由于改革首先从农村开始，在这一段时间，经济体制改革很快使农村的活力得到释放，国家的分配政策向农村倾斜，农业在丰收的基础上农产品价格得到大幅度提高，农民收入迅速增长，城乡居民收入差距有所缩小。据统计，城乡居民家庭纯收入比率1978年为2.57，1983年缩小到1.82。[①] 同时，1978年以后城市开始允许个体经营，原来处于社会中下层的无业、失业、待业人员通过创业、个体经营，他们的经济状况得到了好转。社会成员收入逐渐走向多元化，20世纪50年代建立的工资制度逐渐失效，体制内的工资收入不再是人民收入的唯一来源，人们开始寻求公有制或单位以外所能获得的经济收入。到20世纪80年代，第二职业开始出现。

最后，社会声望的评价标准以及决定因素发生了变化。改革开放初期，长期的身份制开始受到冲击，人们对职业声望的评价开始发生变化，

---

① 杨继绳：《中国当代社会阶层分析》，江西高校出版社2011年版，第65页。

由看重政治待遇逐渐转向看重经济收入,由看重体制内转向体制内外并重,由看重权力级别转向注重职业的社会影响。在社会逐步走向多元化的过程中,人们评价社会声望的标准趋于多元,成就取向的价值观逐渐被认可和接受。

总之,正如有学者指出的那样,20世纪80年代我国改革开放的一个重要结果,是资源流动和独立空间的存在。① 改革的初期效应是社会各个群体和阶层政治资源的配置出现了分散性不平等的现象,主要体现在:

第一,政治资源的配置从集中走向分散,出现从国家向社会流动趋势。随着20世纪80年代放权式改革,政治资源由国家集中转向社会扩散,政治资源出现从中央到地方、从体制内到体制外、从集体到个人三种流动趋向。国家对资源的控制方式趋向宏观和间接。在资源配置理念上,逐渐由长期以来的权力为本位转向社会本位,社会拥有的政治资源的空间越来越大,政治资源的主体趋向多元化。

第二,随着政治资源配置的变迁,政治资源不断下沉,社会各个群体都参与到对政治资源的获取中,资源配置出现"碎片化"。在改革开放初期,资源配置的"碎片化"是资源配置"分散性不平等"的直接体现。在改革的初期阶段,政治分层逐渐被击破,在"什么都可以试"的政策环境下,社会成员的积极性被调动起来。通过市场因素和后天努力,社会各个群体都相应地获得了一定的资源,社会群体获得了一个短期相对平等化的效应。首先获益的是农民、体力劳动者等社会边缘群体、社会贫困阶层。他们的收入和生活在短时间内得到很大的改善,他们通过计划经济体制遗留下的均等化的教育资源实现了一定的社会流动,在短时间内缩短了与社会中心群体的差距。同时,社会群体内部高度的一致性的局面也逐渐改变,原先的四大社会聚合体都发生了分化,内部同质性程度很高的工人、农民、干部、知识分子队伍也逐渐出现了一定的分化,原来稳定的"两个阶级一个阶层"的社会结构开始解体,新的社会阶层逐渐产生。

第三,资源分散性的又一表现是几乎每个社会群体在资源获取上都有满意的地方也总有不完满的地方,权力、财富、声望三种资源要素在社会

---

① 周振华、杨宇立:《收入分配与权利、权力》,上海社会科学院出版社2005年版,第351页。

阶层间实现了很大程度的分离。例如，农民和城市中没有固定职业人员，其经济地位首先得到很大改善，有些人成为最早的万元户，但这些人的社会声望不能与其财富相比。社会中相当一部分人一方面嫉妒他们的财富，但另一方面又用歧视的眼光打量他们；干部和国有企业的工人虽然在社会财富和收入上不如万元户们，但他们仍自豪于自己的社会地位；知识分子经济状况在改革开放初期并没有得到很大改善，社会上还一度流传"拿手术刀的不如卖茶鸡蛋"的脑体倒挂现象，但知识分子由于在知识传播中的作用仍然受到社会的尊敬。在这样一种资源配置格局中，任何一个社会群体都不可能垄断三种资源，任何一个群体在一种资源上的缺失都可以通过其他资源进行一定的弥补。

第四，社会各个群体虽然拥有的政治资源数量存在一定差异，但每一个社会阶层都可以利用自己拥有的政治资源为自己谋求相应的利益，并且资源之间的关联性不强，缺少某种资源的社会成员可以选择其他资源弥补该项资源的不足。这个时期，农村劳动者的子女能够通过有效地利用教育资源，通过自身的勤奋努力，实现从"农村人"向"城市人"身份的转变，农民也可以利用外出务工的机会实现在城市的定居，城乡之间的社会流动开始频繁出现，社会正常的精英生产机制得以构建。

（二）20世纪90年代后社会阶层间政治资源的配置

进入20世纪90年代后，政治资源配置的情况发生了新的变化。

首先，权力的分配出现变化。改革初期的放权无疑激活了市场和地方政府，社会自主性得到增强，但放权也随之带来了一系列问题，主要是：一方面，中央权威下降，中央政府进行社会调控的能力下降，同时放权式改革使地方处于无序竞争状态；另一方面，权力市场化现象日益蔓延，出现权力、财富、声望交易的现象。由于公共权力天然的垄断性，再加上放权后的权力监督和制约机制不完善，公共权力的掌握者和行使者将权力作为商品进行和其他资源的交易。不同社会阶层的人利用可以掌握的资源进行交换，掌权者希望致富，富裕者希望谋求权力的庇护进而进入权力体系。在三种资源中，权力越来越成为稀缺资源，权钱交易、权力商品化现象开始出现。为此，1994年中央为了加强宏观调控，实行分税制，中央有重新集权的趋势。

收入分配由初期的平等走向新的分化。1984年后，随着经济体制改革开始向城市转移，社会居民收入分配也发生了很大变化。居民收入分配又有了扩大的趋势，主要体现在：1985年后，城市居民收入渠道开始增多，农村的政策优势逐渐衰退，城乡居民收入差距由改革初期的缩小到重新扩大。有学者指出，从1978—1990年，城乡收入差距经历了一个U字形过程，1978—1984年，城乡居民收入差距是缩小的，1985年后到1990年，城乡居民收入差距又有了扩大的趋势。[①] 从1997年起中国农民收入增长幅度连年下滑，差距又进一步扩大，1997年中国农村居民人均收入仅相当于城镇居民可支配收入的40.5%，城乡居民收入差距逐年拉大，到2002年城乡居民收入比首次突破3∶1，达到3.11∶1，2007年城乡居民收入的差距达到3.33∶1，2008年为3.31∶1。[②] 2008年后虽然有所下降，但仍然保持在3∶1差距之上（见表2—1）。根据国家统计局2013年统计公报披露的数据，2013年城镇居民人均可支配收入为26955元，而农村居民人均纯收入达8896元；城镇居民人均可支配收入三倍于农村居民。如果从城乡差距的绝对值来看，从1978年到2013年，我国城乡居民人均收入的绝对额差距增加了近85倍（见表2—1）。同时，收入差距还体现在不同区域上，东西部地区差距急剧拉大。有关学者的研究表明，无论是从GDP总量还是GDP增长速度来看，改革开放以后经济总量向东集中趋势加强，东部地区都远远高于中、西部地区，特别是进入20世纪90年代后，东、中、西部地区经济差距进一步扩大，东部地区占全国比重直线上升，从1991年的46.1%上升到2007年的最高点，达到55.5%。[③] 在过去的十年中，一方面是一部分阶层群体的收入快速增长；另一方面，社会中下层主要是体力劳动者的工资收入增长缓慢，他们的资产性收入近乎为零。另外，在过去的10年当中，城市化的快速推进，使得因征地拆迁失地的农民大量出现，这些人向下也进入了社会的底层，这些因素的交织使得在过去的十年中呈现出两极分化的状态。伴随着收入差距，出现了新富阶层和新的贫困阶层。

---

① 周振华、杨宇立：《收入分配与权利、权力》，上海社会科学院出版社2005年版，第374页。
② 李亚琴：《我国城乡收入差距的现状及原因分析》，《经济研究导刊》2009年第4期。
③ 汲凤翔：《30年地区发展：绝对差距在扩大》，《中国投资》2012年第11期。

表 2—1　　　　　　　　城乡居民收入差距

	农村居民纯收入（元）	城镇居民可支配收入（元）	城乡绝对差距（元）	城乡收入比
1978	134	344	210	2.57∶1
1984	355	652	297	1.84∶1
1985	397	739	342	1.86∶1
1994	1221	3496	2275	2.86∶1
1997	2090	5160	3070	2.47∶1
2001	2366	6860	4494	2.90∶1
2002	2476	7703	5227	3.11∶1
2003	2600	8472	5872	3.26∶1
2004	2936	9422	6486	3.21∶1
2005	3255	10493	7238	3.22∶1
2006	3587	11759	8172	3.28∶1
2007	4140	13786	9646	3.33∶1
2008	4761	15781	11020	3.31∶1
2009	5153	17175	12022	3.33∶1
2010	5919	19109	13190	3.23∶1
2011	6977	21810	14833	3.13∶1
2012	7917	24565	16648	3.10∶1
2013	8896	26955	18059	3.03∶1

资料来源：根据国家统计局年度统计数据整理而成。

第三，社会声望发生的变化。进入20世纪90年代以后，职业声望出现很大变化。20世纪80年代人们对知识和专业技能的认可度较高，20世纪90年代以后权力资源日益稀缺，声望得分普遍与权力和财富进行了结合，官本位有强化的趋势。根据社会学家进行的声望调查，官员在社会声望得分上总是居于前列，公务员成为越来越多的人羡慕的职业。同时，家庭出身、家庭背景逐渐又成为人们考量对方的主要参考标准。

总之，权力资源日益稀缺，经济财富对于社会分层的力量快速的上升，这种上升也是跟资本市场的快速成长密切联系起来的。我们看到社会成员越来越清晰的被分为有资本者和无资本者这样两类。政治资源各种要素的重新流动和组合，使社会阶层政治资源配置弥散性不平等的趋势减弱，累积性不平等趋势日益增强。主要体现在：

第一，政治资源的配置出现了从分散到重新积聚的趋势，社会阶层间政治资源的占有出现了较大的分化和差距，社会强势阶层和弱势阶层迅速形成。权力、声望、经济财富由改革之初的初步分离又重新向某些阶层集中。随着改革的市场化效应的扩散，20世纪80年代初社会阶层短期平等化现象随着城市经济体制改革的推进发生了变化，"整个社会的资源配置格局正在由20世纪80年代的扩散走向重新积聚"。① 客观上由于各个社会阶层资源获取能力的差异，市场因素对社会各个领域的渗透，不同社会成员对于各种资源获取的差异随着市场机制的深入变得日益明晰。社会上层的文化资源、权力资源和经济资源都比较丰富而且出现迅速的扩大化。社会中层的文化资源也是比较高的，在经济和权力资源方面相对低一点。同时，资源重新积聚的一个直接结果，是在社会中形成了一个具有相当规模的弱势群体，他们虽然人数很多，但在整个经济资源和权力资源方面处于边缘的位置，在政治生活中处于贫困状态。虽然，人们对强势阶层和弱势阶层的界定不同，但本质上强势阶层和弱势阶层的形成是与资源获取相关的。

第二，政治资源占有的累积性特征还体现在社会强势阶层对各种资源的垄断和社会弱势阶层资源的完全丧失。总体上讲，20世纪90年代中期以前，政治权力、经济财富和社会声望三种政治资源配置在社会阶层间是不统一的，社会阶层对资源的占有是分散的，单一的一个社会阶层很难垄断三种资源。干部掌握着公共权力，但这个群体的经济收入相对较少；知识分子原来有声望有文化，社会名声不错，但无论是经济财富还是政治权力，这个阶层都较为缺乏；改革开放初期的商界精英——老板拥有令人羡慕的财富，但社会地位不高，权力对于他们更是可遇而不可求。因此，20世纪80年代曾经流行一句话："老板们穷得只剩下钱了。"但是20世纪

---

① 孙立平：《断裂：20世纪90年代以来的中国社会》，社会科学文献出版社2008年版，第68—69页。

90年代之后，三种资源在强势阶层之间迅速实现了集中，权力、经济财富和社会声望之间的交换使一些社会阶层初步具备了资源的累积优势，出现了强势阶层对资源的垄断。"一个以拥有总体性资本为特征的阶层，开始迅速地吸收社会中的种种资源。"① 由于权力、财富和声望的相互交易，强势阶层实现了主要的几种政治资源（权力、声望、财富）的强强联合。新富阶层崛起后，不满足于财富上的富有，积极寻求政治地位和社会声望，正如亨廷顿所言"在许多发展中国家，现代化进程中，金钱无疑是打通政治权力的通道"。② 他们中相当一部分人迅速通过金钱的润滑作用获得了一定的政治地位和社会地位，许多老板开始变得既有钱又有势了。同样，在下海过程中，少数掌握政治权力的官员迅速实现了经济财富的积累。政治精英和经济精英乃至文化精英的联盟迅速实现了资源的积聚。许多官员不仅有房有车，还热衷于利用权力谋取学历的提升，去高校混个博士学位或者干脆做兼职教授，实现名誉和政治地位的双丰收；很多具有高级职称的知识精英，行走于高校与官场之中，他们不满足于经济待遇的改善，热衷于攀附权贵，以学术要联系实际为名，与掌管资源分配的官员交往频繁，以专家的声誉为某些利益集团代言；许多老板也不满足于拥有庞大的物质财富，他们不仅以进入政协或者当选为人大代表为荣，更喜欢利用公共媒介发声，影响社会舆论。财富、权力、社会声望、知识等各种资源的组合和集中，出现强者愈强的现象，强势阶层走向联盟，赢者通吃的现象不断出现，一种"系统性不公正"开始形成。③ 陆学艺认为，"现在的危险不在于上层人物开始兼具三种社会资源，而是公平、公正、合理上做得不够。渠道开放不够，比如户口制度卡着，农民子弟除了考大学这条路，没有别的渠道向上流动，即使出来打工，还是个农民工"。④ 这说明，20世纪90年代之后出现的贫富分化和阶层差距是和资源配置的失衡联系

---

① 孙立平：《重建社会——转型社会的秩序再造》，社会科学文献出版社2009年版，第137页。
② [美] 塞缪尔·P. 亨廷顿等：《现代化——理论与历史经验的再探讨》，上海译文出版社1993年版，第58页。
③ 孙立平：《守卫底线》，社会科学文献出版社2007年版，第44页。
④ 杜安娜：《"阶层固化"挑战中国——我们向上流动的路越来越窄？》，《广州日报》2010年11月3日第9版。

在一起的,以权谋私、行政垄断、权钱交易、政策歧视造成的各种机会的不平等、规则的不平等是造成阶层差距和社会不公的重要根源。更让人担忧的是,随着市场化的加速,经济地位处于绝对贫困状态的社会底层在资源博弈中进一步边缘化,出现弱者愈弱现象,阶层"断裂"趋势不断加剧。

第三章　中国社会阶层政治资源配置状况的现实分析

一　关于社会阶层的划分

关于改革开放以来中国社会阶级阶层的划分，比较有影响的有以下几种观点：

陆学艺的"十大阶层说"。在《当代中国社会阶层研究报告》中，陆学艺以组织资源、经济资源和文化资源在社会阶层间的分布状况为依据，将改革开放以来的中国社会阶层划分为十类，即①国家与社会管理者阶层，拥有组织资源；②经理人员阶层，拥有文化资源和组织资源；③私营企业主阶层，拥有经济资源；④专业技术人员阶层，拥有文化资源；⑤办事人员阶层，拥有少量文化资源或组织资源；⑥个体工商阶层，拥有少量经济资源；⑦商业服务业员工阶层，拥有很少量三种资源；⑧产业工人阶层，拥有很少量三种资源；⑨农业劳动者阶层，拥有很少量三种资源；⑩城乡无业、失业、半失业者阶层，基本没有三种资源。[①]

[①] 这十大阶层的社会成员具体构成为：国家与社会管理者阶层，指在党政、事企和社会团体机关单位中行使实际的行政管理职权的领导干部；经理人员阶层，指大中型企业非业主身份的高中层管理人员；私营企业主阶层，指拥有一定数量的私人资本或固定资产并进行投资以获取利润的人；专业技术人员阶层，指在各个经济成分的机构（包括国家机关、党群组织、全民企事业单位、集体企事业单位和各类非公有制经济企业）中专门从事各种专业性工作和科学技术工作人员；办事人员阶层，指协助部门负责人处理日常行政事务的专职办公人员，主要由党政机关中的中低层公务人员、各种所有制企事业单位中的基层管理人员和非专业性办事人员等组成；个体工商阶层，指拥有较少量私人资本并投入生产、流动、服务业等经营活动或金融债券市场而且以此为生的到人；商业服务业员工阶层，指在商业和服务业中从事非专业性的、非体力的和体力的工作人员；产业工人阶层，指在第二产业中从事体力、半体力劳动的生产工人、建筑工人及相关人员；农业劳动者阶层，这是目前中国规模最大的一个阶层，指承包集体所有的耕地，以农业为唯一或主要的职业，并以农业为唯一收入来源或主要收入来源的农民；城乡无业、失业、半失业者阶层。具体参见陆学艺：《当代中国社会阶层研究报告》，社会科学文献出版社2002年版，第9页。

杨继绳的八大阶层说。杨继绳在《当代中国社会阶层分析》一书中采用权力、财富、声望三分法，将中国当代社会阶层分成八类：①队伍最庞大的阶层——农民；②城乡过渡阶层——农民工；③改革阵痛的承受者——工人；④历史的回归者——私营企业主；⑤忧愤深广的阶层——知识分子；⑥挨骂最多的阶层——官员；⑦当代新买办——外资企业雇员；⑧社会有害群体——犯罪者。

朱光磊的四种基本阶层类型。这四种阶层类型分别是：①基础阶层，指新中国成立以来始终存在着的基本社会力量，如属于工人阶级范畴的产业工人阶层，属于农民阶级范畴的农业劳动者阶层、公务员阶层、知识分子阶层等；②新兴阶层，改革开放的直接产物，指改革开放以后从基本阶层中分化出来的一些社会阶层，如农民工以及企业家群体；③复新阶层，指那些在新中国成立初期曾经存在过，但在社会主义过渡时期被消灭或被限制，在改革开放之后又重新复活的社会阶层如个体工商户；④若干过渡性和交叉性的阶层，包括过渡性的阶层（如军人、大学生等）和交叉性阶层（如乡村知识分子和村组干部等）。

除此之外，还有的学者对社会阶层也进行过不同的分类，如社会学家郑杭生把中国城市社会群体划分为七个阶层：管理阶层、专业技术人员阶层、办事员阶层、工人阶层、自雇者阶层、私营企业主阶层以及其他未能确切划分的阶层。① 作家梁晓声也曾经将中国当代社会群体划分为：当代资产者阶层、当代"买办"者阶层、当代中产者阶层、当代知识分子、城市平民和贫民、农民和农民工七个主要社会阶层。② 但总体上，学者们还是依据资源占有的不同，结合改革开放以来中国社会阶层发生的变化进行不同的划分。

本课题研究的重点不在于重新提出一种新的社会阶层划分，而是重在考察主要几个社会阶层的政治资源配置情况。基于上述分析，我们依据阶层分化的先后，将当前中国社会阶层从总体上分为两大类：基本阶层和新兴阶层。基本阶层主要包括：农业劳动者、国有和集体企业工人、知识分子、公务员四大阶层，无论是从人数还是从稳定性上看，这四大阶层仍然是当今中国社会阶层的主体；新兴阶层主要指改革开放以来阶层分化后出

---

① 郑杭生：《关于我国城市社会阶层划分的几个问题》，《人民日报》，2002年2月9日。
② 参见梁晓声：《中国社会各阶层分析》，文化艺术出版社，2014年版。

现的不同于原来基本阶层的社会阶层，即私营企业主、经理人员、个体工商户、农民工四个阶层。我们关于社会阶层的划分也许并不全面，并不能涵盖所有社会群体①，但我们研究的主题是关于社会阶层政治资源配置而非进行社会阶层划分，同时由于研究精力所限，我们将重点关注上述八个主要的社会阶层。

二 中国社会各阶层政治资源配置状况考察

（一）公务员阶层

根据2005年《公务员法》的界定，我国的公务员主要指依法履行公职、纳入国家行政编制、由国家财政负担工资福利的工作人员。依照《公务员法》，中国公务员必须同时具备依法履行公职、国家行政编制、国家财政负担工资三个基本特征。据此，中国公务员的范围主要指：中国共产党机关、人大机关、行政机关、政协机关、审判机关、检察机关以及民主党派机关中除了工勤人员以外的工作人员。

公务员阶层主要脱胎于传统的干部队伍。新中国成立后，干部制度得以确立，人们通常把在各类组织中从事管理的人员统称为"国家干部"，其组成范围包括"党、政、军、企、事、群"六大系列中的管理人员。其核心人员是党政干部，这个管理群体和西方的文官队伍最为接近。总体上，那个时期的国家干部过于泛化，它更多的是一种身份象征，意味着享有正式编制和国家财政工资，并没有进行科学的分类管理。

随着市场经济体制改革的日益深入，传统的干部管理体制日益暴露出制度上的缺陷，干部身份的泛化不适应市场经济体制的发展。为此，从1987年起，国家开始进行人事制度的改革，对国家干部进行合理分解，建立科学的分类管理制度，探索建立国家公务员制度。1993年8月，《国家公务员暂行条例》正式发布，该年10月，全国开始试行公务员制度。在试行公务员制度十几年之后，2005年，《公务员法》开始颁布实施，标志着公务员管理步入规范，也标志着公务员阶层正式形成。

---

① 如军人以及其他社会特殊群体。有些学者在划分社会阶层时，也往往考察军人以及其他特殊群体，我们的社会阶层分析以主要的社会阶层为主，并不考虑军人以及其他特殊群体。

总体上，随着经济的发展、社会管理事务的复杂化、专业化，公务员群体的规模不断扩张，根据国家公务员局门户网站的信息，公务员人数从1980年初的490万人增长至2011年的702.1万人、2012年的708.9万人。虽然，从20世纪80年代始，中国先后开始了五轮政府机构改革，其重点是精简机构和裁减冗员，但公务员的规模仍处在不断扩张中。值得关注的是，在公务员队伍的扩张中，领导职务的扩张速度出现过快趋势。根据中央组织部、中央编办和国家公务员局联合印发的《关于严禁超职数配备干部的通知》提供的数据，截至2014年，全国仅超配的副处级以上领导干部就有4万左右。①

依据《公务员法》，中国的公务员阶层可划分为六大级别。公务员的级别直接决定了他所享有的政治和经济待遇。在社会阶层结构中，公务员阶层掌握着核心的政治资源——政治权力。在当前的社会政治体制中，公务员阶层居于较高的地位，是当前社会经济发展及市场化改革的主要推动者和组织者，对政策的制定具有很强的影响力。从经济收入上观察，工资是公务员阶层唯一合法的经济来源。随着公务员制度的不断完善，公务员阶层总体上的薪资水平不断提高，其经济收入整体来讲处于中等水平。从社会声望的拥有来看，由于其工作的稳定性以及受传统官本位思想的影响，公务员越来越成为社会上的"香饽饽"，成为炙手可热的职位之一，"国考"几乎成为中国最重要的考试，其受关注度甚至超过高考，公务员热还会持续下去。中国共产党十八大以后，政府的职能将进一步转变，"小政府、大社会"将是主流和方向，公务员的权力和收入将会更加受到约束和规范，公务员的数量会进行适当压缩，但这一阶层仍是影响当前中国改革开放事业的最重要群体。

（二）农业劳动者阶层

农民是改革以来中国社会最先分化的社会群体，也是分化最为显著的群体。在中国新兴的社会阶层中，几乎都可找到农民的影子。并且，传统的农民阶级的分化还在进行中，这就使得农村的阶层分化始终处在一种较为复杂的状态。因此，对当前的纯粹农民阶层下一个科学完整的定义并非

---

① 全国超配4万名副处级以上干部，具体参见 http://news.sina.com.cn/o/2015-01-06/181931367335.shtml。

易事。贺雪峰对取消农业税后的农村阶层分化进行了考察,他根据农户与土地的关系,把取消农业税后的农村阶层分为五种:一是脱离土地的农民阶层,主要指离开土地进城务工经商的农民阶层;二是半工半农阶层,主要指家庭收入中,既有务农收入,又有务工收入,最为普遍的模式是"男工女耕"和"子工父耕"两种模式。这种家庭分工模式在当前的农村中普遍存在;三是在乡兼业阶层,主要指虽然没有离开农村,但其家庭收入的主要构成不再来自农业收入和土地的农民家庭;四是普通农业经营者阶层,主要指家庭收入主要依靠农业收入,进城务工经商收入和非农收入较少的农民家庭;五是农村贫弱阶层,指既无劳动力外出务工从而获取务工收入,又只有很少耕地,从而无法获得较多农业收入的农民家庭。[①] 应该说,贺雪峰的研究比较真实客观地具体反映了当前农村当代阶层分化。按照贺雪峰的界定,传统意义上的农业劳动者主要指第四种,即普通农业经营者阶层,其家庭收入主要依靠农业收入,这样就把今天户口在农村拥有土地但工作地点在城市的农民工区分开来了,为我们了解今天的农业劳动者提供了参考。另一位知名社会学者李春玲也曾经对农业劳动者进行过界定。李春玲认为:个体农业劳动者阶层主要是指承包集体所有的耕地进行家庭经营,以农(林、牧、渔)为唯一或主要职业,并以农(林、牧、渔)为唯一收入来源和主要收入来源的农民。[②] 上述界定以职业为农业作为依据比较科学地把现代意义上的农民与其他社会阶层分离开来。基于上述学者的界定,我们认为对农业劳动者的界定应主要强调其职业是务农,其主要工作、生活地点为农村,是否以农业作为唯一收入并不重要。

新中国成立以来,我国农民经历了三次历史性的变化:土地改革、合作化、家庭联产承包责任制。这三次变化,从本质上而言,是农民作为劳动者同生产资料结合方式在不同性质的所有制和同一性质所有制的不同形式之间的变化。在新中国成立之前,中国基本上还是一个典型的以职业农民为主体的国家。有关资料表明,1949年全国总人口为54167万人,其中农村人口为48402万人,占89.4%。[③] 改革开放以来,农业劳动者阶层

[①] 贺雪峰:《取消农业税后农村的阶层及其分析》,《社会科学》,2011年第3期。

[②] 李春玲:《断裂与碎片:当代中国社会阶层分化实证分析》,社会科学文献出版社2005年版,第124页。

[③] 陆学艺:《当代中国社会阶层研究报告》,社会科学文献出版社2002年版,第161页。

目前已经产生了分化,传统的农民总量有所减少,但农业劳动者仍然是当前中国规模最大的一个群体。根据《中国统计年鉴2013》的数据,截至2012年年底,中国乡村总人口64222万人,占全国总人口数的47.4%。[①]农民仍然是中国人数最多的社会阶层,这一社会群体仍然将对中国社会的发展和未来产生重要影响。

改革开放以来,农民的收入在不同时间段增长幅度不同。20世纪80年代,农民收益于农村家庭联产承包责任制,家庭收入增长较快。1984年后,随着经济体制改革的重点转向城市,农村居民的收入增长相对趋缓,尤其是90年代中期,农民负担很重,"三农"问题凸显,围绕着各种税费、摊派以及集资等问题,农民与基层干部的冲突时有发生。2003后,农业税被废除,国家先后出台一系列惠农、支农政策,农民的收入又得到增长,生活水平也得到相应的改善。但总体上,农村居民的收入随地域不同差别较大,东部发达地区的农民收入远远高于西部以及偏僻的山村地区。同时,与城市居民相比较而言,农民收入增长水平与城市居民相比仍然有很大的差距。国家统计局公布的2013年城乡居民年收入数据显示:2013年城镇与农村居民人均总收入对比为3.03∶1,在低收入等级中双方差距为4.43∶1(见表3—1)。

表3—1　　　　　　　2013年城镇与农村居民收入对比

2013年	城镇居民人均可支配收入(元)	农村居民人均纯收入(元)	城乡收入差距
人均总收入	26955	8896	3.03∶1
中位数	24200	7907	3.06∶1
低收入组	11434	2583	4.43∶1
中等偏下收入组	18483	5516	3.35∶1
中等收入组	24518	7942	3.09∶1
中等偏上收入组	32415	11373	2.85∶1
高收入组	56389	21273	2.65∶1

---

① 当然,这一统计数据是以户籍为标准的,自然包括2.6亿的农民工。按照本课题的界定,除掉农民工的人数,农业劳动者阶层的人数为3.8亿。

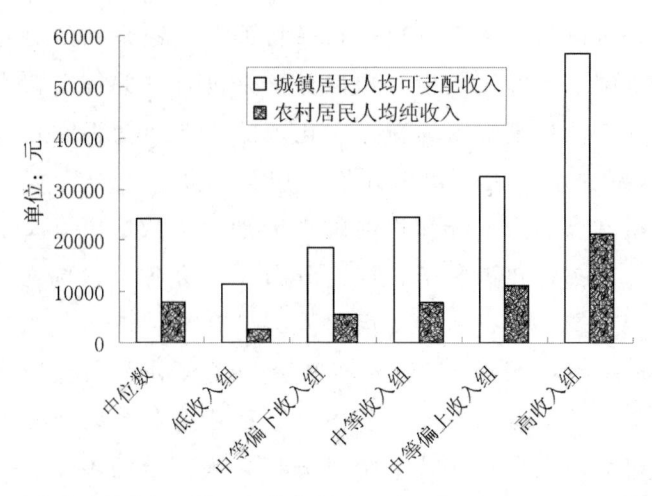

第三章 中国社会阶层政治资源配置状况的现实分析

摘要：国家统计局数据：①全年城镇居民人均总收入29547元，人均可支配收入26955元，中位数24200元；②按城镇居民五等份收入分组，低收入组人均可支配收入11434元，中等偏下收入组18483元，中等收入组24518元，中等偏上收入组32415元，高收入组56389元。

资料来源：官方公布城镇居民年收入五等5.6万算高收入，具体参见http://finance.ifeng.com/a/20140120/11508895_0.shtml。

由于农村基础设施发展仍然薄弱，教育资源困乏，不利于农业劳动者阶层脱贫致富和职业转化，而当前的社会主义新农村建设步伐缓慢。在当前的经济发展水平下，农业与其他产业相比，整体上处于弱势，脱离农村几乎是当前城市化进程的一个重要目标。许多农民通过在城市购房逐渐向乡镇转移，有些农村正逐渐消失。随着时间的推移，留守农村的农民的弱势地位将越来越明显。从政治参与上观察，农民政治参与的热情并不高，他们的目标主要是经济性，他们本身也缺乏必要的政治资源。农业劳动者阶层作为一个传统的阶层存在至今，无论是政治、经济和社会地位方面都迫切需要完善提高。

（三）知识分子阶层

知识分子是否可以作为一个阶层进行观察，存在着一定的争议。著名社会学者陆学艺在进行阶层划分时，并没有将知识分子视为一个阶层，而是将其归属到专业技术人员阶层中。从知识分子群体的职业特点、文化程度以及利益需求等方面来观察，我们认为，知识分子群体是可以作为一个阶层进行分析的。关键是如何界定知识分子阶层的范围。杨继绳认为,知识分子是没有掌握行政权力和资本支配权力、专门从事知识创新、文化产品创造和知识文化传播的一族。[①] 朱光磊先生认为,知识分子有广义和狭义之分,广义上的知识分子是指具有专门系统知识的脑力劳动者,从这个意义上讲,广大脑力劳动者都是知识分子,他们分布在社会各个领域之中,而狭义上的知识分子,是指掌握并运用人类已有的精神文化成果从事精神文化生产的社会成员。[②] 由于广义上的知识分子也包括其他社会阶层中的脑力劳动者,例如:公务员、私营企业主以及经理阶层等等具有一定学历人员,这就为阶层分析带来一定的不便。因此,在社会阶层分析中,我们一般采取狭义的知识分子概念,即这里的知识分子阶层主要以知识文化的生产和传播为职业,往往指科教文卫领域中的脑力劳动者。[③]

知识分子在新中国走过了曲折的历程。在社会主义改造之前,知识分子被视为依附在其他社会阶级"皮"上的"毛",为了适应新中国建设的需要,知识分子必须进行世界观、价值观的改造。1956年随着社会主义改造的基本完成,周恩来代表中央宣布,知识分子已经完成了历史性的转变,成为工人阶级的一部分,知识分子能够为社会主义建设服务。中国共产党正确的知识分子政策极大地鼓舞了知识分子建设社会主义的热情。虽然,此后中国共产党在知识分子的阶级属性问题上产生过重大错误,经历过曲折反复,但知识分子队伍一直随着社会主义经济建设的发展而发展着。改革开放之后,知识分子真正迎来了科学文化的春天。同时,随着在社会主义建设中的作用日益凸现,知识分子阶层的"生产性"功能迅速增强,知识分子在传播和创造精神文明的同时也在不断创造物质文化,这

[①] 杨继绳:《中国当代社会阶层分析》,江西高校出版社2011年版,第254页。
[②] 朱光磊:《当代中国社会各阶层分析》,天津人民出版社2007年版,第94页。
[③] 萧功秦先生曾经指出,文化学意义上的或狭义的知识分子就是运用独立的思想来思考社会问题并以此来对特定社会困境做出自己的应对与选择的人们。萧先生把狭义的知识分子看作是"纯知识分子",以区别于那些受过高等教育、仅仅以知识技能谋生手段的人。因此,我们对知识分子的界定和萧先生的基本一致。具体参见萧功秦:《中国的大转型:从发展政治学看中国变革》,新星出版社2008年版,第266页。

一阶层的相对独立性明显增加，知识分子阶层不再依附于其他社会阶层。随着中国高等教育的普及，更多的社会成员能够有较多的机会接受高等教育，知识分子队伍迅速壮大。根据中国统计年鉴的数据，截至2012年，仅在普通高校任职的专任教师就有1168300人，成人高等学校专任教师有80173人，中等教育5783980人。[①]

知识分子队伍在数量扩张的同时，其学历结构和年龄结构不断优化，知识结构趋于合理。改革开放初期，知识分子的学历以中专为主，进入21世纪后，研究生学历在知识分子队伍中的比例不断提升，以高校知识分子为例，近年来，在211高校任教的年轻教师90%具有博士学历，具有海外访学背景的也在逐渐增加。知识分子阶层数量的增加和学历的提升对于改革开放后中国的教育事业和现代化建设起到了基础性作用。

改革开放以后，知识分子经济待遇逐步得到改善，总体收入呈增长趋势。尤其是20世纪90年代之后，知识分子阶层与市场的融合不断深入，知识的价值逐渐与市场财富挂钩，一批拥有高学历、高职称、掌握一定专业技术、具有海外学习背景的知识分子在市场经济中获得了不菲的收入，相当一部分知识分子进入中产阶层行列。我们的调查显示，知识分子阶层的总体收入处于一个中间稍微偏上的水平，主要集中在2000—4000元这个阶段，有效百分比占到了73.9%，知识分子掌握着一定的文化资本，文化是知识分子独有的才能，他们是文化的创造者，他们的知识可以转化为财富和权力。

中国知识分子历来有"铁肩担道义"的社会责任感，历来有"先天下之忧而忧，后天下之乐而乐"的政治情怀，中国传统的政治本身就是士人政治。所以，中国知识分子与政治天然有一种情缘。在当今中国，知识分子的参政意识和参政热情也非常明显，知识分子频频在公共网络、政策制定中发声，知识专家的影响力日益凸显，例如，全国假日办关于重新规划假日的方案，基本上是在有关专家的建议下进行制定的，具有一定的合理性和科学性。但正如美国政治学家亨廷顿所言：知识分子大多数是乌

[①] 中华人民共和国国家统计局：《中国统计年鉴（2013）》，中国统计出版社2013年版，第680页。

托邦主义者,知识分子的目标是理想性的而非现实性的,在今天中国的政治舆情中,来自知识分子的批判是最多的,许多知识分子的参政的确体现了上述特征。

在社会声望方面,知识分子的社会地位不断上升,社会更加重视知识的价值,人才成为第一资源,作为知识、才能、科技载体的知识分子社会流动性逐渐增强,知识分子在市场经济发展过程中有了更多施展才华的机会,也为自己赢得了一定的社会尊重。由于中国传统上是一个尊师重教的国家,传统的士人阶层的社会地位就很高,所以,今天中国的知识分子的社会地位在阶层排序中是较高的。我们的调查显示,在主要的五个社会阶层社会声望排序中,知识分子仅排在公务员之后,位列第二。但同时也应看到,随着社会利益格局的深刻变化,一些知识分子趋向世俗化和工具化,社会对知识分子的批评逐渐增多,知识分子的道义形象逐渐模糊。

(四) 国有和集体企业工人

现在的工人阶层主体是谁,这是我们进行阶层分析时必须界定的。本课题分析的国有和集体企业工人阶层,特指在国家劳动人事制度中非干部(知识分子)编制的国有和集体企业中的体力劳动者。他们不同于农民工是因为他们具有城市户口;他们也不同于国有企业中的经理阶层,是因为大多数从事的不是管理岗位;他们也不等同于私营企业中的工人,是因为他们是具有国家编制的公有制经济单位职工,不能随意被单位领导辞退和解雇。

工人阶层是基本的社会阶层。随着经济改革的不断深入、所有制结构的调整以及企业下岗分流,国有、集体企业中的工人总数在不断减少,《2005年中国人才报告》指出,随着改革开放的不断深入,国有企业职工人数和人才总量自20世纪90年代末以来持续下降,1996年我国国有单位职工总数(包括公务员)10949万人,到2001年,仅为7409万人,每年减少5%以上。根据《中国统计摘要》(2013)的相关数据,截至2012年,国有企业和集体企业中的工人总数约为6400多万人,国有企业和集体企业的工人队伍基本上稳定下来。但经过多年的国有企业改革,原来意义上的工人阶级已经发生了深刻的分化,从20世纪90年代中期到现在,约有4000万—5000万的工人从越来传统意义上的工人阶级中分化成其他的社会阶层,其就业结构也从原来单一的第二产业向第三产业转化。

与新兴阶层不同,国有和集体企业工人阶层在政治、经济和社会地位是整体上衰落的社会群体。在计划经济时代,工人阶级政治上的优势地位比较明显,社会声望较高。工人终身就业,流动性很小,工资由国家统一定级,工人的收入水平虽然不是很高,但相对于其他阶级阶层,能够实现充分就业,国家提供一系列社会保障和社会福利,工人阶级的生活水平、政治社会地位相对较高。改革开放以来,工人阶层总体上是一个利益受损者,承受了国有企业改革的阵痛,在国有企业减员增效的过程中,将近4000万工人下岗分流,被迅速推入市场,许多工人的经济状况迅速下降。与改革收益阶层相比,该阶层的收入水平呈现相对下降的态势。根据中华全国总工会的调查,2009年全国5000名企业职工中,月收入低于2440元的职工占被调查职工的73.3%。在经济比较发达的北京、上海等地,工资收入低于当地平均职工工资的比例高达93.2%和90.8%。① 经济地位的下降,严重削弱了工人阶层的政治地位。我国《宪法》总纲第一条明确规定,中华人民共和国是工人阶级领导的、以工农联盟为基础的人民民主专政的社会主义国家。但是,由于经济地位的下降,工人阶级的领导地位并没有充分得到体现。在许多国有和集体企业中,职工代表大会系统虚设,相当多的企业职工很难对本企业的决策产生影响,工人对主人翁地位的认同度逐渐下降。早在2002年,一项关于上海国有企业职工的调查中,在问及"您认为目前职工在单位中的地位"时,选择理论上是主人,实际上是劳工的占45.3%;选择部分享有地位的占22.7%,只有14.5%的选择充分享有。② 在各级人大代表中,工人代表的比例也在不断下降,在第五届人大代表中,工人代表的比例为26.7%,此后从第六届至第十届工人代表比例逐年下降,十一届全国人大代表来自基层的工人代表有所增加,

---

① 中华全国总工会职工收入分配专题调研组:《企业职工收入分配存在五大突出问题》,《改革内参》,2010年第10期。

② 上海市总工会:《2002年:上海市职工队伍状况调查报告集》,内部资料,第15—16页。

十二届人大代表中基层工人为85人，占基层代表的比例为41.87%，占总代表人数的2.9%。（见表3—2）政治利益表达机制中的"失语"状态，使工人阶层的利益很难得到保障，其政治资源拥有状况不容乐观。

表3—2　　　　　　　全国人大代表中工人代表比例

届次	第五届	第六届	第七届	第八届	第九届	第十届	第十二届
工人代表比例	26.7%	14.9%	12.4%	11.2%	10.8%	8.46%	2.9%

资料来源：根据历届人大代表相关数据计算而来。

（五）私营企业主阶层

所谓的私营企业主就是指私营企业投资者、所有者。[1] 李春玲认为，私营企业主阶层就是体制外拥有生产资料并雇佣他人劳动的白领管理者。这一阶层最重要的特性就是占有生产资料，即拥有经济资源。[2] 私营企业主与个体工商户不同，他们拥有更多的私人资本和生产资料，主要雇佣他人为自己劳动而个体工商户主要依靠个体经营，在资产规模上远远不如私营企业主。

私营企业主阶层是我国改革开放以来发展最快、影响最大的一个特殊群体。作为一个新兴阶层，私营企业主构成比较复杂，其来源多数是由原来的基本社会阶层：农民、工人、知识分子等转化而来。在20世纪90年代以前，私营企业主往往由社会边缘群体或单位外人员构成，他们中相当一批通过个人努力脱颖而出，成为改革开放以来第一批私营企业主。随着时间的推移，20世纪90年代以后，私营企业主的社会构成出现不断变化，来自于基层社会的私营企业主明显减少，新加入的企业主越来越来自传统体制中具有较大优势的阶层，私营企业主的精英化趋势越来越明显，一些既有经济实力又有一定事业技能的社会成员不断加入到私营企业主队伍之中。同时，从权力资源和技术资源来看，也出现与20世纪90年代以前不同的情况。从1993年以后出现的私营企业

---

[1] 朱光磊：《当代中国社会各阶层分析》，天津人民出版社2007年版，第352页。

[2] 李春玲：《断裂与碎片：当代中国社会阶层分化实证分析》，社会科学文献出版社2005年版，第119页。

主的职业背景观察，开业前地位较高的原职业中，国家各级干部、各类企业负责人、农村干部合计占46.6%，各类技术人员占14.6%，企业供销人员占9.0%，个体户占8.5%，各类企业职员、工人占3.4%，纯粹农民占5.6%，从事其他工作的占0.7%，无业、失业人员占1.6%。[①] 学者陈光金对1980—2006年私营企业主的学历进行的研究表明：20多年以来，拥有初中以下文化程度的私营企业主所占比例从60.5%下降为18.5%，降幅达69.4%；拥有高中和中专文化程度的业主所占比例从29.0%上升为41.7%，升幅为43.8%；而拥有大专以上文化程度的业主所占比例，则从10.6%上升为39.9%，升幅高达2.8倍。[②] 上述数据说明，20世纪80年代那种"能数钱就能赚钱"的时代已经一去不复返了，现代私营企业主的成功和一定的权力资源和专业背景是有联系的，这当然也意味着其他社会阶层成员进入私营企业主的门槛越来越高。

私营企业主阶层的产生与我国非公有制经济的恢复和发展密切相关，它直接受益于我国经济政策环境的不断改善。改革开放的一个重要成果，是非公有制经济得到恢复和发展。伴随着我国非公有制经济政策的调整，私营企业逐渐获得了较多的发展空间，改革开放之后每一次经济政策的变化、所有制结构的调整都为私营经济的发展提供了重要契机。从1978—1987年，中国虽然启动了改革开放，但私营经济的发展基本上处在地下状态。社会各个方面对私营经济的发展持观望姿态，政府的态度也比较谨慎。1987年中共十三大召开，明确提出鼓励个体、私营经济发展的方针，认为全民所有制之外的经济发展不够，应鼓励私营经济一定程度的发展。1988年4月，七届全国人大通过《中华人民共和国宪法修正案》，以法律的形式明确了私营企业在中国经济、社会和政治生活中的历史地位，认为私营经济是社会主义公有制经济的补充，肯定了私营经济对于发展社会主义经济的贡献，提出国家应保护私营经济的合法权利和利益。1992年中共十四大确立了社会主义市场经

---

① 中华全国工商业联合会：《中国私营经济年鉴（2012）》，中华工商联合出版社2011年版，第34页。

② 陈光金：《中国私营企业主的形成机制、地位认同和政治参与》，《黑龙江社会科学》，2011年第1期。

济体制,鼓励个体、私营、外资经济发展多种经济成分长期共同发展,私营经济进入了快速发展的阶段,社会各个阶层都有人"下海"创业,尤其是原来的知识分子和干部队伍中有相当一批人很快加入到私营企业主的队伍中,他们的加入迅速改变了私营企业主队伍的社会背景和社会形象。中共十五大以后,国家在所有制改革方面进行了重大突破,在非公有制与公有制经济的关系上突破了原有的"补充论",明确肯定个体经济、私营经济等非公有制经济是我国社会主义市场经济的重要组成部分,国家应继续鼓励包括私营经济在内的非公有制经济的健康发展,进一步为非公有制经济的发展进一步创造了宽松的政治环境,私营企业主阶层的规模进一步扩张。2001年7月,随着"三个代表"重要思想的提出,包括私营企业主在内的新社会阶层在政治上被认定为也是中国特色社会主义的建设者,私营企业主中的先进分子也可以入党。2004年,全国人民代表大会第三次修改宪法,国家承诺保护一切合法私有财产,为私营企业主合法财产的保护提供了法律依据。同年,为鼓励和支持私营经济的发展,国家相继出台三十六条措施,为私营经济的发展提供具体的政策支持和良好的政治环境。

正是在改革开放之后一系列政策发展私营经济政策的支持下,私有企业得到快速发展,私营企业由改革开放之前被消灭和打击的对象成为社会主义市场经济的重要组成部分,私营企业主队伍也在私营经济发展过程中不断壮大。私营企业主已经成为一支人数众多、经济实力强大的社会群体。根据全国工商联网站的统计数据,截至2013年,中国私营企业主阶层约有1300万人。私营企业的经营方式也逐渐由家族式经营转向国际化、规模化,由传统产业向新兴产业发展。依照企业雇佣人员数量,可以将私营企业主分为大、中、小三类企业主。

私营企业主普遍拥有较多的物质财富,个人收入快速增长,但其内部差别较大,私营企业主阶层内部的收入差距悬殊。根据我们的最新调查,私营企业主阶层收入普遍集中,有72%的私营企业主认为自己的月收入在20000元以上水平,在10000元以上的约占比例94%。[①]虽然,私营企

---

① 详见第四章:"社会各阶层政治资源调查结果的实证分析"中关于私营企业主收入情况的调查数据。

业主拥有一定的经济财富，但由于受政策、体制的影响，这个阶层的社会地位与经济财富并不相称。同时，由于私营企业在发展过程中受到政治环境的影响，不少私营企业在发展过程中出现分化等情况，不少私营企业主对企业经营表示担忧，担心自身的财产安全。2002年《物权法》颁布后，私营企业主的自我安全感有所增强，自我地位评价有所提高，但总体上，除了靠权力发财的"红顶商人"以外，多数私营企业主的社会声望、政治地位和他们的财富不很相称，私营企业主的自我评价与社会评价一致性程度较低。为此，为了谋求权力资源，不少私营企业主通过经济财富换取政治地位和社会声望，通过捐赠、赞助、媒体宣传等形式，扩大个人的社会影响力。规模较大的私营企业还在企业中建立中共党组织，私营企业主通过入党和积极参选基层人大代表、担任政治协商会议的委员以及工商联成员的形式，提高自身的社会声望，扩大该群体的社会影响力。在全国人大代表中，私营企业主的人数也在不断增加，第九届全国人大代表有48位私营企业主，第十一届全国人大代表已经达到300位左右，第十一届全国政协委员中，共有65名私营企业家。根据全国工商联2011年的统计数据，私营企业主群体在各级人大和政协委员中约有7万多人。从政治参与的层次看，私营企业主阶层的政治参与层次与资产规模有一定的关联，资产规模最大的一批私营企业主享有较高的政治地位。根据"2011年胡润百富榜"显示，在2011年上榜的资产在20亿以上的中国富豪中，15%拥有国家政治身份，前50名是30%，前10名是50%，共有75位全国人大代表、72位全国政协委员、12位全国工商联副主席、7位中共十七大代表。① 这些都表明，私营企业主的政治参与热情不断提高，政治参与的积极性不断增强。不过，由于私营企业的来源、规模形式多样，私营企业主阶层的构成成分较为复杂，这一阶层尚缺乏较为统一的阶层意识，他们参与政治很大程度上是基于财富安全的本能需求。

（六）农民工阶层

农民工是改革开放后的新阶层，是从农民阶层中分化出来的最大社会群

---

① 林立公：《私营企业主阶层的状态及对其统一战线工作的对策思考》，《学习与探索》，2012年第12期。

体。对农民工这一新兴社会阶层的界定，学界众说纷纭。① 本课题研究认为，农民工，是指具有农业户籍身份，工作地点在城市，主要受雇于二、三产业的依靠工资收入的劳动者，对农民工的界定需要注意以下几点：

第一，从职业上看，农民工从事的工作很多属于城市产业工人的性质，农民工的工作不是务农，他们虽然拥有土地，但其大部分时间不从事农业。

第二，从工作场所上看，无论是从工作场所还是工作性质来看，农民工都与城市工人更为接近，只不过农民工工作的强度高于城市工人，其主要从事城市中脏苦累的工作，主要服务于城镇的二、三产业。

第三，从收入的来源来看，农民工的主要收入不是来自农业，农民工的收入与工人相同，他们的收入是工资为主。

第四，从生活方式和价值观念来看，农民工远离农民而逐渐适应了城市生活。与纯粹的农民不同，他们其实是一个已经能够分享一定城市资源的群体，长期在城市的务工生涯使他们更适应所在城市的生活方式，价值观念。但与市民相比，他们所占有的城市资源又是非常有限的，他们从骨子里仍然惦念着故土。

第五，虽然农民工与城市工人有很多相似之处，但基于土地的拥有和农村户口，我们认为农民工仍然不同于现代的产业工人。

农民工的最初出现是20世纪80年代的民工潮，它与中国社会发展城乡二元制有关。20世纪80年代，农村经济改革之后，随着农业机械化水平的提高，农村剩余劳动力不断产生，经济现代化的过程使城乡之间的社会流动开始频繁起来，再加上中国沿海地区实行外向型经济发展战略，出口加

---

① 如：朱光磊先生认为，从狭义上看，农民工农民工就是指：跨地域流入城镇或其他地区、从事非农活动的农村人口，即"离土又离乡"的农村户籍人口。具体参见朱光磊：《当代中国社会各阶层分析》，天津人民出版社2007年版，第284页；詹玲认为，界定农民工主要从以下四个方面：一是职业。农民工从事的是非农职业，或者以非农工作为主要职业，他们的绝大部分劳动时间花在非农活动上，他们的主要收入也来自非农活动；二是身份。尽管他们是非农从业者，但他们的户籍身份还是农民，与具有非农户籍身份的人有着明显的身份差别；三是劳动关系。农民工属于被雇佣者，雇佣他们的，可以是个体户、私营企业主或外企老板，也可以是国有单位或集体单位，其他拥有农业户口身份、从事非农活动、但不被他人雇佣的人不属于农民工，而应是个体工商户、私营企业主等；四是地域。即他们来自农村，是农村人口。詹玲的界定，基本上把农民工与农民、农民工与个体工商户以及私营企业主等区别开来。具体参见詹玲：《社会主义和谐社会建设中的中国农民工问题》，中共中央党校博士论文，2006年5月。

工工业需要大量的劳动力，由此导致的大量农村劳动力向城市和沿海流动。20世纪90年代以后，中国经济改革进入新的阶段，农村青壮年劳动力为了寻求更多的资金满足日益增长的各种生活和精神需求，为了寻求新的生活模式，更加频繁地向城市流动，中国农村劳动力的流动出现一个高峰期，国家也开始对农民进城就业持鼓励态度，同时要求相关部门采取一定的措施进行必要的疏导和管理。但同时，以户籍制度为核心的城乡分治制度并没有根本改变，这就使得大多数流动的农民在改变职业的同时却不能改变身份，这就形成了"亦工亦农、非工非农"的规模庞大的社会群体，由最开始的"盲流"、"民工潮"发展到现在的"农民工"。

随着城市化进程的加速，农民工队伍不断增加。根据国家统计局《2013年全国农民工监测调查报告》的数据，2013年全国农民工总量为26894万人，比2012年增加633万人，增长2.4%。[①] 在农民工队伍中，性别以男性为主，年龄结构以青壮年为主。从文化素质上考察，农民工的文化素质以中学文化程度居多。从受教育情况看，农民工群体普遍文化水平较低。根据李培林、李炜2010年的调查，农民工中依然有79%的人仅具有初中及以下的教育水平，高中、中专学历者占18.1%，大专及以上学历者微乎其微，仅有2.9%。我们最新的调查显示：农民工学历在"小学及以下"的占到36.3%，"初中"和"高中或中专"学历的比例分别为41.3%和21.9%，"大专"学历的比例为0.5%，"本科及以上"学历基本为零。[②] 从地域分布来看，20世纪80年代以前，农民工主要集中在经济发达的广东以及东南沿海地区，20世纪90年代以后，农民工主要集中在经济相对发达的一线和二线城市。

农民工阶层作为一个新兴阶层日益受到关注，同时也是当代中国规模庞大、地位尴尬的一个社会群体。他们的真实身份是农民，但是却在城市从事着非农业活动。根据国家统计局网站的最新统计数据，农民工在东部地区就业以从事制造业为主，在中部地区就业从事建筑业与制造业并重，在西部地区就业以从事建筑业为主（见表3—3）。

---

① 国家统计局：《2013年全国农民工监测调查报告》，参见 http://www.stats.gov.cn/tjsj/zxfb/201405/t20140512_551585.html。

② 详见第四章："社会各阶层政治资源调查结果的实证分析"中关于农民工学历情况的调查数据。

表3—3　　　　2013年分地区分行业的农民工人数构成

指标	东部地区	中部地区	西部地区
制造业	43.1	20.1	13.2
建筑业	17.5	28.5	30.0
批发和零售业	10.2	12.9	13.2
交通运输、仓储和邮政业	5.3	7.3	8.2
住宿和餐饮业	5.0	6.2	8.1
居民服务、修理和其他服务业	9.9	11.1	12.2
其他行业	9.0	13.9	15.1

资料来源：国家统计局：《2013年全国农民工监测调查报告》，参见 http://www.stats.gov.cn/tjsj/zxfb/201405/t20140512_551585.html。

从经济收入上看，农民工收入水平普遍低下。根据李培林、李炜2010年的调查，与2006年相比，2008年农民工的平均月工资从921元涨到了1270元，提高了近38%。在2006年，有近80%的农民工月工资在1000元以下，而在2008年月收入在千元以上的农民工占了53.9%。尽管如此，农民工和城镇职工的收入差距还十分明显，他们的平均月工资只相当于城镇职工的76.3%。[①] 另据国家统计局《2013年全国农民工监测调查报告》的数据，外出农民工人均月收入（不包括包吃包住）2609元，比上年增加319元，增长13.9%。分行业看，制造业人均月收入2537元，建筑业2965元，批发和零售业2432元，交通运输、仓储和邮政业3133元，住宿和餐饮业2366元，居民服务、修理和其他服务业2297元。[②] 我们最新的调查显示，在调查的426个有效样本中，农民工月收入在1000—2000元之间的比例为5.6%，在2001—3000元之间的比例为59.1%，月收入3001—4000元的比例为30.3%，月收入4001—5000元的比例为2.8%，其他高于5000元的比例为2.2%。[③] 影响农民工经济收入

[①] 李培林、李炜：《近年来农民工的经济状况和社会态度》，《中国社会科学》，2010年第1期。
[②] 国家统计局：《2013年全国农民工监测调查报告》，参见 http://www.stats.gov.cn/tjsj/zxfb/201405/t20140512_551585.html。
[③] 详见第四章："社会各阶层政治资源调查结果的实证分析"中关于农民工收入情况的调查数据。

最大的问题就是工资经常被拖欠。截至目前，清理拖欠农民工工资问题的长效机制还没有建立起来。农民工的工作环境大部分比较恶劣，他们从事的工作大多数是城市居民不愿干的高强度、高危险、重体力的工作，劳动强度大，缺乏必要的劳动保护。根据有关调查，仅2006年，全国因公致残人员近70万人，其中大多数为农民工。农民工从业人数较多的煤炭行业，每年因伤事故伤亡6000多人。①

由于在教育、职业、收入、技能等方面的劣势，农民工政治资源极度匮乏，超过一半以上的没有参加过任何正式的政治活动，无论是在农村的选举还是在城市政治参与中，农民工都成为了边缘人，他们大量地游离在乡村与城市之间，缺乏政治的归属感。他们的利益诉求缺乏合法的、制度化的表达渠道，掌握不了对自己生存利益相关的话语权，成为"沉默的大多数"。他们的维权往往采取悲壮的方式，例如，2009年河南新密农民工张海超为了维护自己的正当权利，证明自己在用人单位得了职业病尘肺病，曾经多次向相关部门求助，在多次求助无门的情况下，采取悲壮的"开胸验肺"来证明事实，该事件一度引起社会广泛关注，凸显了农民工维权的艰辛。

在社会声望上，长期以来，农民工被视为游离于主流社会之外的特殊群体，在整体上，农民工是城市社会的底层，是一个典型的由经济和社会双重因素塑造的弱势群体，他们为城市的繁荣做出了巨大的贡献，然而却得不到应有的尊重，经常遭受各种各样的歧视和刁难。在最近几年大多数社会学者进行速度职业声望调查中，排在最后十名的职业大多数是农民工从事的职业。

（七）个体工商户阶层

在社会整合方式由行政性整合向市场型整合转换时，从旧的劳动者分化出的劳动者中最具有典型特征就是个体工商户。② 个体工商户阶层是指拥有较少量私人资产（包括不动产）并投入生产、流通、服务业等经营活动或金融债券市场而且以此为生的人。他们既是生产资料的小私有者，

---

① 国务院研究室课题组：《中国农民工调研报告》，中国言实出版社2006年版，第12页。

② 李拓：《和谐的音符——中国新兴社会阶层调查与分析》，中国方正出版社2008年版，第233页。

又是生产资料的自主经营者。所以，个体工商户不同于私有企业主，他们主要依靠自己的个体劳动而不是雇佣他人。

个体工商户阶层的出现和形成，是市场经济分化作用的结果，是严格意义上的现代阶层，也是我国经济发展、社会进步的重要体现。但个体工商业户阶层的成长也经历了一段曲折的路程。新中国成立初期，个体经济曾经存在了一段时间，当时我国个体经营者约为1000万人，其中小商小贩约为700万人，占当时就业人口的35.5%。这一阶层经营项目很广，数量较大。那时农村需要的工业品有60%—70%是个体手工业生产的。1956年社会主义改造后，个体经济基本灭绝，作为一个社会集团在中国已经不复存在。到1978年，全国个体经营者总数很少，主要从事一些简单的手工生产，产品很少，对国计民生基本没有影响。20世纪80年代后，伴随着改革开放的浪潮，个体经济由最初的边缘经济成为社会主义市场经济的组成部分，个体劳动者再现生机，个体工商户的规模开始增长。进入21世纪后，个体经济发展趋缓，个体工商户向私营企业主阶层转换的速度加快，个体工商户的人数呈下降趋势。根据中国个体协会的数据，截至2013年，全国个体工商户人数为：东部地区实有个体工商户2081.48万户，比上年增长7.54%，占个体工商户总数的46.92%；中部地区1413.59万户，增长10.54%，占31.86%；西部地区941.22万户，增长11.41%，占21.22%[①]。从阶层构成来看，个体工商户来自各行各业，早期的个体工商户主要以摊贩和失业、无业人员以及农村剩余劳动力为主，文化程度较低。20世纪90年代之后，一部分知识分子、企业管理人员与复员军人、新毕业的大学生以及毅然停薪留职的冒险家纷纷加入，个体工商户的文化层次有所提高。

在经济实力上，个体工商户是20世纪最后20年高收入群体，是取得实际利益最多的阶层之一。[②] 最早的一批个体工商户曾经在很短的时间内就迅速发家致富，在20世纪90年代之前，人们提起社会暴发户往往把他们等同于个体工商户。而进入21世纪后，由于

---

① 数据来源，参见http://www.zggc.org.cn/content/2014-01/14/40288bea438df13101438f46df370005.html。

② 朱光磊：《当代中国社会各阶层分析》，天津人民出版社2007年版，第330页。

国家产业发展政策向大中型企业倾斜，在城市中大型超市和商场的日益增多，使个体工商户的经营受到很大冲击，再加上各地实行"退路进厅"工程，增加了个体工商户的经营成本，个体工商户的经济收入增长速度趋缓。李春玲的调查显示：个体工商户的收入在1981—1999年排在第二位，在2000—2001年降至第五位。① 相比较而言，现在的个体工商户的收入水平只在中等层次。

总体上，个体工商户阶层的政治地位较低。作为一个正在形成的社会阶层，其政治影响力非常有限，在政治参与上，他们既没有出现具有较大影响力的代表人物来替他们发声，也缺乏能够代表本阶层利益的统一的政治组织。个体工商户唯一的群体性组织是个体劳动者协会，但其经济职能大于政治职能，很大程度上成为个体工商户的自律组织。为了提升自身的社会地位，越来越多的个体工商户积极地要求加入中国共产党，希望通过加入党组织提升社会地位，改善自身在政治资源配置上的不利地位。当然，这种参与大多数具有分散性、个体性特点，政治参与的渠道较为有限，大多数个体工商户对政治地位的谋求也一直比较模糊，他们更喜欢采取非正式的渠道与影响他们经营的相关部门公务员进行接触。

从社会声望上观察，个体工商户的社会地位也不高。中国传统社会"士农工商"的等级划分观念一直影响到商人的形象，改革开放后成长起来的一些个体工商户在财富崛起的过程中存在偷税漏税、投机欺诈等失信行为，更在一定程度上影响了这个阶层整体的社会形象。长期以来，个体工商户的社会地位很低，长期处于社会从属地位，个体工商户往往被视为没有正式工作、社会闲杂人员无奈的职业选择。整个社会对个体工商户的态度始终是肯定与否定同在，信任与怀疑并存。改革开放初期，个体工商户的社会地位一度很尴尬，与私营企业主相比，他们缺乏足够的经济资本和人力资本，与国有企业和集体企业的工人相比，他们又缺少国有身份的庇护。进入改革中期，他们的社会地位和社会声望在一定程度上得到提高，但20世纪90年代以后，随着国家经济政策的调整，个体工商户的社会地位随着个体经济发展的平淡再次下降。在社会流动上，由于既缺乏权力资本，又无强大的资本优势，个体

---

① 李春玲：《断裂与碎片：当代中国社会阶层分化实证分析》，社会科学文献出版社2005年版，第158页。

工商户要实现向较高阶层地位的流动,存在很大的困难。在李春玲所进行的社会声望排序中,个体工商户在社会声望中上层中只占 13.2%,同时个体工商户进入社会声望上层的几率几乎为零。①

(八) 经理阶层

按照陆学艺先生的界定,经理人员阶层指大中型企业中非业主身份的高中层管理人员。② 朱光磊先生在进行阶层划分时,把经理阶层归属到白领工人之中,他认为,狭义的白领工人专指企业中的管理、技术层,③ 因此,狭义的白领工人大致相当于经理阶层。我们认为,经理阶层往往指企业中拥有一定的生产资料的支配、使用权、主要从事管理和营销的中层管理者。经理阶层主要是从事企业管理的精英,他们受雇于资产拥有者,虽然不拥有生产资料,但实际上控制和管理生产资料,在很大程度上决定着企业的发展和兴衰。

经理阶层是新兴阶层。改革开放以来,经理阶层成长较快。随着国有企业改制,国有企业的人才队伍出现向社会流动的趋势,国有企业内部人才结构出现变化,一部分原来从事企业管理的干部,其角色逐渐向职业经理转变,成为较早的职业经理人。另外,20世纪90年代以后,随着社会主义市场经济体制的确立,私营企业、民营经济出现蓬勃发展的势头,一些企业主聘用具有实际管理经验的人员来为他们经营管理企业,这部分人也成为经理阶层的重要组成部分。另一些私营企业主则通过企业股份制改造,成功地使自己从业主转变为职业经理人。在改革开放的前沿城市,外资企业的发展也培养了具有一定规模的经理阶层。随着社会主义市场经济的发展,经理阶层在不断发展壮大,而对于经理阶层的人数并没有一个确定的数字。经理人员地区分布不均衡,一般来说,经理阶层多集中在经济发达的一线城市和产业较为齐全的经济开发区,东南沿海与西部地区经理人员的分布有一定的差异。

---

① 李春玲:《断裂与碎片:当代中国社会阶层分化实证分析》,社会科学文献出版社 2005 年版,第 208 页。

② 陆学艺:《当代中国社会阶层研究报告》,社会科学文献出版社 2002 年版,第 117 页。

③ 朱光磊:《中国社会阶层分析》,天津人民出版社 2007 年版,第 66 页。

经理人员阶层的成员支配着大量的经济资源，他们依靠出色的管理能力，能够获得一定丰厚的薪资和相关待遇，在物质财富上跻身上层。同时，他们中的大多数人都有较高的学历和专业知识水平，他们的社会声望也在不断上升。根据陆学艺的调查，社会声望上层中，经理人员约占1/5（21.3%）。就社会阶层进入社会声望上层的比例来看，经理人员进入上层的几率也约为1/5（20.3%）。[1] 我们最近的调查显示，在主要的五个社会阶层的问卷调查中，经理人员的职业声望得分为81.4分，得分甚至高于私营企业主，在调查的五个社会阶层中排序第三。[2] 经理人员阶层在当前的社会阶层结构中也是主导阶层之一，他们在当前的社会经济发展中发挥着重要作用。他们依靠出色的管理才能和敏锐的市场判断能力影响企业的日常经营。同时，他们普遍拥有一定的学历和丰富的专业知识，他们在政治生活领域中的影响力甚至要大于私营企业主阶层。

三　中国社会各阶层政治资源配置状况的三维结构

在社会阶层分析中，社会学者往往根据社会阶层占有社会资源的多少将社会阶层分为不同的等级。[3] 通过划分阶层等级结构无疑有助于了解各

---

[1] 李春玲：《断裂与碎片：当代中国社会阶层分化实证分析》，社会科学文献出版社2005年版，第208页。

[2] 详见第四章："社会各阶层政治资源调查结果的实证分析"中经理阶层的社会声望调查数据。

[3] 如：陆学艺以职业分类为基础，以组织资源、经济资源和文化资源的占有状况为标准，将社会群体划分出"五个经济社会等级"。具体参见陆学艺：《当代中国社会阶层研究报告》，社会科学文献出版社2002年版；杨继绳依据各个阶层的职业内容、财富状况、声望等因素则把中国当代社会阶层分为五等：上等阶层主要集中在政府中高级官员、银行、大型事业单位，国有及国有控股大型垄断企业，大中型私有企业领导层之中；中上等阶层为高级知识分子、中高层干部、国家和省属事业单位中高级管理人员、中型企业经理和大型企业的高层管理人员、中型私有企业主、外资企业的白领雇员、垄断行业的白领职员和资深蓝领；中等阶层主要是党政机关非领导职务地方公务员、知识分子、大中型企业的中下层管理人员等；中下等阶层主要是由农民、工人、农民工，也就是从事体力劳动的群体构成；下等阶层主要是城乡贫困人口，如农村无地、无业者和城市下岗、失业人员，这个阶层没有固定收入，向上流动更难。具体参见石剑峰：《杨继绳谈当代中国社会阶层》，《东方早报》，2011年9月11日。

个社会阶层的总体情况,但这种排序是以数据为基础的,需要进行大量的社会调查作为支撑。本课题组织了相关人员开展了知识分子、公务员、私营企业主、农民工和经理人员五个主要的社会阶层的问卷调查,并对五个主要社会阶层的政治资源情况进行了一个简要的概括。考虑到研究的视角,我们在这里主要从权力、财富、声望三个方面对八个主要的社会阶层政治资源的情况进行一个简要的定性分析。

从政治权力或者影响政治决策的能力来看,目前,社会各阶层的政治参与状况以及对政治决策的影响力强弱基本上是一个金字塔形态,公务员阶层对决策的影响力最大但所占的比例很低,主要限于有一定职务和有一定级别的公务员;其次是经理阶层和知识分子阶层,这两个阶层能够通过一定的政治参与渠道对政治决策施加一定的影响。其他的社会阶层:如私营企业主和个体工商户已经具有一定的政治参与的欲求,但相对来讲人员与政治决策的距离较远。以工人、农民和农民工为主的劳动阶层人数很多,但对政治决策的影响力很弱。

从阶层经济收入的大致形态来看,私营企业主阶层和经理人员阶层收入等级处在上层,知识分子、公务员、个体工商户处在中层,工人、农民和农民工等劳动阶层处在下层。从未来的发展形势来看,随着工业化的进一步推进和经济的继续增长,底层劳工群体的人数应有所减少,社会中层所占比例会有所上升。

从阶层社会声望的大致形态来看,公务员、知识分子的职业声望较高,其次是经理阶层和私营企业主阶层,而个体工商户和以工人、农民、农民工为主的劳动阶层仍然处在下层。从结构来看,社会声望的上层人数很少,社会声望的下层人数仍然居多。从未来发展趋势来看,由于经济地位的崛起,私营企业主进入社会声望分层速度将会加快,社会声望的中层由于受阶层固化的影响发展缓慢。

四 当前中国社会阶层间政治资源配置存在的问题

由于政治资源配置的累积性特征,失衡就成为现阶段社会阶层间政治资源配置最大的问题。不同的社会阶层在享受改革成果与承担改革的代价存在着不对称的关系,一些阶层的社会地位、职业声望提升了,经济财富增加了,而有的阶层却大幅度下降，成为改革代价的主要承担者。当然，任何社会都不可能实现政治资源的均衡配置，对政治资源尤其是物质性政治资源的完全均等的分配只是人们一种美好的追求和向往。因为单就政治资源的三个要素来说，其本身就存在着不均衡的影响力，权力相对于财富、社会声望的影响力更大，尤其是在中国社会中，权力在一定程度上甚至决定了社会声望的高低走向，权力是形塑社会阶层关系的最主要机制。但是，政治资源配置的严重失衡和两极分化却往往是诱发政治冲突和政治动荡的重要因素，对于现代化进程中的中国而言，更应该关注政治资源配置的严重分化问题。当前，我们必须注意和警惕社会阶层间政治资源配置差距过大的问题。

（一）社会阶层间经济财富差距过大

改革开放前，中国政治资源尤其是物质性政治资源的配置上趋向于采取平均主义。由于物质性资源的配置是由行政权力按照计划来进行的，国家对物质性资源实行统一配置，人们获取物质性资源的渠道单一化，个人获取经济资源的依据是工资和工分，体制外经济资源的获取为零。而现实中社会主义的"公平"的政治理念被直接演绎成了平均主义。虽然，国家根据不同地区和不同的行业对劳动力素质的不同要求，统一制定了相应的有差别的等级制劳动报酬标准，但对同一产业部门和行业内的劳动者实行单一的均等化的工资制度，国有企业职工的标准工资和平均工资水平实际上与劳动者的劳动贡献与企业的经济发展状况关系不大。所以，总的来讲，改革以前的中国是一个均等化程度很高的社会。"收入分配的基尼系数比世界上大多数发展中国家都要低，城市基尼系数在 0.2 以下，农村基尼系数略高，但多数估计在 0.21—0.24 之间。"[①]

随着 20 多年来经济体制的转型和现代化进程的推进，社会阶层的分化日益明显，日益市场化的资源分配机制，改变了原有社会中不同社会阶层的资源包括政治资源的占有状况，导致了财富分配格局的变化，不同的社会成员和社会群体在经济资源的占有状况等方面的差异日益显著。其中，最突出的表现是不同的社会群体在经济地位高低等级排序中上下滑

---

① 周振华、杨宇立：《收入分配与权利、权力》，上海社会科学院出版社 2005 年版，第 345 页。

动。进入20世纪90年代，社会群体之间的收入差距进一步拉大，最高收入群体（私营企业主）与最低收入群体（农业劳动者）的收入之比高达21.7[①]。从社会群体收入增长幅度来看，与经济改革以前的20世纪70年代相比，2000年后收入增长幅度较大的是私营企业主、企业经理人员、专业技术人员、个体工商户，这几个群体的收入水平大约是20世纪70年代的16倍。其次，办事人员群体收入增长幅度也高于平均水平，增长幅度最小是农业劳动者的收入，低于平均水平。[②] 社会群体获取经济资源差距的拉大，也可以通过衡量社会贫富差距的基尼系数显示出来。根据社会学家李强的分析，中国1994年衡量贫富差距的基尼系数为0.434，1996—1997年为0.4577，到2003年，中国城乡居民人均收入的基尼系数不低于0.5的水平，而且从趋势上看，还在进一步上升。[③] 进入2000年以后，整个社会贫富分化向两极格局演变。一个财富阶层在迅速形成，这个富裕阶层主要包括私营企业主、高级经理人员、具有一定职务的公务员以及高级专业技术人员。这些人的富裕程度与发达国家富裕阶层基本上是接轨的。《新财富》杂志曾经发布过"2010年新财富500富人榜"，上榜富豪的财富总额28756.5亿元，占2009年国内GDP的8.5%。而与此同时，一个以城市下岗工人、农民工和无业人员为主的社会底层也迅速扩大，这两个群体无论在消费还是生活方式上都存在较为明显的差距，中国的新富阶层可以一掷千金，这个群体是当今中国社会奢侈品消费的主要成员，而社会底层群体仍然有大量的贫困人口在为温饱而奋斗，甚至国家提供的基本公共服务在他们那里也很难得到实现。

（二）政治权力配置不均问题

当前，社会阶层间政治权力配置的不均可以通过各级人大组成中社会各阶层的比例进行透视。人大是我国的权力机关，是人民实现当家做主最重要的制度保障，也是社会各阶层进行政治表达的重要制度途径。社会各阶层在各级人大中的构成比例关系到各阶层的利益表达，也是检验社会各

---

① 李春玲：《社会群体的收入差异：两极分化还是多层分化》，《战略与管理》，2004年第3期。
② 同上。
③ 李强：《当前我国社会分层结构变化的新趋势》，《江苏社会科学》，2004年第6期。

阶层政治资源拥有情况的一个重要指标。

首先，从全国人大代表的构成来看，从一届人大到十二届人大，全国人大代表构成逐渐形成两个主要特色：一是党政干部的比例较高，党政干部中尤以行政系统较多。从九届人大和十届人大的统计数字看，来自各级国家机关的代表均超过40%，九届人大为1231人（41.32%）十届人大为1296（43.43%），十一届人大代表中，虽然全国人大代表中省级政府组成部门领导干部代表的比例大幅下降，但党政干部比例仍高达41.81%，只是到十二届全国人大代表中，党政领导干部共1042名，占代表总数的34.88%，比上届降低了6.93%。清华大学教授赵晓力的研究指出：在这些官员代表中，来自省市两级的高级官员多（各占40%），来自县乡两级的低级官员少；领导干部多，非领导干部少（九届比例为69：31，十届比例为72：28）；在各政权系统中，来自政府系统（行政部门）的代表占60%，大大多于人大、党委、政协系统。① 二是精英化倾向日益明显，总体上工人、农民代表的比例逐渐减少，干部身份代表的比例趋于上升，知识分子身份的代表比例先升后降，只有军人身份的代表的比例比较稳定（见表3—4）。

表3—4　　　　　第五届至第十一届全国人大代表的身份构成　　　（单位:%）

	工农	干部	知识分子	解放军	其他
五届	47.33	13.38	14.96	14.38	9.95
六届	26.57	21.35	23.54	8.97	19.57
七届	23.03	24.68	23.47	8.99	19.83
八届	20.55	28.27	21.79	8.97	20.42
九届	15.04	54.78	21.18	9	0
十届	18.17	54.99	17.86	8.98	0
十一届	20.59	52.93	17.51	8.97	0

资料来源：史卫民、郭巍青、刘智：《中国选举进展报告》，中国社会科学出版社2009年版，第421—422页。

---

① 赵晓力：《论全国人大代表的构成》，《中外法学》，2012年第5期。

表 3—5　　　　第九届、第十届全国人大代表的职业构成　　　（单位：人）

职　　业	九　届	十　届
领导干部	1240	988
企业家	613	412
医生	88	96
法律界人士	69	45
作家、艺术家	48	36
金融界人士	20	18
运动员	13	14
中小学教师	51	58
基层干部	37	43
农民	56	66
工人	30	96
军人	268	268
警察、武警	48	29
其他	55	472

资料来源：蔡定剑：《中国人民代表大会制度》，法律出版社 2003 年版，第 221 页。

长期从事人大制度研究的蔡定剑教授曾经指出：近年来，全国人大代表有三大群体：一是干部群体；二是企业家群体，九届全国人大占 20.54%，十届全国人大占 13.83%；三是专业人士，包括高级知识分子、运动员，九届全国人大中占 19.64%，十届全国人大中占 18.3%（见表 3—5）。

根据新的选举法，十二届全国人大代表的选举顺利实现了"两升一降"的目标。① 第一，来自基层的工农代表比例有所上升，一线的工人、农民代表 401 名，占代表总数的 13.42%，比十一届提高了 5.18 个百分点，其中农民工代表数量大幅增加；第二，知识界文化界的代表比例有所

---

① 《人大代表"两升一降"为"基层亲人"当代言人》，参见 http://cpc.people.com.cn/pinglun/n/2013/0301/c241220-20646957.html。

增加，专业技术人员代表610名，占代表总数的20.42%，提高了1.2个百分点；第三，党政领导干部代表比例降低了6.93个百分点，党政干部代表1042名，占代表总数的34.88%。但总体上，作为社会各阶层制度化的利益表达机构，人大并没有真正改变精英化趋向，因为无论是相对于一亿多农民工还是全国人大3000左右的人大代表，农民工代表所占的分量仍然不够。

其次，从四级人大工人、农民代表、干部所占比例来看，根据史卫民、赵智等的研究，在四级人大中，工农代表比例较高的省份只有山西、福建、江西、山东、湖南、广西、陕西等7个省份，干部比例偏高是各级人大身份构成的共同特征。[①] 以河南省N市两届（2002—2012年）人大代表结构为例，2002年全市共选乡镇人大代表12039名，其中，中共党员7929名，占总数的65.9%，国家机关干部2404名，占20%，党员和国家干部所占比例达到75.9%。2012年乡镇人大代表换届选举，共选出乡级人大代表11869名，其中，中共党员8709名，占总数的73.38%；工人578名，占4.87%；农民（包含农民企业家）6473名，占54.53%；企业负责人604名，占5.09%。2012年新一届市级人大代表共541名，其中，工人86名，占15.89%；农民（包含农民企业家）62名，占10.16%；领导干部78名，占14.41%；企业负责人55名，占10.16%。[②] 由此可见，无论是乡级还是市级人大代表构成，N市工人、农民代表的比例都不高，而党政官员始终是各级人大的主力。

总之，从人大代表构成来看，来自于企业、党政机关、文化界的各种精英，对于国家政治生活的影响力很强，对于国家政策的走向具有很大的话语权。而以贫困农民、进入城市的农民工和城市中的失业下岗人员组成的社会弱势阶层在资源占有上日益边缘化，这个群体在经济和政治资源的占有上处于弱势，在各级人大和政协部门，社会弱势群体对公共政策的影响力非常微弱，甚至处于"失语"状态。

[①] 史卫民、郭巍青、刘智：《中国选举进展报告》，中国社会科学出版社2009年版，第430页。

[②] 上述数据来自内部资料，《河南省N市三级人大换届选举工作总结》。

（三）社会声望之间的差距有进一步扩大的趋势

社会学者李春玲研究认为，当前中国声望分层的突出特征是中间部分比较宽，两边狭窄，展现出菱形结构。[①] 因此，与社会阶层经济财富的差距相比，中国社会阶层的社会声望分层体系并没有显示出两极化的趋势，而是明显的中间层化。但是，必须看到，社会阶层之间的社会地位的分化过程存在着很多矛盾，社会阶层之间并没有形成相互许可的身份认同。具有社会声望上层的社会阶层并不能获得其名副其实的社会其他阶层的认可和尊敬。更重要的，由于社会流动的成本加大，处在社会声望下层的劳动者阶层向上流动的难度加大。例如，作为中国底层的劳动者——农民的社会流动往往限于职业流动并不能真正改变其身份地位，农民可供选择或者最有可能的社会流动有三个方向：工人；农民工；个体工商户。现有的制度设置和社会结构格局使农民无法直接转化为工人，而只能进入农民工这种过渡性的职业身份状态，其社会声望并没有得到真正提升，甚至这是一种无奈的选择。农民还有可能向个体工商户流动，但由于个体工商户经营成本的上升，许多农民也只能望而却步。所以，虽然中国目前存在着大量处在社会声望中层的社会阶层，但下层向中层进行社会流动的难度加大，未来的社会声望之间的差距有进一步扩大的趋势。

[①] 李春玲：《断裂与碎片：当代中国社会阶层分化实证分析》，社会科学文献出版社 2005 年版，第 207 页。

第四章　社会各阶层政治资源
调查结果的实证分析

一　社会各阶层调查基本情况说明

（一）调研时间与主要区域

为了对我国当前的社会各阶层政治资源拥有情况有一个大致了解，2011年暑假，课题组对调研方案进行了精心设计和反复论证，并征求了相关专家的建议，最终形成了一套合理的调研方案。2012年利用暑假、寒假时间，课题组组织了相关人员开展了五个主要的社会阶层的问卷调查，并于2013年上半年完成了数据的整理和分析工作，形成了五个主要社会阶层政治资源拥有情况的调研报告。

由于中国政治、经济、文化发展的不平衡性，不同地区社会阶层分化和发育情况存在很大差异，从国家政治资源的布局来看，中国的东、西、南、北、中各个区域在资源总量上就存在一定的差异。每个社会阶层拥有的政治资源情况在一定程度上受地区资源总量的制约和影响。为了最大限度的体现调研的客观性和真实性，本次问卷调查在区域选择上，尽量涵盖中国南部、西部和中部省份，其中，南部以广州为主要调查区域，理由是：广东是改革开放的前沿阵地，各种产业齐全，社会阶层分化比较充分，便于充分考察社会主要社会阶层的资源概况，同时调研时交通比较便利；中部区域主要以河南郑州为主要调查区域，理由是：郑州是中国人口最多的河南省的省会，是中原经济区建设的中心城市，人口集中，具有一定的代表性。同时，也是笔者所工作的城市，进行充分的调研有很大的便利。西部地区主要以西安和兰州为主要调查区域，西安和兰州是西部地区政治、经济和文化发展的中心城市，也是西部人口较为集中、产业齐全的城市，有助于比较清楚完整地分析各个阶层的政治资源占有情况。

（二）调查的社会阶层选择

我们调查的社会基层主要有五个：知识分子、公务员、私营企业主、农民工和经理。我们的调查之所以没有涵盖所有阶层，主要是基于两个方面的考虑：

1. 由于调研成本和调研精力有限，我们不可能对现阶段中国所有社会阶层展开全国范围内的调研。无论是经费保障还是调研队伍的建设上，我们都难以做到大规模的较为全面的社会阶层调查。

2. 我们之所以选择知识分子、公务员、私营企业主、农民工和经理人员五个社会基层进行调研，是因为上述五个阶层在当前的社会阶层政治资源配置研究中具有很大的代表性，通过对他们拥有的政治资源情况的调研，基本上能够对当前中国社会阶层间这种资源配置的情况有一个整体和专业的分析。上述五个社会阶层中，既有基本阶层（知识分子），也有新兴阶层（私营企业主、经理、农民工）；既有掌握文化资源的阶层（知识分子），也有掌握和运作经济资源和经济财富的社会阶层（私营企业主、经理层），还有直接掌握公共权力的公务员阶层以及各项资源都比较匮乏的农民工阶层。具体而言：

第一，知识分子阶层是中国基本的社会阶层，知识分子在当前中国政治舞台上是一个不可忽视的力量。知识分子掌握着一定的文化资本，具有一定的参政意识，是脑力劳动者的典型代表。通过对知识分子的政治资源情况的调查有利于分析文化资本与政治资源之间的转换关系。

第二，公务员阶层是主要的社会阶层，他们是公共权力的直接行使者，他们在一定程度上决定了政策的制定和执行以及资源的分配。公务员阶层被认为是中国社会的强势阶层，在中国的阶层分析中，公务员阶层是不能忽视的。

第三，私营企业主是新兴的社会阶层，其人数和队伍不断壮大，这个阶层掌握着大量的经济资源，有能力将一定的经济资源转化为政治资源。他们的财富所形成的政治影响力不断辐射到国家政治生活领域，其参政意识不断增强。对私营企业主的调查有助于评估经济资源与政治资源之间的转换关系，对经济财富产生的政治影响从定性上进行整体探讨。

第四，农民工阶层作为一个新兴阶层日益受到关注，同时也是中国社会阶层中数量最庞大的一个群体，是体力劳动者的代表。当然，在体力劳动者阶层中，产业工人也是一个很重要的社会阶层，我们没有选择产业工人分析，是因为我们认为当前的产业工人队伍里已经有相当数量的农民工或者未来产业工人的主体可能就是农民工，对农民工的调查能够在一定程度上涵盖产业工人阶层的政治资源情况。以农民工为代表的劳工群体对当前中国社会稳定、中国政治发展至关重要。各项资源的匮乏、集体的抗争与维权是这个群体密切联系在一起的。我们对农民工的调研有利于分析社会弱势阶层的政治生存状态，分析这个阶层资源匮乏背后的行动逻辑。

第五，经理阶层也是新兴的社会阶层，是企业中的各级管理人员。他们和传统的干部队伍有一定联系，同时又与新兴的私营企业主阶层关系密切。选取经理阶层可以从一定程度上更全面地透视除行政领域内公务员之外的管理阶层的政治资源情况，有助于弥补管理者阶层分析的不足。

（三）调查指标的说明

根据我们对政治资源的界定，我们的调查主要从三大维度来进行，即权力、财富、声望。

1. 权力是直接和核心的政治资源

为了衡量社会各阶层权力拥有情况，主要从政治面貌、政治参与情况来测试。政治面貌主要考察社会阶层的政治身份，即中共党员、民主党派和群众的比例，政治参与主要从参与的政治活动、政治参与途径、政治权益保障的方式、政治参与满意度、政治参与中的问题等五个方面来衡量。

2. 经济财富是潜在性的政治资源

经济财富不一定全部转化为政治资源，但可能在一定条件下部分转化为政治资源。本课题中是在假定经济财富转化为政治资源即把经济财富视为政治资源的情况下进行研究的，因为，社会阶层经济地位的提高意味着更多的利益需求，需要借助更多的政治力量来维护和巩固其地位。在政治资源拥有状况分析中，不可忽视经济财富所产生的潜在政治影响。我们主要从收入上来反映社会各阶层经济财富情况。由于各地都实行了最低工资制，各地的最低工资普遍在1000元之上，因此，我们在衡量收入时，从2000元开始考察更为符合现实。

3. 社会声望也是潜在性的政治资源

我们主要从社会阶层社会交往对象、社会关系网络、社会地位自我评价以及职业声望得分四个方面来衡量。之所以选择社会交往对象作为观测指标，是因为一个人的社会声望除了与社会评价、职业有关外，他所选择的社会交往对象影响其声望的提升。布劳指出，如果一个人在一种平等的基础上与声望高的人交往，那么这将有助于提高他自己的声望，这就是与有声望的人交往富有报酬的原因。[①] 从这个意义上讲，社会交往对象、社会关系网络在一定程度上影响社会阶层能否顺利获取必要的政治资源。

（四）样本基本特点

我们对五个主要的社会阶层的调查，主要采取问卷调查的方式。每个社会阶层基本上各发放调查问卷 500 份，共回收问卷 2391 份，有效问卷为 2293 份。从年龄特点来看，样本调查对象主要以中青年为主。从性别上看，男女性别比例为 3∶2，考虑到男女在各行业中的实际比例以及他们在政治生活中的影响力的差别，这个比例结构应当说是合理的。

二　五个主要社会阶层的调查结果分析

（一）知识分子阶层

1. 知识分子阶层样本基本情况

我们对知识分子的调查和分析都是基于狭义知识分子而言的，教师、科研工作者、医生以及记者是知识分子阶层的主体部分。知识分子的调查主要以问卷调查为主，根据知识分子分布的特点，共发放问卷 500 份，回收问卷 482 份。其中南部地区以广东省为代表，回收 174 份；中部地区以郑州市为代表，回收调查问卷 225 份；西部地区以西安和兰州为主要代表共回收 83 份，其中西安 44 份，兰州 39 份。最后有效问卷 470 份，有效率为 94%。

在调查的 470 份有效问卷中，男性占到 56.3%；女性占到 43.7%。

---

① ［美］彼得·M. 布劳：《社会生活中的交换与权力》，李国武译，商务印书馆 2008 年版，第 198 页。

在调查对象中，已婚人数占到66.2%，未婚为30.8%。知识分子的年龄集中在28~45岁，占到62.9%。

2. 知识分子阶层的教育背景

随着我国高等教育事业的发展，知识分子的总量以及在人口中所占的比重，呈现出更快更高的增长趋势，从本次调查的知识分子的教育背景结果可以看出，知识分子大专及其以上学历的有效比例达到了93.1%，而学历在中专的只占到了6.9%，说明知识分子普遍具有较高的学历，掌握着一定的文化资本。调查结果显示，与不断增长的知识分子总量相比，高学历知识分子所占的比例还有待提高（见表4—1）。

表4—1　　　　　　知识分子受教育程度调查结果　　　　　（单位:%）

		频率	百分比	有效百分比	累积百分比
有效	硕士及以上	65	13.8	13.8	13.8
	本科	285	60.6	60.6	74.4
	大专	88	18.7	18.7	93.1
	中专	32	6.9	6.9	100.0
	合计	470	100.0	100.0	

3. 知识分子阶层的政治面貌情况

受教育程度较高是知识分子的主要特征，相应地，知识分子的思想政治素质也比较高，他们在政治组织（如党员比例）和政治意识方面的表现都比较前卫和活跃，如感受政府影响、社会责任意识、法治与人治的选择、重视程序和重视结果的选择方面，表现均令人满意，而且他们也更喜欢讨论政治，更有影响政府决策的明确意向。

在这次调查中，分析得出知识分子现在党员所占比例为75.7%，群众人士比例为17.8%，另外其他民主党派所占比例为6.5%。由此可见在知识分子这个阶层中，其政治面貌情况还是很乐观的。这一结果也反映出知识分子在中国政治生活中的地位和影响力（见表4—2）。

表 4—2　　　　　知识分子的政治面貌调查结果　　　　　（单位:%）

政治面貌	频率	百分比	有效百分比	累积百分比
中共党员	356	75.7	75.7	75.7
民主党派	30	6.5	6.5	82.2
群众	84	17.8	17.8	100.0
合计	470	100.0	100.0	

4. 知识分子阶层的工作情况与收入情况

调查发现，在知识分子阶层，月收入在1000—2000元的只有1.7%，而月收入在2001—3000元的比例达到了26.6%，月收入在3001—4000元的比例达到了47.3%，月收入在4001—5000元的比例达到了16.1%，5001—6000元的比例达到了7%，6001以上的在1.3%，总体上，知识分子阶层的总体收入处于一个中间稍微偏上的水平，其中主要集中在了2000—4000元这个阶段，有效百分比占到了73.9%，而处于两个极端水平的群体占到了很小的比例（见图4—1）。

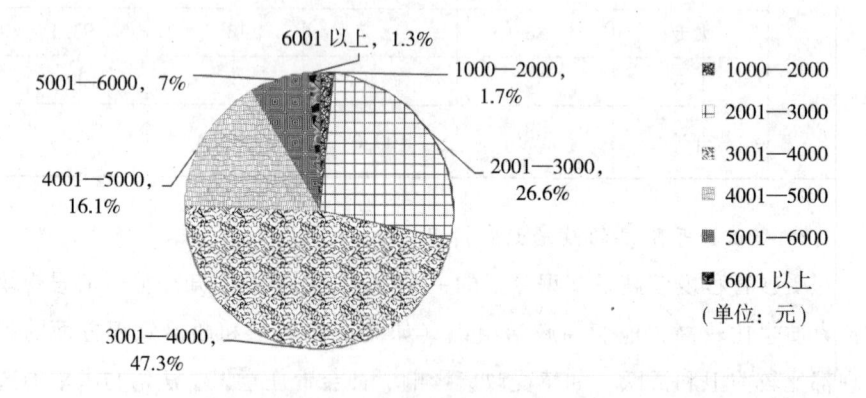

图 4—1　知识分子月收入情况

此外，我们还观察到，随着物价的飞涨，知识分子的收入虽然要高于一般的劳动阶层，但是他们感觉自己的收入相对还是偏低。在访谈中，多数知识分子则希望进一步提高待遇，改善工作条件。

5. 知识分子阶层的政治参与情况

（1）您参加过哪些政治活动

知识分子具有丰富的知识，受传统政治文化影响，具有强烈的政治参与愿望和较高的政治参与能力。同时，大多数知识分子在户籍管理上早已脱离了农村，其主要的政治活动集中在单位之中，日常政治活动较多地集中在单位之中。根据调查，知识分子参加党团组织活动的比例为63%，7%的高级知识分子参加过相关的政策表决，参加过人大代表选举的比例为26%，调查中大多数知识分子否认参加过集会游行等类似的政治表达活动，4%的知识分子表示几乎没有参加过正式的政治活动。

（2）政治参与方式

通过此次调查研究发现，知识分子政治参与的方式也呈现出多样化的特点，其中，通过担任人大代表、政协委员参与国家政治生活的占15.5%；通过参加民进、农工民主党等民主党派，表达利益愿望和政治诉求的占5.5%（见表4—3）。通过参加大量的社会组织和行会协会组织，知识分子可以利用社会组织这个平台进行一定的政治表达，从而利用相关知识影响政治。在此次调查中，发现24.5%的知识分子与社会组织的关系密切，大量的知识分子喜欢通过发展迅速的社会团体和社会组织公开发表自己的见解，评议社会时政。

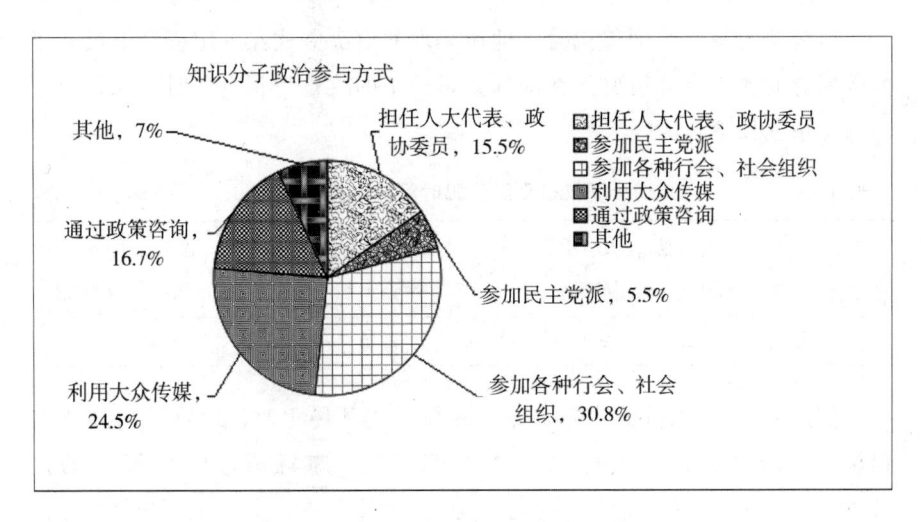

图4—2 知识分子政治参与方式

知识分子的特点就是拥有较多的知识和信息，能够占领舆论阵地，具备完备的话语体系。他们能够通过现代传媒获得大量的信息和最新的知识，这些信息和资讯当然直接影响他们的政治参与，知识分子往往通过大众传媒进行话语表达。此次调查中，利用大众传媒进行政治参与的占 30.8%。知识分子尤其是很多高级知识分子担任国家科学思想库建设和国家政治智囊团建设的重任,接收各级政府所进行的有关政策咨询,本次调查对象通过参与决策咨询进行政治参与的占 16.7%(见表 4—3)。

表 4—3　　　　　　　知识分子政治参与方式　　　　　　　(单位:%)

	知识分子	频率	百分比	有效百分比	累积百分比
有效	担任人大代表、政协委员	73	15.5	15.5	15.5
	参加民主党派	26	5.5	5.5	21.0
	利用大众传媒	145	30.8	30.8	51.8
	参加各种行会、社会组织	115	24.5	24.5	76.3
	通过政策咨询	78	16.7	16.7	93.0
	其他	33	7.0	7.0	100.0
	合计	470	100.0	100.0	

(3) 权益受到侵犯时采取的方式:

当公民的权益受到侵犯时,他所采取的解决方式在一定程度上反映了他所拥有的政治资源情况。在询问知识分子的权益受到侵犯时,知识分子的选择情况如下:

表 4—4　　　知识分子权益受到侵犯时解决问题的方式　　　(单位:%)

社会阶层 \ 选项	通过法律途径	动用手中权力	找熟人	找行业协会、社会组织	上访	新闻媒体	束手无策
知识分子	52.7	9.8	33.6	31.6	13.6	34.2	17.7

从表 4—4 可以看出,知识分子在权益受到侵犯时,通常采取理想的利益诉求方式,采取法律途径的占 52.7%,愿意通过组织解决的占 31.6%,利用所掌握的知识资源,通过新闻媒体进行呼吁和诉求的占 34.2% 较高比例,而找熟人解决问题通常也是知识分子所愿意解决的一个途径,上访的比例较低,大多数知识分子并不直接掌握权力,所以,知识分子直接运用手中权力解决问题的比例也较低。

(4) 政治参与途径和政治参与机会的满意度

经过调查,知识分子对政治参与机会和政治参与途径的满意度分布见

表4—5。

表4—5　　　知识分子政治参与满意度　　　　　　　　　　（单位:%）

社会阶层＼选项	非常满意	满意	一般	不满意	非常不满意
知识分子	11.6	23.3	42.1	11.2	11.8

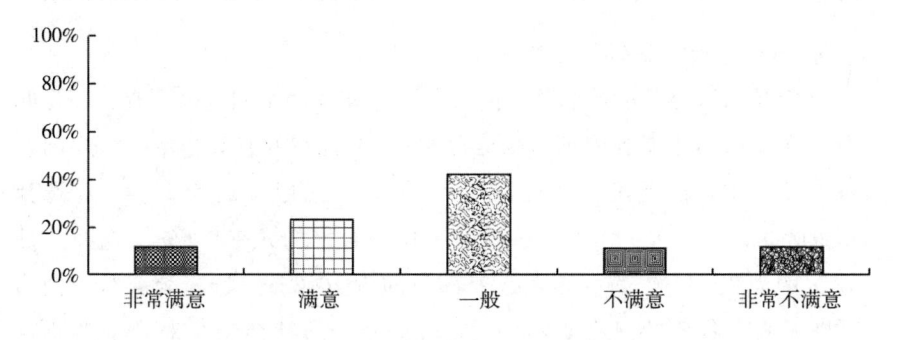

图4—3　知识分子政治参与满意度

从图4—3可以看出，知识分子对于当前的政治参与渠道和政治参与机会总体上还是不太满意的，大多数知识分子希望进一步拓展政治参与渠道，为他们的政治参与提供更多的机会。这与知识分子本身的特点有关，在政治参与上，知识分子永远是理想主义者而不是现实主义者，政治现实的发展永远与他们的政治理想之间存在距离，甚至许多知识分子是乌托邦的，他们的理想与抱负往往超越甚至脱离现实。显然，上述的调查很能说明这个阶层的政治态度。

（5）政治参与最大问题

在回答日常政治参与中遇到的最大问题时，30.6%的知识分子认为政治参与的渠道不畅通或太狭窄，26.2%的知识分子认为经济条件和时间是他们政治参与的最大制约，16%的知识分子则对信息不充分表达了不满，还有13%的知识分子认为政府不能及时反馈政治参与的相关信息，使政治参与没有获得应有的效果，而在参与技能上，大多数知识分子都具备一定的参政议政能力，只有11.2%的知识分子表示不具备一些政治参与技能（见表4—6）。

表 4—6　　　　　　　　知识分子政治参与最大问题

社会阶层 \ 选项	获取信息难度大	参与渠道不畅通或太狭窄	经济、时间条件不具备	不知如何参与	政府信息反馈力度不够	其他	有效样本
知识分子	75	144	123	53	61	14	470
%	16.0	30.6	26.2	11.2	13.0	3.0	100

6. 知识分子阶层的社会关系情况

我们对知识分子的社会关系网络情况主要从两个问题来调查，一是知识分子在"生活中遇到困难会找谁帮忙？"在调查的有效样本中，当问及您在"生活中遇到困难会找谁帮忙？"选择"亲戚"的为 23.4%，选择"同学或同事"的为 30.2%，选择"单位领导"的只有 9.6%，选择"好朋友"的为 37.8%，选择相关政府部门的为 20.3%，选择社会组织的为 17.2%，自己扛着的只有 6%。二是知识分子的社会交往对象的调查情况。通过对社会交往对象的调查来凸现知识分子社会关系网络现实，调查显示见表 4—7。

表 4—7　　　　　知识分子的社会交往情况　　　　　（单位:%）

社会阶层 \ 交往对象	公务员	教师	记者	国企干部	社会团体负责人	人大代表政协委员	律师
知识分子	21.6	63	39	6	8	9	21

从总体上看，知识分子社会交往突破了血缘关系和地缘关系的束缚，逐渐突破了以初级关系为主的关系网的社会交往，取而代之的是以工具理性为取向的社会关系的拓展和重建。但也应看到，以业缘关系为主要纽带的社会关系网络在知识分子群体中仍然发挥着很重要的作用，知识分子与教师、记者等同行的交往较多，知识分子与社会组织、人大代表、政协委员交往的比例还很低，不利于知识分子发挥其政治影响力。

7. 知识分子阶层的社会地位情况

（1）知识分子自我社会地位评价

在知识分子自我地位评价中，大多数知识分子认为自己的社会地位处在中层和中上层。虽然，知识分子在我国的经济地位和政治影响力在不断增强,但多数知识分子并不认为自己的社会地位很高。调查数据显示,很多知识分子在自我评价中还是持非常谨慎的态度,自我评价得分平均值为2.95,在得分上处在中下层水平(见表4—8)。当然,这可能和样本的选择有关,如果所选择的样本大多数是高校教师或者主要媒体的记者,可能自我评价的分值要高一些,而如果是中学教师,其自我评价值要低一些。

表4—8　　　　　知识分子自我社会地位评价　　　　　(单位:%)

社会地位等级 社会阶层	上	中上	中	中下	下	不清楚/ 不回答	合计	自我评价得 分平均值
知识分子	1.8	18.3	61.0	12.4	5.3	1.2	100	2.95

注:自我评价得分计算办法:上层=5分;中上层=4分;中层=3分;中下层=2分;下层=1分,不清楚不回答按照缺失情况不列入计算。

(2) 知识分子职业声望评价

根据调查发现,社会上对于知识分子的评价虽持不同意见,但以评价较高居多。调查显示,知识分子职业声望得分较高,为83.7分,在调查的五个社会阶层中排序第二,说明社会对于掌握文化资本的知识分子阶层的认可度较高。

(二) 公务员阶层

1. 公务员阶层的样本基本情况

陆学艺先生在《中国社会阶层研究报告》中,将公务员阶层归属到国家和社会管理者阶层中。他们依托中国社会科学院强大的研究团队进行研究,自然更能全面细致地透视国家和社会管理者阶层的资源情况。在本研究中,展开大规模的全国范围的公务员阶层的调查非本课题组能力所致,为了研究的具体性和针对性,同时也为了调查研究的方便,我们在调查中重点调查行政机关和党政机关中的公务员,主要调查方法依然是问卷调查法。样本对象主要来自对河南省委党校学员班的部分学员,另有部分是郑州市直机关的部分工作人员。样本中主要以一般工作人员为调查对象,处级干部很少,市级公务员和基层公务员为主要调查对象。本次调查共发放问卷500份,回收问卷480份。其中有效问卷470份,男性比例为67.3%;女性比例为33.7%。在调查对象中,已婚人数占到50.2%,未婚为46.8%。公务员的年龄集中在28—40岁,占到52.9%。

2. 公务员阶层的教育背景

随着公务员制度的构建与不断完善,公务员的选拔与录用标准日益严格,在公务员录用过程中组织部门对学历普遍提出了相应的要求,公务员的知识结构不断优化,学历的层次有了很大的提升与改善。表4—9的调查显示,公务员大专及其以上学历中的有效比例达到了89.6%,而学历在中专的只占10.4%,日益繁重复杂的管理事务普遍要求公务员必须接受高等教育,必须具备相应的专业知识,高学历化已经成为公务员队伍的常态,随着公务员队伍的继续建设,中专学历可能逐渐被排除在公务员队伍之外。

表4—9　　　　　公务员的受教育程度　　　　　　　　　　（单位:%)

公务员		频率	百分比	有效百分比	累积百分比
有效	硕士及以上	56	11.9	11.9	11.9
	本科	268	57.0	57.0	68.9
	大专	97	20.7	20.7	89.6
	中专	49	10.4	10.4	100.0
	合计	470	100.0	100.0	

3. 公务员阶层的政治面貌情况

由于我国公务员阶层的特殊性,政治面貌最大的特征就是中国共产党党员占的比例很大。在调查中笔者发现,郑州市公务员中,党员比例高达83.70%（见表4—10)。在主要的五大社会各个阶层中,公务员阶层中党员比例是所有阶层中最高的,这也是跟我国的国体和政体相适应的。

表4—10　　　　　公务员的政治面貌　　　　　　　　　　（单位:%)

政治面貌	频率	百分比	有效百分比	累积百分比
群众	55	11.8	11.8	11.8
中共党员	379	80.7	80.7	92.5
民主党派	36	7.5	7.5	100.0
合计	470	100.0	100.0	

4. 公务员阶层的收入情况

在调查的470个有效样本中，月收入在1000—2000元的为3.8%，月收入在2001—3000元的比例高达30.4%，月收入3001—4000元的比例为37.8%，月收入在4001—5000元的占到18.2%。从公务员的收入情况来看，公务员工资普遍集中在2000—4000元左右，收入较高的主要是省直机关公务员，在样本中所占比例较低，基层公务员的收入与省直机关的公务员收入有一定的差距。从经济收入上看，大多数公务员并不意味着高收入（见图4—4）。

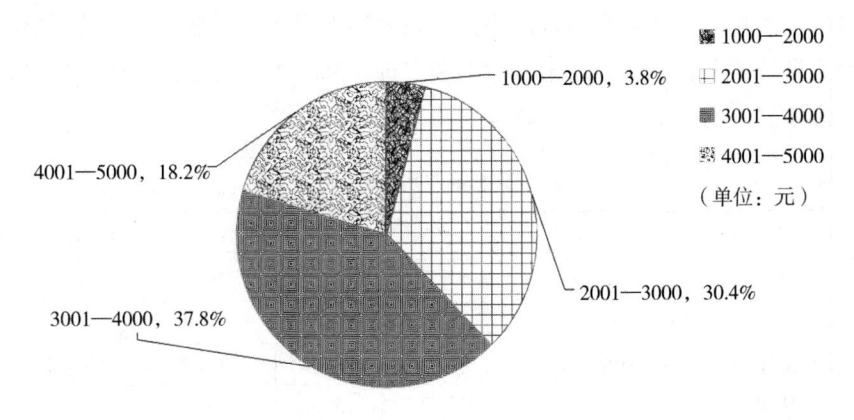

图4—4 公务员阶层收入情况

5. 公务员阶层政治参与的渠道

（1）参加过哪些政治活动①

公务员是公共权力的直接行使者，在日常政治活动中扮演重要角色，与其他阶层比较，公务员在影响政治方面具有很便捷的渠道和自然优势，在参加政治活动方面频率较高。尤其是参与的各种政治投票活动的频率非常高，他们手里的政治资源也让他们能够很好地行使其投票和选举权。根据调查，参加过人大代表选举的比例为80.3%，参加过日常党团组织活

---

① 政治参与一般指普通公民以合法方式参加政治生活，并影响政治体系的构成、运行方式、运行规则和政策过程的行为。公务员是国家公职人员，是政治体系内的主要组成部分，因此，从政治主体来说，公务员的政治行为更多的体现的是政治权力主体行为。但另一方面，作为一般公民，公务员在从事政治管理之外，也要履行一般的政治权利行为。我们这里主要关注的就是公务员作为普通公民角色是如何影响政治的，因此，为了不引起歧义，我们用影响政治代替政治参与的表述。

动的比例为87%，31%具有一定职位的公务员参加过相关的政策表决，大多数公务员不愿选择集会、请愿、游行等政治表达活动，大多数公务员还是选择通过便捷的组织渠道来影响政治。

（2）影响政治方式

调查发现，公务员影响政治的渠道也呈现出多样化的特点。其中，通过担任人大代表、政协委员影响国家政治生活的占26.0%；参加民主党派，利用民主党派成员的角色表达利益愿望和政治诉求的占7.0%。相当一部分公务员与各种行业协会和社会组织有密切联系，11.6%的公务员通过参加大量的社会组织和行会协会组织来影响政治，当然，最直接影响政治的是公务员自身参与政策的制定和咨询，38.4%的公务员是通过自己在政治体制内的便捷条件影响政策（见表4—11）。

表4—11　　　　　　公务员影响政治方式　　　　　　（单位:%）

	公务员	频率	百分比	有效百分比	累积百分比
有效	担任人大代表、政协委员	122	26.0	26.0	26.0
	参加民主党派	33	7.0	7.0	33.0
	参加各种行会、社会组织	55	11.6	11.6	44.6
	利用大众传媒	61	13.0	13.0	57.6
	通过政策咨询	180	38.4	38.4	96.0
	其他	19	4.0	4.0	100.0
	合计	470	100.0	100.0	100.0

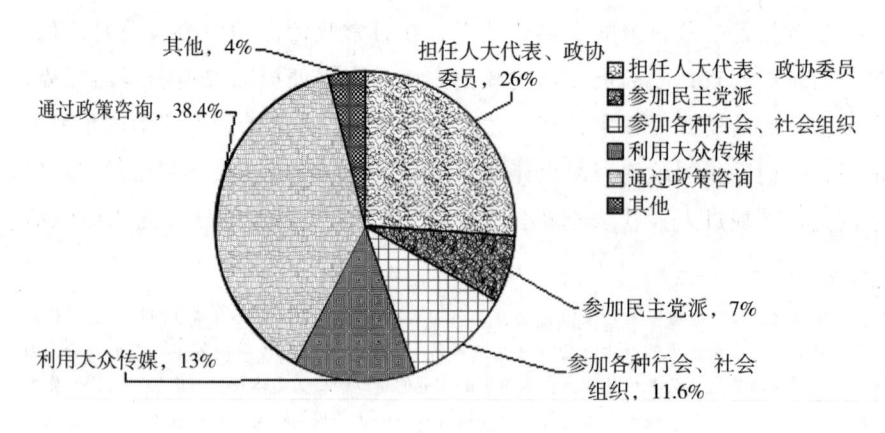

图4—5　公务员影响政治方式

(3) 权益受到侵犯时采取的方式

从表4—12可以看出,公务员在权益受到侵犯时,通常采取有组织或法治的手段来解决,45.6%的公务员采取法律途径,动用手中权力解决的占27.8%,愿意通过社会组织解决的占12.6%,通过新闻媒体进行呼吁和诉求的占33.7%的比例,而找熟人解决问题通常也是大多数阶层惯常的一种方法,公务员也不例外,44.7%的公务员认为熟人解决问题仍然奏效,这个和当前每个群体所形成的熟人圈子有关系,上访的比例较低,也有12.5%的公务员表示束手无策。

表4—12　　　　公务员权益受到侵犯时采取的方式　　　　（单位:%）

社会阶层＼选项	通过法律途径	动用手中权力	找熟人	找行业协会、社会组织	上访	新闻媒体	束手无策
公务员	45.6	27.8	44.7	12.6	16.0	33.7	12.5

(4) 政治参与途径和政治参与机会的满意度

经过调查,公务员对政治参与机会和政治参与途径的满意度分布见表4—13。

表4—13　　　　　　公务员政治参与满意度　　　　　　（单位:%）

社会阶层＼选项	非常满意	满意	一般	不满意	非常不满意
公务员	31.6	34.5	17.8	10.2	6.2

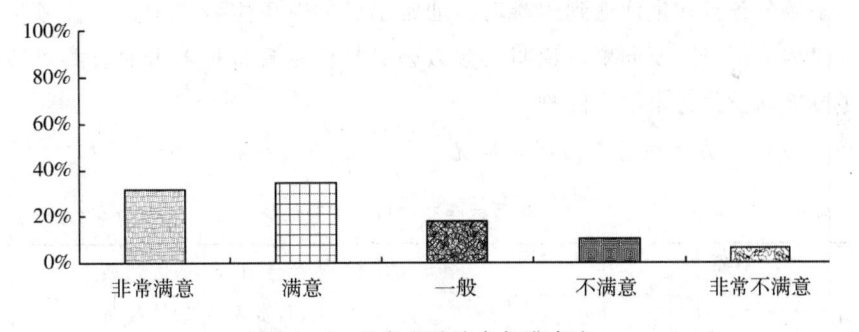

图4—6　公务员政治参与满意度

从图4—6可以看出,公务员对于当前的政治参与渠道和政治参与机会总体上还是满意的，非常满意和满意达到了 66.1% 的比例，不满意和非常不满意只有 16.4% 的比例。这也从另一个方面反映出作为国家公职人员的公务员影响政治的成本很低，与政治中心的距离相对较近，更容易接近政治权力。

（5）政治参与最大问题

在回答日常政治参与中遇到的最大问题时，20.8% 的公务员认为政治参与的渠道不畅通或太狭窄，34.6% 的公务员认为经济条件和时间是他们政治参与的最大制约，11.3% 的公务员认为信息不够充分，还有 15% 的公务员认为政府不能及时反馈相关信息，16% 的公务员对上述选项保持沉默（见表4—14）。

表 4—14　　　　　　　公务员政治参与最大问题

选项 社会阶层	获取信息难度大	参与渠道不畅通或太狭窄	经济、时间条件不具备	不知如何参与	政府信息反馈力度不够	其他	有效样本
公务员	53	98	163	11	70	75	470
%	11.3	20.8	34.6	2.3	15.0	16.0	100

6. 公务员阶层的社会关系情况

（1）调查有效样本中的单项情况

当问及您在"生活中遇到困难会找谁帮忙？"时，公务员选择"亲戚"的为 23.5%，选择"同学或同事"的为 44.8%，选择"单位领导"的只有 59.4%，选择"好朋友"的为 27.3%，选择相关政府部门的为 40.6%，选择社会组织的为 9.2%，自己扛着的只有 3%。从选择来看，大多数公务员在生活遇到困难时，通常求助的对象主要集中在单位领导、政府相关部门以及同事。说明大多数公务员仍然具备相当多的公共资源，主要借助公共力量解决困难。

（2）社会交往对象的调查情况

表 4—15　　　　　　公务员社会交往对象调查结果　　　　　　（单位：%）

对象 社会阶层	公务员	教师	记者	国企干部	社会团体负责人	人大代表政协委员	律师
公务员	53.4	23	13	11	7	27.7	9.6

根据表4—15的调查结果显示：公务员社会关系网络比较广泛，由于工作的性质，公务员与社会各个职业都有一定的联系，不过，在社会交往中，公务员相互之间的联系最强，达到了53.4%，与人大代表、政协委员的联系次之，说明公务员体制内的交往比较频繁。此外，公务员与掌握一定文化资本的教师、记者以及律师等知识分子阶层的交往也很密切。相对而言，与国企干部、社会团体负责人的联系略为薄弱，这可能与调查样本的职位有一定关系，实际的情况可能是，只有具备一定职位的公务员才可能与国企干部、社会团体负责人有一定的广泛联系。

7. 公务员阶层的社会地位情况

（1）公务员自我社会地位评价

表4—16　　　　　　公务员自我社会地位评价　　　　　（单位：%）

社会地位等级 社会阶层	上	中上	中	中下	下	不清楚/ 不回答	合计	自我评价得 分平均值
公务员	8.1	39.5	45.6	5.7	1.1	0.0	100	3.48

注：自我评价得分计算办法：上层=5分；中上层=4分；中层=3分；中下层=2分；下层=1分，不清楚不回答按照缺失不列入计算。

如表4—16调查显示，93.2%的公务员都认为自己属于中等及以上地位，认为自己属于上层的人并不多（8.1%），绝大多数人都把自己归类于中层（45.6%）和中上层（39.5%），但把自己归类为下层和中下层的人也很少（5.7%和1.1%）。出现这种情况也很合理，因为人们在进行自我评价时，往往对自身的资源情况进行综合评估，各阶层自我地位评价很容易与社会经济地位相联系。在社会阶层中，公务员阶层虽然与公共权力的联系最强，但其经济收入对其社会地位的衡量有一定的影响，许多公务员进行自我地位评价时往往注重经济财富而非权力因素，只有那些掌握实际利益的权力部门的公务员可能自我感觉社会地位较高。按照经济基础决定上层建筑的思维逻辑，他们不认为自我地位很高是可以理解的。同时，为了检验公务员阶层的自我地位评价是否存在显著差异，我们特别对公务员阶层的自我地位评价做了方差分析，分析结果显示，公务员自我地位评价得分的平均值为3.48，得分排序在五大阶层中第一，标准差为0.800，这表示公务员阶层的自我地位评价差异基本不显著。

(2) 公务员职业声望社会评价

尽管公务员阶层社会地位自我评价普遍不高，但其职业声望长期居于上层。调查结果显示，在分析的五大阶层中，公务员的职业声望得分最高，85.6 分，在调查的五个社会阶层中排序第一，这说明社会公众普遍看好公务员职业，这也正是当前愈演愈烈的公务员热的真实写照。

（三）私营企业主阶层

1. 私营企业主的样本基本构成情况

依照企业雇佣人员数量，可以将私营企业主分为大、中、小三类企业主。我们所进行的调查，涵盖了三类企业主。调查时，根据私营企业主分布的特点，共发放问卷 470 份，回收问卷 450 份。其中南部地区以广州为代表，回收 175 份；中部地区以郑州市为代表，回收调查问卷 204 份；西部地区以兰州为主要代表，共回收 71 份，最后有效问卷 450 份。

在调查的 450 份有效问卷中，男性占到 53.3%；女性占的比例为 46.7%。在调查对象中，已婚人数占到 51.2%，未婚为 45.8%。

2. 私营企业主阶层的教育背景

表 4—17　　　　私营企业主的受教育程度　　　（单位:%）

		频率	百分比	有效百分比	累积百分比
有效	硕士及以上	3	0.6	0.6	0.6
	本科	13	2.9	2.9	3.5
	大专	65	14.5	14.5	18.0
	中专	40	8.9	8.9	26.9
	高中	167	37.2	37.2	64.1
	初中	121	26.8	26.8	90.9
	小学	41	9.1	9.1	100.0
	合计	450	100.0	100.0	

调查数据显示（见表 4—17），在所有的私营企业主中，小学文化程度的占 9.1%，初中占 26.8%，普通高中占到 37.2%，中专为 8.9%，大专 14.5%，大学本科 2.9%，研究生占到 0.6%。可见大部分企业主的学

历都不高。私营企业主学历较高的人员有很多是原来党政机关事业单位里的下海人员，他们本身具有一定的学历优势。随着经济的发展，市场竞争日趋激烈，很多私营企业主表示一直在加强学习，越来越重视对知识的汲取，不断优化自身的知识技术结构，但这些学习很多是非学历化的应用型学习，在学历结构上并不能有效体现出来。但从总体上看，我国私营企业主阶层的文化素质呈不断增强和提升的态势。

3. 私营企业主阶层的政治面貌情况

私营企业主不仅是党的改革开放政策和举措的最大受益者，而且也是我国全面建设小康社会、实现中华民族伟大复兴的重要力量。从来源看，我国的私营企业主阶层本质上也主要由社会主义体制内各劳动者阶层转化而来，绝大多数私营企业主长期深受社会主义思想的熏陶，衷心拥护中国共产党的领导。这次的调查结果显示（见表4—18、图4—7）私营企业主中中共党员的比例占到了31.6%，与党员在其他社会阶层中所占的比例和在全国13亿人口中只占百分之五左右比较而言，这一比例明显较高。这说明，新时期中国共产党鼓励私营企业主中的优秀分子入党的战略决策已经取得了明显的效果。

表4—18　　　　　　　私营企业主的政治面貌　　　　　　（单位:%）

政治面貌	频率	百分比	有效百分比	累积百分比
中共党员	142	31.6	31.6	31.6
民主党派	55	12.2	12.2	43.8
群众	253	56.2	56.2	100.0
合计	450	100.0	100.0	

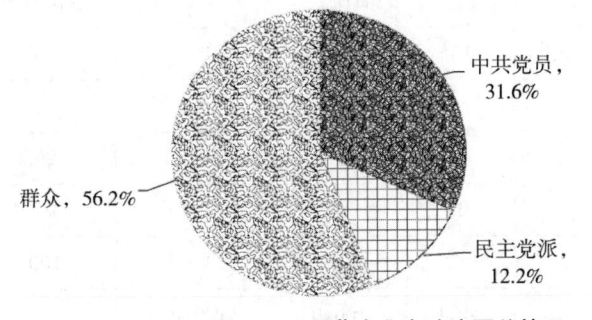

图4—7　私营企业主政治面貌情况

4. 私营企业主阶层的收入情况

私营企业主受益于改革开放、搞活经济的政策，他们在国家的政策支持下创造了大量的经济财富，同时也为国家的税收做出了重要贡献，创造了大量的就业机会，为人民群众的就业和社会稳定做出了一定的贡献。私营企业主在经济普遍拥有一定的生产资料和客观的经济收入。调查发现，私营企业主阶层普遍收入较高，已经成为当代中国社会各阶层中的高收入阶层，大多数私营企业主从经济收入上衡量早已进入先富阶层。私营企业主阶层收入普遍集中，有72%的私营企业主认为自己的月收入在20000元以上水平，在10000元以上的约占比例94%。实际上，私营企业主的选择受三个因素的影响存在一些差异：一是怕露富心理，私营企业主普遍做了保守选择；二是地区差异，西部地区的私营企业主的经济收入与南部和中部有一定的差别；三是私营企业主的回答与个人企业规模有一定关系，私营企业规模和经营状况与自己的收益存在一定关联。

从收入类型来观察，由于现阶段私营企业主同时具有资本家和劳动者双重身份，其收入也主要由两部分构成。一部分是作为投资者、企业产权的拥有者应该取得的资本收入；一部分是生产经营管理过程中的劳动收入。从具体形式来看，私营企业主收入属于管理劳动者的收入的比例为36.7%；在资本收入中，私营企业主科技劳动收入的比例为34.7%，其次为风险收入为18.2%，超额利润收入为7.8%，资金利息收入为2.6%（见表4—19、图4—8）。

表4—19　　　　　　　私营企业主的收入形式　　　　　　（单位:%）

		频率	百分比	有效百分比	累积百分比
有效	管理劳动者的收入	165	36.7	36.7	36.7
	科技劳动收入	156	34.7	34.7	71.4
	风险收入	82	18.2	18.2	89.6
	超额利润收入	35	7.8	7.8	97.4
	资金利息收入	12	2.6	2.6	100.0
	合计	450	100.0	100.0	

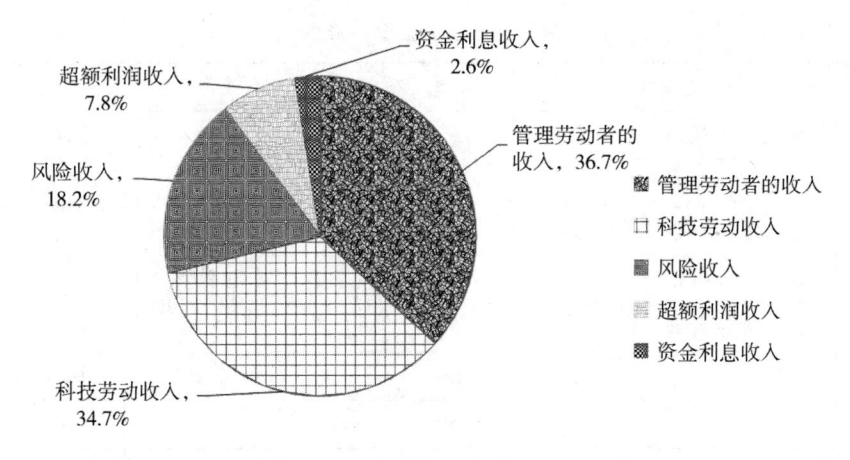

第四章 社会各阶层政治资源调查结果的实证分析　　135

图4—8　私营企业主收入形式

5. 私营企业主阶层的政治参与情况

(1) 参加过哪些政治活动

私营企业主是生产资料的占有者,这一阶层有着独特的经济地位和利益诉求,他们对政治权力的诉求更为强烈。他们一方面受益于私营经济发展的政策,渴望通过政治参与推动更多符合其利益发展的法律条款和制度创新。另一方面,他们又担心政策的持续性以及自身经济财富的安全问题,他们呼吁以保护私有财产权为核心的各种权利的保障。出于维护既得利益的心理,他们对国家的政策走向表示非常关心。根据调查,私营企业主村委会选举的比例为17%,少数私营企业主8.9%的参加过相关的政策咨询,参加过人大代表选举的比例为23%,36.3%的私营企业主参加过党团组织活动,只有3%的私营企业主表示几乎没有参加过正式的政治活动。

(2) 政治参与方式

调查表明,很多私营企业主对政治生活中的大事表现出较高的关注。私营企业主被选为全国县以上人大代表或政协委员有3.6%,通过参加民主党派的占6.4%,65.5%的私营企业主广泛加入协会组织和社会组织并积极参与活动,通过大众传媒参与政治的占14%。由此可以看出,大多数私营企业主往往喜欢通过联合起来,通过企业间之间建立的协会和行会组织表达利益诉求,各种协会和行会组织是私营企业家表达政治意愿、维护其经济政治利益的最重要渠道,人大、政协等民主渠道对于他们而言还不是主要的政治吸纳机制（见表4—20、图4—9）。

表 4—20　　　　　私营企业主政治参与形式　　　　　（单位：%）

私营企业主		频率	百分比	有效百分比	累积百分比
有效	担任人大代表、政协委员	16	3.6	3.6	3.6
	参加民主党派	29	6.4	6.4	10.0
	参加各种行会、社会组织	295	65.5	65.5	75.6
	利用大众传媒	63	14.0	14.0	89.6
	通过政策咨询	34	7.5	7.6	97.2
	其他	13	2.8	2.8	100.0
	合计	450	100.0	100.0	100.0

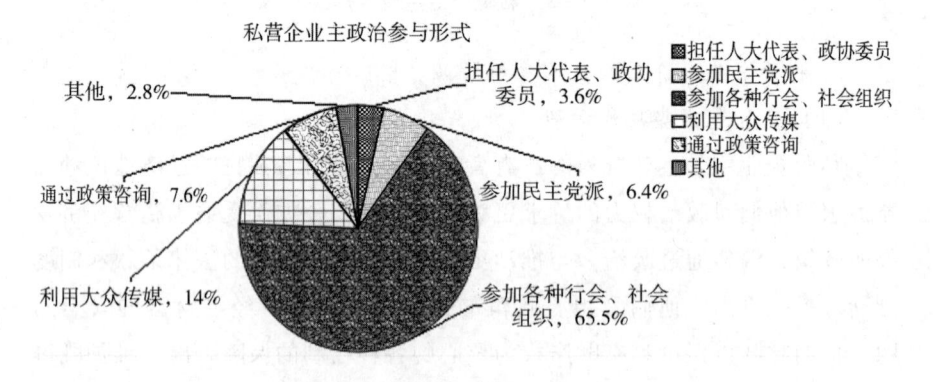

图 4—9　私营企业主政治参与形式

（3）权益受到侵犯时采取的方式

表 4—21　　　私营企业主权益受到侵犯时解决问题的方式　　　（单位：%）

社会阶层 \ 选项	通过法律途径	动用手中权力	找熟人	找行业协会社会组织	上访	新闻媒体	束手无策
私营企业主	33.6	11.2	45.6	55.6	24.7	11.6	12.5

从表 4—21 可以看出，私营企业主在权益受到侵犯时，主要依靠行业组织和熟人来解决问题。其次，33.6% 的私营企业主认为随着法制的不断完善，应采取法律途径维护权益，24.7% 的私营企业主通过上访，而通过新闻媒体进行呼吁和诉求的只占 11.6%，也有 12.5% 的私营企业主遇到权益受侵犯时表示束手无策，说明他们的利益诉求渠道仍然受到一定的

第四章 社会各阶层政治资源调查结果的实证分析

限制。

（4）政治参与途径和政治参与机会的满意度

经过调查，私营企业主对政治参与机会和政治参与途径的满意度分布见表4—22。

表4—22 　　　　　　私营企业主政治参与满意度　　　　　　（单位:%）

选项 社会阶层	非常满意	满意	一般	不满意	非常不满意
私营企业主	16.8%	15.6%	24.3%	20.7%	22.6%

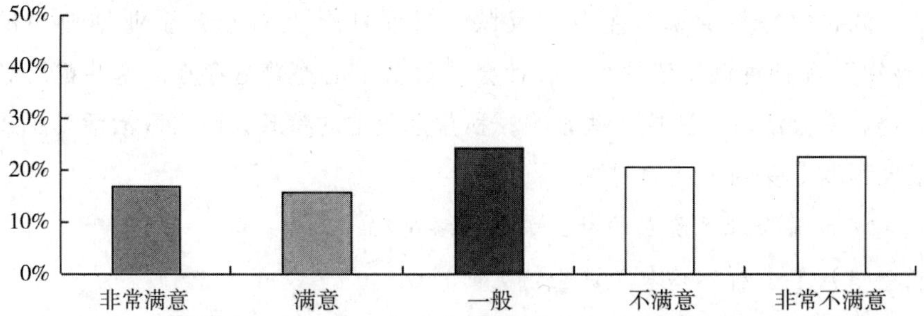

图4—10 私营企业主政治参与满意度

从图4—10可以看出，私营企业主对于当前的政治参与渠道和政治参与机会总体上还是不满意的，不满意（20.7%）和非常不满意（22.6%）几乎达到了1/2。一般来说，政治参与的效能感与调查阶层本身的期望值有关。随着私营企业主队伍的壮大，经济地位的不断提升，他们对政治参与表示出极大的热情和兴趣，而当前的政治参与渠道与他们的期望确实存在一定的距离，他们希望在经济地位不断上升的同时也不断提高政治地位。为了确保自身经济资源和经济利益，他们迫切需要寻找政治资源，希望把经济资源和经济财富通过制度转换成政治资源。而现实的政治参与条件与私营企业主的期望自然存在一定的距离，这在调查中能够反映出来。

（5）政治参与最大问题

在回答日常政治参与中遇到的最大问题时，32.6%的私营企业主认为政治参与的渠道不畅通或太狭窄，14.3%的私营企业主认为经济条件和时间是他们政治参与的最大制约，21.3%的私营企业主则对信息不充分表达了不满，还有 20.7% 的私营企业主认为政府不能及时反馈政治参与的相关信息，使政治参与没有获得应有的效果，而在参与技能上，有 10.1% 的私营企业主不具备一些政治参与技能（见表 4—23）。

表 4—23　　　　　私营企业主政治参与最大问题

选项 社会阶层	获取信息难度大	参与渠道不畅通或太狭窄	经济、时间条件不具备	不知如何参与	政府信息反馈力度不够	其他	有效样本
私营企业主	96	147	64	45	93	5	450
%	21.3	32.6	14.3	10.1	20.7	1.0	100

调查中，不少私营企业主反映，目前社会上对私营企业和业主的"歧视"和种种偏见依然存在，社会"仇富"心态普遍存在。这些都对私营企业主政治参与造成一些影响，私营企业主的参政议政等政治活动，还很大程度上受到一定的制约。

6. 私营企业主阶层的社会关系网络情况

（1）有效样本的单项调查情况

在调查的有效样本中，当问及您在"生活中遇到困难会找谁帮忙？"时，他们的选择是朋友（64.6%）、同行（54.8%）、亲戚（36.5%）、相关政府部门（20.6%）、协会和社会组织（39.2%），从选择来看，大多数私营企业主在生活遇到困难时，通常求助的对象主要是私人关系建立起来的一些资源，或者是私营企业主之间相互依赖性较强的行会、协会等组织。

（2）社会交往对象的调查情况

表 4—24　　　　　私营企业主社会交往对象　　　　（单位:%）

对象 社会阶层	公务员	教师	记者	国企干部	社会团体负责人	人大代表政协委员	律师
私营企业主	37.7	17	33	46	35	21	13

表 4—24 显示，私营企业主社会关系网的平均网络规模要大一些，其突破了血缘关系和地缘关系的束缚，以业缘关系为主要纽带的社会关系网络在私营企业主群体中发挥着很重要的作用，他们很有效的把三者结合到了一起，其社会关系网的趋异性强、趋同性低，社会关系网的成员具有高度的异质性。

7. 私营企业主阶层的社会地位情况

（1）私营企业主自我社会地位评价

表4—25　　私营企业主阶层的自我社会地位评价　　（单位:%)

社会地位等级＼社会阶层	上	中上	中	中下	下	不清楚/不回答	合计	自我评价得分平均值
私营企业主	6.0	28.2	53.1	1.6	8.1	3.0	100	3.13

注：自我评价得分计算办法：上层＝5分；中上层＝4分；中层＝3分；中下层＝2分；下层＝1分，不清楚不回答按照缺失不列入计算。

如表4—25所示，87.3%的私营企业主都认为自己属于中等及以上地位，认为自己属于上层的人并不多（6.0%），绝大多数人都把自己归类于中层（53.1%）和中上层（28.2%），但把自己归类为下层和中下层的人也很少（8.1%和1.6%）。大多数私营企业主认为自己虽然有一定的经济基础但政治地位还有待提高，所以在进行评价时普遍较为低调。尽管如此，私营企业主自我评价得分平均值为3.13，在五大阶层中排序第二。

（2）私营企业主职业声望社会评价

尽管私营企业主阶层具有一定的经济优势和强大的经济基础，但其职业声望得分并不高。调查结果显示，在分析的五大阶层中，私营企业主的职业声望得分为76.8分，在调查的五个社会阶层中排序第四。这说明社会其他成员对私营企业主阶层的认可度还不高。在进行职业声望评估时，收入和教育水平对职业声望影响很大，在中国，一定程度上教育对声望的影响甚至超过了收入。所以，私营企业主的职业声望得分不高可能与这个阶层教育水平普遍较低有关。

（四）农民工阶层

1. 农民工阶层的样本基本情况

对农民工的调查仍然采取问卷调查，同时考虑到农民工可能因为文化程度有限的情况，也辅助运用到了访谈式的调查方法。访谈式的调查方法不需要农民工动笔写字或阅读问卷，这样，能够帮助大部分农民工配合调查工作。同时，通过交谈的方式进行调查，使得整个调查过程气氛融洽。调查时，根据农民工外出务工流入城市的特点，共发放问卷477份。其中郑州市调查问卷348份，陕西19份，广东省75份，兰州35份。最后有效问卷426份。

在调查的426份有效问卷中，男性占到60.3%，有257人；女性169人，占比例为39.7%。在调查对象中，已婚人数占到51.2%，未婚为45.8%。农民工的年龄集中在26—45岁，占到31.9%。

2. 农民工阶层的教育背景

通过调查，农民工受教育程度参差不齐，其中学历在"小学及以下"的占到36.3%，"初中"和"高中或中专"的比例分别为41.3%和21.9%，"大专"的比例为0.5%，"本科及以上"基本为零。如图4—11所示。

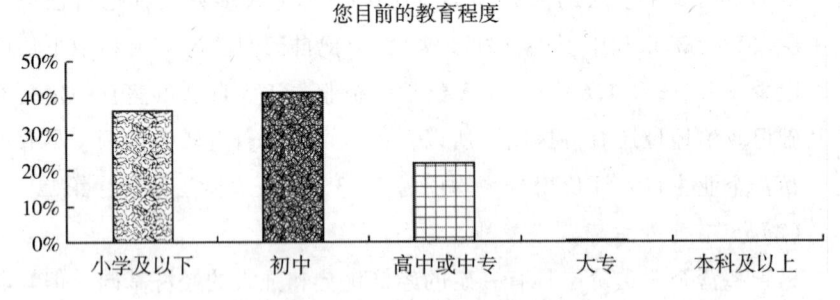

您目前的教育程度

图4—11　农民工教育背景

由此可知，当代农民工的学历集中在初中和高中或中专层次，他们的受教育程度都比较低，学历较低。

3. 农民工阶层的政治面貌情况

调查显示，农民工党员比例只占8.2%，大部分农民工为群众（见表4—26）。

表4—26　　　　农民工阶层的政治面貌情况　　　　（单位:%）

农民工	频数	百分比	有效百分比	累积百分比
中共党员	35	8.2	8.2	8.9
民主党派	0	0.00	0.0	0.0
群众	391	91.8	91.8	100.0
总计	426	100.0	100.0	

4. 农民工阶层的工作情况与收入情况

综合我们的访谈情况和问卷调查，农民工所从事的行业以服务业、建筑业、制造业居多。在月收入方面，从事服务业、制造业的收入较为稳定，而从事建筑业的农民工普遍反映收入不稳定，几乎都是在春节前要进行艰难的讨薪。因此，这部分农民工对月收入的回答是要把年收入进行一个转换，这里计算出的月收入是一个平均数。在调查的426个有效样本中，月收入在1000—2000元之间的比例为5.6%，在2001—3000元之间的比例为59.1%，月收入3001—4000元的比例为30.3%，月收入4001—5000元的比例为2.8%，其他高于5000元的比例为2.2%。从问卷调查的结果来看，农民工的月收入并不是很低，但存在不稳定和被欠薪的情况，他们所从事的工作劳动强度大，工作环境恶劣，除了收入之外，并无其他保障。

5. 农民工阶层的政治参与情况

（1）参加过的政治活动

政治参与是公民通过政治输入（要求和支持）来影响政治权力，进而谋求自身利益的维护和实现。农民工是当代中国规模庞大又具有尴尬地位的一个社会群体。在当前各种社会保障制度不健全的情况下，农民工面临很多问题的困扰。如工资偏低且时有被拖欠，劳动时间长，安全条件差，加班无加班费，没有各种社会保障，各种经济文化政治权益得不到保障；农村留守儿童抚养、感情问题、夫妻感情等问题比较突出。在这种社会背景下，原来对政治不感兴趣的农民工为了权益的保障和抗争，也希望通过政治参与这一方式来维护自己的合法权益。根据调查，农民工参加村委会选举的比例为28.9%，0.8%表示参加过相关的政策咨询，参加过人大代表选举的比例为5.7%，2.9%的农民工加入过党团组织活动。当然，仍有57.3%的农民工表示几乎没有参加过正式的政治活动。本来农民工与村委会选举应该联系紧密，但由于长年在外务工，返乡成本高，许多农民工放弃了户籍所在地村委会选举以及户籍所在地的组织活动，这在一定程度上影响了选举的比例。

（2）政治参与方式

在回答"您是通过哪种方式进行政治参与"的问题时，农民工的调查结果显示：农民工被选为全国县以上人大代表或政协委员有0.9%，20.2%的农民工通过加入社会组织并积极参与活动，通过大众传媒参与政治的占 9.2%，大多数（68.6%）农民工表示没有合适的形式进行政治参与（见表4—27、图4—12）。

表4—27　　　　　　　农民工政治参与的方式　　　　　　　（单位:%）

农民工		频率	百分比	有效百分比	累积百分比
有效	担任人大代表、政协委员	4	0.9	0.9	0.9
	参加民主党派	0	0.0	0.0	0.9
	参加各种行会、社会组织	86	20.2	20.2	21.3
	利用大众传媒	39	9.2	9.2	30.5
	通过政策咨询	4	0.9	0.9	31.4
	其他	293	68.6	68.6	100.0
	合计	426	100.0	100.0	

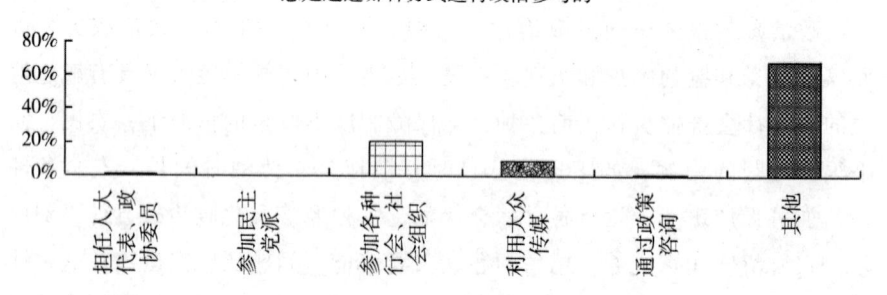

图4—12　农民工政治参与的方式

（3）权益受到侵犯时采取的方式

表4—28　　　　农民工权益受到侵犯时解决问题的方式　　　（单位:%）

社会阶层 \ 选项	通过法律途径	动用手中权力	找熟人	找行业协会社会组织	上访	新闻媒体	束手无策
农民工	19.8	0.0	36.7	12.9	54.3	14.8	32.8

从表4—28可以看出：农民工在权益受到侵犯时，主要依靠上访和熟人来解决问题。19.8%的农民工相信法律途径是能够解决权益问题的，通过新闻媒体进行呼吁和诉求的只占14.8%，也有约1/3的农民工遇到权益受侵犯时束手无策，说明1/3的他们缺少必要的保护资源。

(4) 政治参与途径和政治参与机会的满意度

经过调查，农民工对政治参与机会和政治参与途径的满意度分布见表4—29、图4—13。

表4—29　　　　　　　　农民工政治参与满意度　　　　　　（单位:%）

社会阶层 \ 选项	非常满意	满意	一般	不满意	非常不满意
农民工	9.1	15.2	22	26.4	27.3

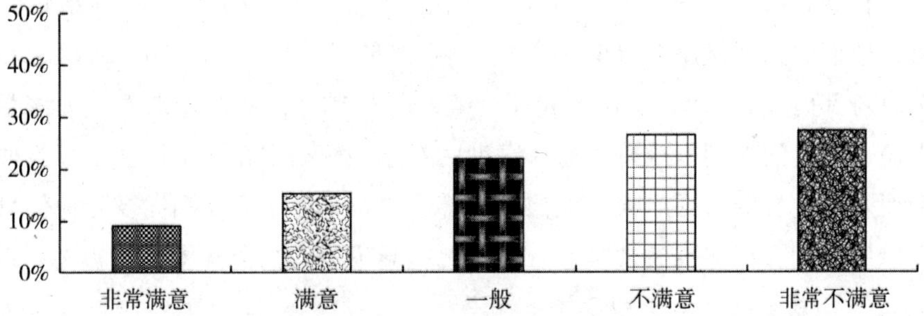

图4—13　农民工政治参与满意度

从上图可以看出，15.2%的农民工对当前的政治参与渠道和政治参与机会表示满意，9.1%表示非常满意，不满意（36.4%）和非常不满意（27.3%）的比例也相当高。实际上，农民工在政治参与上是保守的，农民工的政治参与的愿望并不十分非常强烈，他们主要关注的是温饱问题以及必要的劳动权利受到保护。在访谈中，相当一部分持不满意态度的农民工主要是对劳动权益解决不顺表示不满，提出了"有冤无处申"的问题。

(5) 政治参与最大问题

在回答日常政治参与中遇到的最大问题时，28.7%的农民工认为政治参与的渠道不畅通或太狭窄，36.6%的农民工认为经济条件和时间是他们政治参与的最大制约，13.4%的农民工则对信息不充分表达了不满，还有7.0%的农民工认为政府不能及时反馈政治参与的相关信息，使政治参与没有获得应有的效果，而在参与技能上，有11.3%的农民工表示不具备一些政治参与技能（见表4—30）。

表 4—30　　　　　　　　　农民工政治参与最大问题

社会阶层 \ 选项	获取信息难度大	参与渠道不畅通或太狭窄	经济、时间条件不具备	不知如何参与	政府信息反馈力度不够	其他	有效样本
农民工	57	165	113	48	30	13	426
%	13.4	28.7	36.6	11.3	7.0	3.0	100.0

6. 农民工阶层的社会关系网络情况

(1) 在校样本中单项调查情况

在调查的有效样本中，当问及您在"生活中遇到困难会找谁帮忙？"时，他们的选择是朋友（62.0%）、同行（57.9%）、亲戚（66.5%）、相关政府部门（10.2%）、协会和社会组织（3.2%），从选择来看，大多数农民工在生活遇到困难时，通常求助的对象仍然局限在乡土社会中，亲戚和朋友是主要的求助对象，他们的大部分支持来自于亲属和同乡，他们可以借助的社会群体也通常是和自身境况差异不大的社会群体。

(2) 社会交往对象的调查情况

调查显示如表 4—31 所示，农民工的社会关系网的平均网络规模小，他们和教师、公务员、律师、记者的交往频率较低，与社会团体负责人和人大代表、政协委员的交往更低。在访谈中，相当一部分农民工表示他们主要的交往对象并不在表格备选项之中，他们的交往网络仍然建立在初级关系上，仍然没有摆脱很强的乡土色彩。总体上看，农民工的社会关系网的趋同性强、异质性低，社会关系网的成员具有高度的同质性。

表 4—31　　　　　　农民工社会交往对象情况　　　　　　（单位:%）

社会阶层 \ 对象	公务员	教师	记者	国企干部	社会团体负责人	人大代表政协委员	律师
农民工	6.3	13	6	7	3	2	0.4

7. 农民工阶层的社会地位情况

(1) 农民工自我社会地位评价

调查显示，农民工把自己归类为下层和中下层的人很多（40.7%和35.8%），只有12.7%的农民工认为自己属于中等及以上地位，没有农民工认为自己处在社会上层。访谈中，许多农民工表示由于缺乏各种资源，认为自己没什么本事只能靠体力挣钱，所从事的工作大多很艰辛，所以，对于自己职业的社会功能评价普遍较低。也有些农民工（所谓的大工）认为自己靠着一点手艺和技术，一个月3000—4000元，自己觉得还不错，自我评价在中层，但这部分人所占比例很低（见表4—32）。

表4—32　　　　农民工社会阶层的自我社会地位评价　　　　（单位:%）

社会地位等级 社会阶层	上	中上	中	中下	下	不清楚/ 不回答	合计	自我评价得 分平均值
农民工	0.0	2.5	10.2	35.8	40.7	10.8	100	1.83

注：自我评价得分计算办法：上层=5分；中上层=4分；中层=3分；中下层=2分；下层=1分，不清楚不回答按照缺失不列入计算。

（2）农民工职业声望社会评价

在此次调查中发现，农民工的职业声望分数为49.31，社会成员对于农民工阶层的歧视还很严重，尽管农民工阶层内部也出现了较明显的职业分化，掌握技术和知识的农民工在不断增长，但农民工职业仍然受到一定的排斥，社会对其职业的声望评价仍处于下层，在五个社会阶层中排在最后一位。

（五）经理阶层

1. 经理阶层的样本基本情况

从经理人员的组成来看，其内部来源不同，等级不同，阶层成员之间存在一定的差异。基于调研的方便，我们这里经理人员的界定范围主要限于中层和基层经理人员，高层管理人员所占比例很小。

对经理人员的调查仍然以采取问卷调查的办法。调查时，根据经理人员分布的特点，共发放问卷500份，回收问卷482份。其中东部地区以广东省为代表，回收190份；中部地区以郑州市为代表，回收调查问卷192份；西部地区以陕西和兰州为主要代表，共回收问卷100份，其中陕西60份，兰州40份。最后有效问卷477份。

在调查的482份问卷中，男性占到65.2%；女性占到比例为34.8%。在调查对象中，已婚人数占到51.2%，未婚为45.8%。调查样本中，经理人员的年龄主要集中在35—55岁。

2. 经理阶层的教育背景情况

此次的调查发现，经理人员阶层中，学历在初中及以下的占 12.6%，高中学历或中专学历的占 24.7%，大学学历（大专和本科）的比例最高，为 52%，研究生及其以上学历的占到了 10.7%。总体来说，经理阶层的学历水平较高。尤其是三资企业的经理人员一般文化水平比较高，懂外语、会电脑，能较快地适应国内外环境，学历普遍较高。基层经理人员学历层次可能相对较低，主要集中在高中学历或中专学历。随着社会的发展，教育和学历在生产力中占的比例越来越高，即使是原先学历不高（初中）的部分管理人员，也采取在职的方式，都在给自己充电，在各个方面提升自己的能力（见表4—33）。

表 4—33　　　　　　　　经理阶层的受教育程度　　　　　　　（单位:%）

		频率	百分比	有效百分比	累积百分比
有效	硕士及以上	51	10.6	10.7	10.7
	本科	144	30.2	30.2	40.9
	大专	104	21.8	21.8	62.7
	中专（高中）	118	24.7	24.7	87.4
	初中	60	12.6	12.6	100.0
	合计	477	100.0	100.0	

3. 经理阶层的政治面貌情况

从表4—34可以看出，由于来源不同，经理人员政治面貌情况也具有一定的差异，由原来的国有和集体企业部转换而成的经理人员阶层的党员比例要明显高于其他两个部分，他们中很多人曾经担任过企业的党委书记等重要职务，私营企业和三资企业中的经理人员党员结构比例相对较低。随着企业普遍设立党组织和党支部，企业经理人员党员比例还会进一步提升。

4. 经理阶层的收入情况

据调查，经理阶层中工资收入在 3001—4000 元之间的比例为 7%，工资收入在 4001—5000 元之间的比例为 10.8%，5001—6000 元之间的比例为 16.4%，6001—7000 元之间的比例为 55.0%，7001 元以上的为 10.8%，当然，经理阶层普遍实行年薪制，上述工资收入是经过他们自己

第四章　社会各阶层政治资源调查结果的实证分析

初中，12.6%
中专（高中），24.7%
硕士及以上，10.7%
大专，21.8%
本科，30.2%

■ 硕士及以上
▨ 本科
▩ 大专
⊥ 中专（高中）
■ 初中

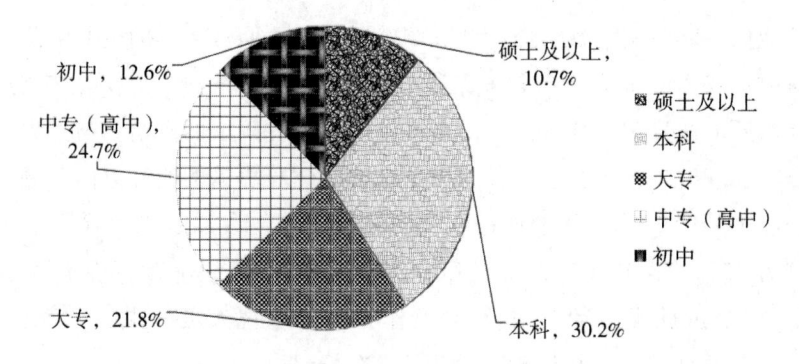

图 4—14　经理阶层受教育程度

转换后的选择。另外，经理阶层收入也存在很大差异：首先，部分国有企业经理由于国有企业亏损严重，企业包袱沉重，企业在经营过程中面临一定的困难和挑战，在激烈的市场竞争中处于劣势。在企业处于亏损和困难的情况下，国有企业的经理收入自然会受到一定的影响，其收入的稳定性难以保障，即使实行年薪制的经理其收入能否到位也要视企业的经营状况而定。问卷调查中，多数国有企业的中层经理觉得自己的收入与外资和私营企业相比偏低。而外资企业的经理人员收入较高，一般外企的中方总经理年薪在 30 万元以上，他们一般都有私家车，经济收入令人羡慕。其次，管理等级不同，也对收入选择有一定影响，基层管理人员收入相对偏低。最后，调查区域不同，也对调查结果有一定的影响，南部和中部外资企业较多，这些区域的经理人员收入高于西部地区。

表 4—34　　　　经理人员构成与政治面貌的交互情况　　　（单位：%）

经理阶层		单位性质			合计
		国企或集体企业	私营企业	三资企业	
政治面貌	中共党员	62.2	36.1	25.7	41.3
	民主党派	12.3	25.7	15.7	17.9
	群众	25.5	38.2	59.6	41.1
	合计	100.0	100.0	100.0	100.0

5. 经理阶层的政治参与情况

（1）参加过的政治活动

经理阶层虽然不拥有生产资料，但他们是生产资料的实际支配和管理者，他们有着丰富的社会阅历和开阔的眼界，他们从多年的企业管理经验中对政治权力的价值有着更深的感受，尤其在中国这样一个权力文化氛围甚为浓厚的国度里。作为社会的新兴阶层，经理阶层的政治参与意识较为强烈，喜欢讨论政治且主动性强，更有影响政府决策的明确意向。调查显示，经理阶层37.6%的参加过相关的政策咨询，参加过人大代表选举的比例为25.4%，48.6%的经理阶层参加过党团组织活动，没有人选择"从未参加过此类活动"。这说明，作为企业管理人员和主要经营精英，经理阶层的日常活动都与政治活动联系在一起。

（2）政治参与方式

在本次调查中，经理阶层人员政治参与方式的调查结果是：通过"担任人大代表、政协委员"的方式实现政治参与的比例为8.0%，通过政策咨询实现政治参与的占20.4%，通过"在工商联或其他团体担任职务"实现政治参与的比例最大，高达33.0%，通过"媒体宣传扩大影响"的方式实现政治参与的比例为21.4%，后三种方式是经理阶层最普遍的政治参与方式（见表4—35、图4—15）。

表4—35　　　　　　经理阶层的政治参与方式　　　　　　（单位:%）

	私营企业主	频率	百分比	有效百分比	累积百分比
有效	担任人大代表、政协委员	38	8.0	8.0	8.0
	参加民主党派	63	13.2	13.2	10.0
	参加各种行会、社会组织	157	33.0	33.0	75.6
	利用大众传媒	103	21.4	21.4	89.6
	通过政策咨询	97	20.4	20.4	97.2
	其他	19	4.0	4.0	100.0
	合计	477	100.0	100.0	100.0

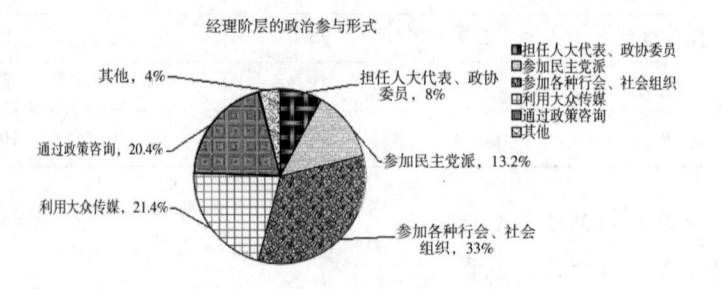

图4—15　经理阶层的政治参与方式

第四章 社会各阶层政治资源调查结果的实证分析

(3) 权益受到侵犯时采取的方式

从表4—36可以看出，经理在权益受到侵犯时，主要依靠行业组织、法律途径和熟人来解决问题。经理阶层普遍依靠组织和法制的途径来解决问题，他们具有丰富的社会组织和一定的正式利益诉求渠道。

表4—36　　　　经理基层权益受到侵犯时解决问题的方式　　　　（单位:%）

社会阶层\选项	通过法律途径	动用手中权力	找熟人	找行业协会社会组织	上访	新闻媒体	束手无策
经理	42.5	13.0	35.4	46.9	24.2	16.5	3.9

(4) 政治参与途径和政治参与机会的满意度

经过调查，经理对政治参与机会和政治参与途径的满意度，如表4—37所示。

表4—37　　　　　　经理阶层政治参与满意度　　　　　　（单位:%）

社会阶层\选项	非常满意	满意	一般	不满意	非常不满意
经理	27.2	34.5	17.8	10.2	6.2

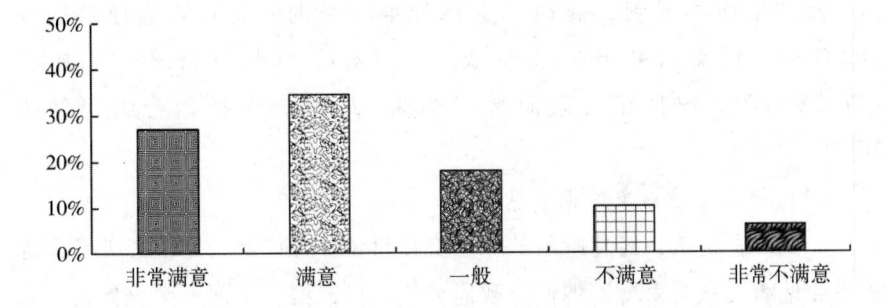

图4—16　经理阶层政治参与满意度

从图4—16可以看出，经理阶层对于当前的政治参与途径和政治参与机会持满意态度为多数，这与他们能够较为广泛地参与政治、在经济发展和地方社会建设中充分发挥一定的作用有很大的关系。

（5）政治参与最大问题

在回答日常政治参与中遇到的最大问题时，24.7%的经理人员表示政治参与的信息不够充分，16.3%的经理人员认为政治参与的渠道不畅通或太狭窄，12.2%的经理认为时间和经济条件是他们政治参与的最大制约，比例最高（28.8%）的是对政治参与的效果不满意，认为政府信息反馈力度不够（见表4—38）。

表4—38　　　　　经理阶层政治参与最大问题

社会阶层 \ 选项	获取信息难度大	参与渠道不畅通或太狭窄	经济、时间条件不具备	不知如何参与	政府信息反馈力度不够	其他	有效样本
经理	117	78	58	38	138	48	477
%	24.7	16.3	12.2	8.0	28.8	10.0	100

6. 经理阶层的社会关系网络情况

（1）有效样本中单项调查情况

在调查的有效样本中，当问及您在"生活中遇到困难会找谁帮忙？"时，经理阶层的社会关系网络与私营企业主的社会关系网络有类似之处。当问及"生活中遇到难题时"会选择谁的帮助，他们的选择是朋友（62.0%）、同事（45.6%）、亲戚（23.3%）、邻居（11.8%）、单位（57.8%）等。选择相关政府部门的为12.6%，选择社会组织的为26.7%。

（2）社会交往对象的调查情况

调查显示，经理阶层的社会交往对象非常广泛，完全突破了血缘关系和地缘关系的束缚，他们与政府公职人员、国企干部、文化界人士都有一定的交往，其社会关系网趋异性强，趋同性低，社会关系网络成员具有一定的异质性（见表4—39）。

表4—39　　　　　经理阶层的社会交往对象　　　　　（单位:%）

对象 社会阶层	公务员	教师	记者	国企干部	社会团体负责人	人大代表政协委员	律师
经理	35.8	21	23	51	22	13	15.7

7. 经理阶层的社会地位情况

（1）经理阶层自我社会地位评价

调查显示，经理人员普遍认为自己在社会阶层中属于中层或中层以上，把自己归类为下层和中下层的人很少，高层经理人员自我评价要好于基层经理人员（见表4—40）。

表4—40　　　　　社会阶层的自我社会地位评价　　　　　（单位:%）

社会地位等级 社会阶层	上	中上	中	中下	下	不清楚/不回答	合计	自我评价得分平均值
经理	6.9	29.7	45.9	13.6	2.7	1.2	100	3.03

注：自我评价得分计算办法：上层＝5分；中上层＝4分；中层＝3分；中下层＝2分；下层＝1分，不清楚不回答按照缺失不列入计算。

（2）经理阶层的职业声望情况

在职业声望得分上，经理人员的得分略高于私营企业主。调查结果显示，在分析的五大阶层中，经理人员的职业声望得分为81.4分，在调查的五个社会阶层中排序第三。从一般意义上讲，虽然私营企业主比经理阶层相比在经济财富的占有上略占优势，但私营企业主阶层的文化水平在一定程度上削弱了其职业声望的社会得分。同时，在调查中，我们通过与经理人员的交流，大多数经理人对自己的职业还是比较满意的。

三　五个阶层比较分析

最后，我们可以从教育、经济收入、政治参与、社会地位等几个方面，对五个社会阶层资源拥有情况进行一个简要的比较分析。

（一）社会阶层教育情况比较

从教育情况来看，在大专以上学历比例中，知识分子和公务员所占比例最高，分别为93.1%和89.6%，农民工和私营企业主的学历背景层次较低，分别为18%和0.5%（见图4—17）。

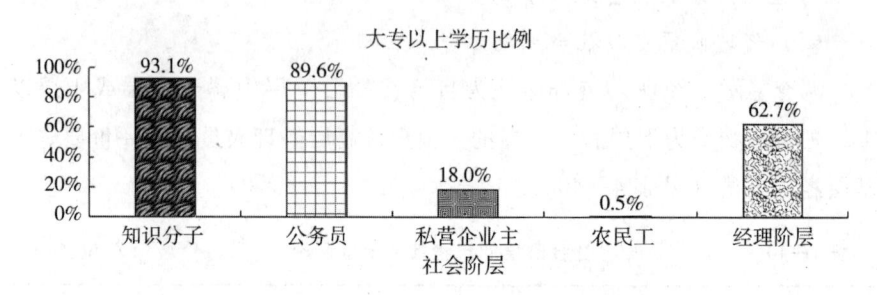

图4—17 社会阶层学历情况比较

（二）社会阶层经济地位比较

从经济收入来看，月收入在4000元以上的社会阶层中，私营企业主和经理阶层所占比例最高，分别为94%和93%，农民工所占比例最低，仅有5%的比例（见图4—18）。

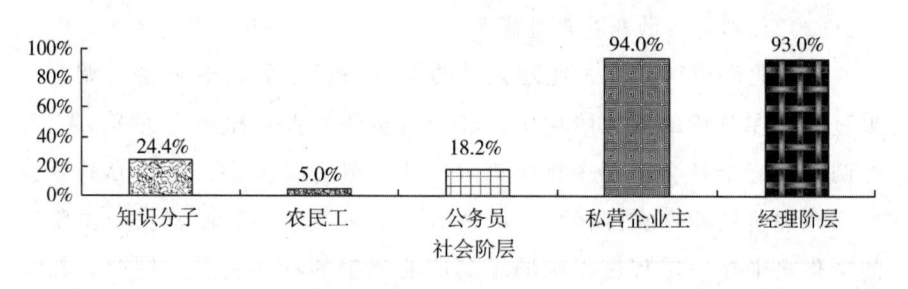

图4—18

（三）政治参与形式高低排序

从参与形式来看，公务员和知识分子阶层往往通过担任人大代表、政协委员；私营企业主和经理阶层往往通过行业协会组织参与政治，总体上，公务员、知识分子、经理阶层的政治影响力要高于私营企业主和农民工阶层，政治参与形式的单薄反映出农民工的政治参与渠道是很狭窄的。

（见表 4—41）。

表 4—41　　　　　　　政治参与形式高低排序

通过人大代表、政协委员	公务员（26%）、知识分子（15.5%） 经理（8%）、私营企业主（3.6%）、农民工（0.9%）
参加民主党派	经理（3.2%）、公务员（7.0%） 私营企业主（6.4%）、知识分子（5.5%）、农民工（0%）
利用大众传媒	知识分子（30.8%）、经理（21.4%） 私营企业主（14%）、公务员（13%）、农民工（9.2%）
参加行业协会社会组织	私营企业主（65.5%）、经理（33%） 知识分子（24.5%）、公务员（20.2%）、农民工（11.6%）
政策咨询	公务员（38.4%）、经理（20.4%） 知识分子（16.8%）、私营企业主（7.5%）、农民工（0.9%）

（四）权益受到侵犯时解决方式排序

从五个社会阶层权益受到侵犯解决方式来看，找熟人和通过社会组织在五个社会阶层中都是主要的解决问题的途径，除农民工之外，通过法律途径来解决问题是知识分子等四个阶层保障自身权益的主要途径。除此之外，知识分子阶层子倾向于利用自身掌握的知识资源和媒体资源，寻求通过新闻媒体解决问题，公务员动用手中权力解决问题。而五个社会阶层都有一定比例的成员反映当权益受到侵犯时存在过束手无策的情况。这说明，在较为完善健全的利益协调解决机制缺失的情况下，当代中国社会各阶层往往根据自身资源拥有情况，采取制度化和非制度化的方式进行维权（见表 4—42）。

表 4—42　　　　　　权益受到侵犯时解决方式排序

通过法律途径	知识分子（52.7%）、公务员（45.6%） 经理（42.5%）、私营企业主（33.6%）、农民工（19.8%）
动用手中权力	公务员（27.8%）、经理（13%） 私营企业主（11.2%）、知识分子（9.8%）、农民工（0%）

续表

找熟人	私营企业主（45.6%）、公务员（44.7%） 农民工（36.7%）、经理（35.4%）、知识分子（33.6%）
找行会社会组织	私营企业主（55.6%）、经理（46.9%） 知识分子（31.6%）、农民工（12.9%）、公务员（12.6%）
新闻媒体	知识分子（34.2%）、公务员（33.7%） 经理（16.5%）、私营企业主（11.6%）、农民工（10.8%）
束手无策	农民工（32.8%）、知识分子（17.7%） 私营企业主（12.5%）、公务员（12.5%）、经理（3.9%）

（五）政治参与最大问题排序

从社会阶层反映出的政治参与问题来看，私营企业主和知识分子阶层抱怨参与渠道过于狭窄，公务员和农民工阶层则认为经济、时间条件不具备，经理阶层则认为政府反馈信息不够，政治参与的效果难以体现出来（见表4—43）。

表4—43 政治参与最大问题排序

问题 社会阶层	获取信息难度大	参与渠道不畅通或太狭窄	经济、时间条件不具备	不知如何参与	政府信息反馈力度不够	其他
知识分子		第一				
公务员			第一			
私营企业主		第一				
农民工			第一			
经理					第一	

（六）参与满意度排序

从政治参与的效能感来看，政治参与效能感最高的是公务员（31.6%），其次是经理（27.2%）；政治参与效能感最低的是农民工（27.3%），其次是私营企业主（22.6%）（见图4—19）。

非常满意

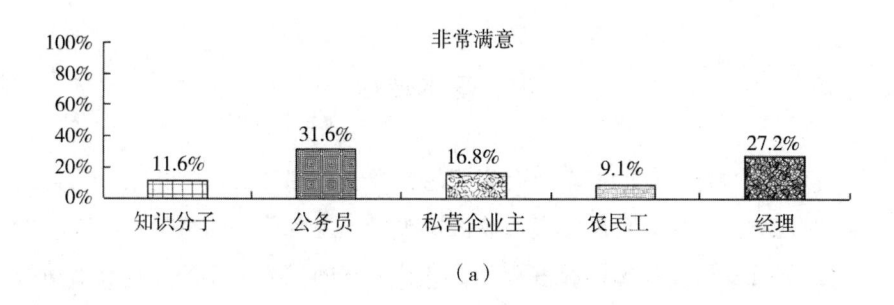

	知识分子	公务员	私营企业主	农民工	经理
	11.6%	31.6%	16.8%	9.1%	27.2%

（a）

非常不满意

	知识分子	公务员	私营企业主	农民工	经理
	11.8%	6.2%	22.6%	27.3%	6.2%

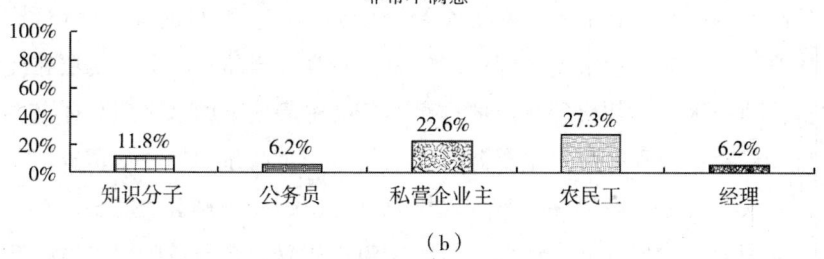

（b）

图 4—19

（七）7 项主要资源拥有情况高低排序

通过五个阶层 7 项资源的排序可以看出，7 项资源分布是不平衡的，私营企业主和经理阶层具有雄厚的经济基础，直接反映在社会财富占有上。在权力的占有上，公务员和经理具有一定的优势，在教育资源的排序上，知识分子排在第一位，在社会声望排序和职业声望一致，公务员的社会地位和职业声望最高。在 7 项资源排序中，农民工各项资源排序最低（见表 4—44）。

表 4—44　　　　　　　　7 项主要资源拥有情况高低排序

财富	私营企业主、经理、知识分子、公务员、农民工
社会地位	公务员、知识分子、经理、私营企业主、农民工
权力	公务员、经理、知识分子、私营企业主、农民工
教育	知识分子、公务员、经理、私营企业主、农民工
职业声望	公务员、知识分子、经理、私营企业主、农民工
消费水平	私营企业主、经理、公务员、知识分子、农民工
住房	私营企业主、经理、知识分子、公务员、农民工

四 基本结论

通过我们对调查的五个社会阶层的问卷调查和相关数据比较，我们可以对调查的五个社会阶层拥有的政治资源情况进行简要的概括：

公务员阶层在权力资源占有上，具有天然的优势，无论是在政治面貌还是政治参与的途径上，公务员相对来说都具有优势，其政治参与的效能感最高。同时，调查显示，在五个社会阶层中，公务员的社会地位最高，公务员职业的认同度最高，职业声望得分最高。当然，公务员阶层在经济财富、消费水平、住房等资源的排序上处在中等偏下的水平，总体上，公务员阶层在权力和社会声望资源拥有上具有一定的累积性。从调查情况来看，一般的公务员阶层并没有实现权力、声望、经济财富的完全占有。

知识分子阶层的社会地位和职业声望排序仅在公务员阶层之后，知识分子不直接掌握公共权力，其政治参与的效能感一般。知识分子的经济财富处在中等水平，但知识分子掌握的教育资源在五个社会阶层中是最多的。通过调查，我们自然可以看出，在三种主要的资源占有中，知识分子阶层只是在社会声望上具有一定的优势，而这种优势更多地与中国社会文化传统有关。

私营企业主阶层是五个社会阶层中最富裕的社会阶层，主要体现在这个阶层对经济财富资源的占有和支配上，这种富有的一个直接体现就是，无论是在消费水平和住房上，私营企业主都是五个主要社会阶层中排序最前者。但在社会地位、权力以及职业声望资源的拥有上，私营企业主的排名显得"相形见绌"，在政治参与的效能感上相对较低。当然，私营企业主是一个还正在发展壮大的社会阶层，其经济财富与社会地位、政治身份的不一致性将会逐步得到改善。

经理阶层是五个社会阶层中较为富裕的社会阶层。在经济财富上，经理阶层仅仅排在私营企业主阶层之后，但在权力、社会地位、职业声望排序中，经理阶层又高于私营企业主阶层，其政治参与效能感仅低于公务员阶层，在三种主要的资源中，经理阶层对三种资源的拥有相对较为均衡。

农民工阶层是五个社会阶层中资源最贫乏者。综合五个社会阶层资源的排序，农民工阶层在主要的三种资源占有中都是处于劣势，其政治参与的效能感最低，资源的缺乏使农民工的政治参与渠道较为狭窄，调查问卷基本上反映出农民工政治资源匮乏的实际情况。

第五章　当前中国社会阶层关系与政治资源配置之内在机理

一　阶层关系的内涵及基本内容

阶层关系是社会关系的一种基本形态，是由于社会资源在不同的社会群体中的分配关系或配置方式的差异所造成的一种纵向性差异关系。[①] 因此，阶层关系体现的是社会阶层之间由于资源占有的不同而形成的相互关系，阶层关系的形成以资源配置为基础，社会阶层的差异基本上由其拥有的资源尤其是政治资源所决定。

阶层关系的实质是利益关系。利益关系是阶层关系中最主要的内容。利益关系主要是指不同利益主体之间的利益的社会联系，而阶级阶层之间的利益关系是一种集团性的利益关系，而不是一种个体性的利益关系。[②] 首先，从利益主体来看，依据占有资源的不同，社会各阶层也就形成了不同的利益群体。利益的产生是基于人们的客观需要，在社会阶层关系中，各个社会阶层的客观需要是利益关系的出发点，而社会阶层的客观需要往往集中在对社会资源、政治资源的汲取和占有上。因此，依据资源占有的不同，社会阶层往往是基于共同利益而形成的社会群体。在群体内部，阶层成员存在着共同利益，共同利益是阶层成员采取共同行为方式形成相似价值观的凝结剂。其次，从利益关系的内容来看，经济利益是核心。马克思主义认为，阶级关系是建立在经济利益基础上的，资本家与工人之间的

[①] 郑杭生：《社会学概论新修》（第三版），中国人民大学出版社2003年版，第241页。

[②] 王春光：《统合：透视当代中国社会阶级阶层关系的新框架》（上），《河北学刊》，2010年第2期。

冲突本质上是基于经济利益的冲突。恩格斯认为,"一切社会变迁和政治变革的终极原因,不应当到人们的头脑中,到人们对永恒的真理和正义的日益增进的认识中去寻找,而应当到生产方式和交换方式的变更中去寻找;不应当到有关时代的哲学中去寻找,而应到有关时代的经济中去寻找"。① 从这个意义上讲,利益关系的载体主要是经济财富,经济财富是利益关系的核心和基础。当然,利益关系还包括政治利益,例如,社会阶层之间围绕着政治权力的博弈而形成的对抗、对立乃至统治与被统治的关系。最后,从利益关系的影响来看,社会阶层利益关系往往会形成各个阶层在资源配置上产生的对立、竞争、互利等关系。王春光认为,从大的方面划分,社会阶层之间的利益关系存在三类大的利益关系:一类是马克思所言的剥削与被剥削关系、剥夺与被剥夺关系等零和、对立关系;另一类是竞争关系,如通过市场机制等方式去获取相应的利益;还有一类是合作互利关系,包括利益一致、互利双赢、共谋、交换等利益关系。② 也就是说,社会阶层之间既存在利益的一致性,也存在利益的差异性。就利益关系的构成而言,它有着共同利益和不同利益及其矛盾两方面的内容。③ 利益关系的一致性是社会阶层之间形成合作、互利以及和谐的主要基础,而利益关系的差异性往往是社会阶层竞争、对立、冲突的根源。

　　阶层关系还包括支配关系。支配关系建立的基础是权力。权力是维护一定社会主体利益的社会强制力量。政治权力作为一种政治资源,具有强制性。政治权力可以在无须事先征得他人同意的前提下,要求他人服从自己的意志。并且政治权力也具有不对称性。即权力关系中的双方存在着力量的不对等,从而一方形成对另一方的权力制约关系,这样,权力指令发出者与权力指令接受者之间存在一定的支配与被支配关系。权力力量的大小和权力主体拥有的资源质量有关,由于社会阶层之间占有政治资源的不同,不同社会阶层之间由政治资源转化的政治权力、政治影响力必然不同,社会阶层之间权力关系就存在着不均衡,权力、权势较大的社会阶层必然对弱势的社会阶层形成一定的支配性。这样的支配关系有多种表现形

---

① 《马克思恩格斯选集》第 3 卷,人民出版社 1995 年版,第 741 页。
② 王春光:《统合:透视当代中国社会阶级阶层关系的新框架》(上),《河北学刊》,2010年第 2 期。
③ 王浦劬:《政治学基础》,北京大学出版社 2006 年第 2 版,第 62 页。

式，社会学者王春光把支配关系分为三种：庇护、压制以及反抗。① 当然，社会阶层之间的支配关系是动态发展变化的，由于政治资源配置格局的变化，自然会影响到社会阶层政治资源占有状况，社会阶层之间拥有权力的比例发生变化，建立在权力基础上的支配关系也就会发生变化。

身份关系也是阶层关系的一个重要内容。身份关系指因社会地位不同而产生的等级性声望关系，包括社会评价、社会炫耀、社会歧视、社会排斥等关系。与利益关系和支配关系不同的是，对身份关系的界定比较复杂，往往具有很强的主观性和感情色彩。一个人的身份地位取决于自我评价和他人评价的结合，社会学者往往把一个人的自我评价与他人评价结合起来衡量其身份地位。身份关系建立的基础是社会声望。由于社会声望不同，社会阶层所取得的社会地位、获得其他社会阶层的认同也不同。在日常生活中，身份地位相同的社会阶层、社会群体很容易相处，所以有"物以类聚、人以群分"的说法，而不同身份地位的人或者社会群体往往容易形成冲突。社会阶层的身份互动表现在社会生活的多个方面，例如，就业、婚姻、居住区域等。客观上，社会阶层之间进行交往时，往往会考虑对方的身份地位。在中国传统社会中，士农工商的身份格局使士人（知识分子）的社会地位最高，而商人的社会地位较低，人们往往用道德的标签衡量商人，认为"无奸不商"。商人为了改善与提升自己的身份地位，往往以"儒商"或"官商"的形式来谋取其他社会阶层的认同。在现代社会中，虽然衡量社会阶层的标准发生了变化，但是阶层的身份地位仍是影响社会阶层交往的重要因素。

当前，中国目前的阶级阶层关系自然包含着利益关系、支配关系和身份关系。但是，这三种关系的比重在不同的情况下是不一样的，表现的方式也很不同；利益博弈成为当前中国阶层关系的主要表现方式，权力成为形塑当代中国社会阶级阶层关系运行的主要机制，而身份地位成为当代中

---

① 所谓庇护关系，是指弱势阶级阶层通过承认对强势阶级阶层的服从而获得后者的保护；压制关系指强势阶级阶层通过合法的或非法的手段强制地要求其他阶级阶层服从，如果有不服从者，强势阶级阶层可以通过各种手段来予以惩罚，以达成对他们的控制；而对抗关系一般是指弱势阶级阶层对强势阶级阶层的支配地位不满而采取不合作、斗争、冲突等方式，企图迫使强势阶级阶层让步、妥协，甚至交出权力等目的。具体参见王春光：《统合：透视当代中国社会阶级阶层关系的新框架》（上），《河北学刊》，2010年第2期。

国阶级阶层关系建构的核心价值追求。① 其中,利益关系无疑是阶层关系的核心,甚至在一定程度上决定支配关系和身份关系,每个阶层在与其他阶级的互动中首先考虑到的是利益关系。不仅如此,利益关系还渗透到支配关系和身份关系之中。即使是支配关系和身份关系,也都为了一定的阶级利益而发生的。但是,强调利益关系首要性,并不意味着利益关系就一定决定了支配关系和身份关系,利益关系就可以取代支配关系和身份关系,实际上,它们之间不是直线式因果链关系,而是有着独自的运行机制和表现形式。利益关系的载体是物质利益,而支配关系的载体是权力,身份关系的载体是声望。这三个领域有着不同的运行机制和表现形式,由此从多层次上塑造了阶级阶层关系。②

二 当前中国社会阶层关系的变化与特点

(一) 当前中国社会阶层关系的变化

改革开放以来,中国社会阶级阶层结构发生了深刻的变化,这种变化主要表现在:

第一,原先的"两个阶级一个阶层"的社会结构已经发生了改变,一些新的社会阶层逐渐形成,阶层主体趋于多元化。随着社会主义市场经济的发展和国有企业改革的推进,传统的两大阶级——工人阶级和农民阶级开始出现社会分化。首先,中国社会阶层的分化最早从农民开始,随着城市化进程的加快、多种所有制经济的发展,农村剩余劳动力开始向第二、第三产业转移,从农民队伍里逐渐分化出拥有一定资金,独立经营、自负盈亏的个体工商户;拥有一定财产、雇工经营的私营企业主以及一个庞大的进城务工的农村劳动力阶层——农民工群体。其次,随着20世纪80年代涌动的"下海"商潮以及20世纪90年代国有企业改革,传统的工人阶级队伍出现了较大的变化,从工人阶级队伍里逐渐分化形成了企业管理者、专业技术人员以及普通的工人三大群体。在市场经济条件下,随

---

① 王春光:《当前中国社会阶级阶层关系的变化与特点》,《河北学刊》,2010年第7期。
② 王春光:《统合:透视当代中国社会阶级阶层关系的新框架》(上),《河北学刊》,2010年第2期。

着劳动制度的改革，工人阶级的"铁饭碗"被彻底打破，工人的劳动关系也发生根本性变化。最后，新的社会阶层逐渐形成，新的社会阶层大多是从基本的社会阶层中剥离出来的社会集团。在新的社会阶层中，最突出的是个体工商户、私营企业主以及农民工群体。在这个过程中，新的社会阶层渐渐地对他们的地位有了更多的认识，社会各阶层之间的生活方式、价值观念、利益诉求的差异日益明晰化。这些迹象表明，随着我国经济社会的变迁，新的社会阶层结构已经出现，我国社会阶层出现了多元化的趋势。与1978年以前的阶层结构相比，新的社会结构在基本成分、结构形态、关系类型等方面都发生了深刻的变化。

第二，阶层地位出现变化，社会阶层结构之间的张力有所增加。有学者认为，改革前的中国社会分层模式是一种同心圆结构。[①] 在这个同心圆结构中，干部处在圆心位置，他们在计划经济时代掌控着几乎所有社会资源的分配权。按照与圆心距离的远近，其他社会阶层的排列依次为知识分子、工人、农民。知识分子与圆心的距离较近，他们虽然在政治上处于经常被改造的地位，但在经济收入和社会生活方面的位置仍然高于其他阶层。工人阶层处在第三圈的位置，他们是宪法规定的领导阶级，具有一定的政治地位，是国家和企业的主人。在改革以前，他们的社会福利待遇基本上能够得到保障，不过他们从事的工作主要是体力劳动。当然，处于最外层的是农民阶层。在这种模式下，城乡二元分割体制、户籍制度严格限制了社会的流动，使得阶层关系维持着一种表面的稳定。中国社会转型与体制转轨同时并进，所有制结构、经济成分、分配方式的深刻变化逐渐打破了原有的较为平衡的利益格局，由于城市化的推进，城市与农村这两个相互隔绝、几乎很难进行社会流动的板块被打通，20世纪90年代的民工潮使城乡之间的社会成员开始出现初步流动。由于原有的维持阶层稳定的体制的松动，社会资源的流动、新的社会阶层的出现，原有的均衡的社会阶层关系出现动态变化。在总体经济状况不断趋好的情况下，一些社会阶层的利益受损，而一些阶层在改革开放过程中受益，社会群体的中心与边缘位置发生了变化。一些原来的社会边缘群体受改革开放初期的政策效应

---

① 郑杭生、刘精明：《转型加速期城市社会分层结构的变迁》，《社会学研究》，2004年第2期。

逐渐活跃起来，他们通过下海经商迅速在经济上成长起来，成为社会新富阶层，凭借经济优势跻身于社会中上层，改变了原来的边缘处境，而一些原来的社会中心群体在改革过程中随着经济状况的下降不断被边缘化，社会阶层地位的变化是强势阶层与弱势阶层的出现，社会阶层之间的差距有所扩大，原来较为均衡的社会阶层结构不复存在。按照陆学艺的观察和研究，一个现代化的阶层结构已经在中国形成，但这个社会阶层结构还只是一个雏形，还不是一个公平、开放、合理的现代社会阶层结构，与社会主义现代化进程还不相适应，存在引发社会危机的结构性因素。[①] 也就是说，社会阶层结构之间存在张力，这样的社会结构与中国经济的可持续发展还存在不匹配性，一个本应扩大的社会中间阶层没有扩大起来，而大量农业群体人数减少的速度还不符合现代化的预期。

第三，阶层分化仍在继续。新的社会阶层分化机制逐渐取代过去的以政治身份、户口身份和行政身份为依据的分化机制[②]，影响社会分层的要素逐渐多元化和复杂化，在经济、政治、文化、社会等体制改革不断深入的过程中，各种因素对社会阶层分化都在产生一定的影响，社会阶层内部结构还不稳定，新的社会阶层仍会产生，现有的各个社会群体之间还可能重新分化、组合，现阶段中国社会阶层分化还会持续下去。

当前，社会阶层结构的变迁对中国社会阶层关系产生了深刻影响，这种变化我们可以从社会阶层之间的利益关系、支配关系和身份关系三个层面进行透视。

1. 社会阶层利益关系的变化

当前，中国社会阶层关系的最大变化是以利益关系取代了过去的政治关系。改革开放之前，中国的阶级阶层结构比较简单，社会分层具有浓厚的政治色彩。改革开放之后，大量的政治资源不断向社会释放，社会阶层获取各种资源的基础得以形成，原先比较简单的政治关系逐渐被较为复杂的利益关系所取代，社会阶层之间的互动、交往更多地以利益的形式表现出来。

---

① 陆学艺:《当代中国社会阶层研究报告》，社会科学文献出版社2002年版，第69页。
② 龚维斌:《中国社会结构变迁及其风险》，《国家行政学院学报》，2010年第5期。

(1) 首先，由于共同利益的存在，社会阶层之间形成新的利益合作。共同利益往往意味着社会群体或社会阶层之间存在着利益的相同之处，利益主体存在着利益内容的相同性，共同利益的存在使阶层之间的合作成为可能。在改革开放之前的阶级阶层结构，并不是不存在阶层之间的合作关系，而是那个时期的阶级的合作更像是一种政治联盟，作为"人民"群体的社会阶级阶层的合作主要体现在政治上。改革开放之后，由于经济体制的调整，非公有制经济得到发展，原来的经济结构发生了很大的变化，一些新的阶层涌现，他们在经济发展过程中共同利益的存在使这些社会阶层形成了一种合作关系。这种合作关系主要体现在：

第一，私营企业主和农民工的经济合作关系。如何看待当前的私营企业主和农民工之间的关系？相当多的学者认为，改革开放之后，随着私有经济的复活，过去被认为并不存在的资本与劳动之间的雇佣劳资重新出现，私营企业主与农民工之间是一种雇佣与被雇佣、剥削与被剥削关系。上述对私营企业主与农民工之间关系的界定有合理之处，但我们也应看到，私营企业主和农民工都是新兴社会阶层。私营企业主和农民工的关系更多的是一种劳资关系，劳资关系本质上是一种经济利益关系，这种关系天然存在着对立和矛盾，资方追求利润最大化，劳动者追求工资福利最大化，但同时劳资双方也存在利益一致性，因为社会财富的创造、社会经济的增长又必须依赖资本与劳动两个基本要素的结合。所以，劳资关系往往具有利益对立性与利益一致性两个方面，在不同的条件下，如果利益一致性为主，劳资关系会向合作型发展。虽然，私营企业主和农民工也会有冲突，冲突的核心是薪资，但农民工和私营企业主都希望通过合作寻求双方最大利益，私营企业主希望借助廉价的劳动力最大限度地获取利润，而农民工希望通过农闲时的打工来获得一定的收入，这也是私营企业主和农民工雇佣关系形成的前提。私营企业主拥有资本，农民工拥有劳动力，资本和劳动力以私营企业发展的形式获得了合作，这是双方利益一致性的体现。

第二，政府官员和私营企业主的合作。地方政府官员为了个人政绩和地方经济发展，在很长一段时间内频频与拥有资本的老板、私营企业主合作，通过出台一系列招商引资的优惠政策，吸引私营企业主投资。尤其是1994年国家税收体制改革后，分税体制促使地方政府官员加快与辖区内私营企业主的合作，政商合作成为普遍的地方政府行为模式。另一方面，私营企业主为了扩大个人经济规模，进一步获得利益，也致力于与政府官员打交道。尤其是一些靠权力发财的私营企业主，更注重与政府官员的合作。纵观近年来查处的地方政府官员腐败案件，几乎每个落马官员的背后都有私营企业主的身影，也几乎每个落马官员都接受过私企业主的"银弹"攻击，私营企业主是向官员行贿的主力军。改革开放30多年，中国私营企业得到长足发展，私营企业家在经营企业的过程中逐渐形成了自己的"政治经济学情结"，那就是，跟政治靠近就能挣钱，跟官员靠近无风险。因此，私营企业主纷纷抢戴人大代表、政协委员之类的"红帽子"。多数私营企业主靠近官员最现实的出发点是：为生意计。① 政府官员和私营企业主的合作本质上是一种权力和资本的合作，政府官员所掌握的再分配的权力和市场制度上产生的寻租能力，私营企业主的资本财富以及市场能力是双方合作的一个重要基础。

（2）强势阶层的利益共谋。重要表现在：在城市化进程中，围绕着房屋拆迁，一些地方政府官员与开发商达成默契，以损害弱势群体的利益为代价，实施强制拆迁；在招商引资过程中，官商勾结，不顾人民群众的切身利益，以牺牲环境为代价，强行上马一些不符合国家产业政策的项目，对地方环境造成了恶劣影响；在土地征用过程中，在没有达成补偿标准的情况下，强行征地；当城市商品房房价过高，弱势群体买不起房时，开发商有恃无恐地抛出：我们是为富人盖房，不是为穷人盖房，房价由市场决定，没有人强迫你买房等言论。少数专家为了个人私利，充当利益集团的代言人，从西方市场经济发展的过程中辩称开发商言论的合理性。部分丧失良知的所谓"经济学家"或"社会学家"甚至认为，社会的发展必须以一部分人付出代价为前提，社会不公和贫富悬殊是正常的，是中国发展不可逾越的阶段。为此，围绕着地方经济发展，一些知识精英为官员摇旗呐喊，充当舆论旗手；开发商提供资本；地方政府提供政策支持，他们采取共同立场，集体维护强势群体的利益，形成强势阶层的共谋，导致权力利益化、利益法律化，形成权力、资本、知识的叠加效应，这种共谋破坏了社会阶层正常交往的规范和价值基础，使社会阶层之间的隔阂不断

---

① 《私企银弹》，《新闻周刊》，2000年第23期。

加深，不利于阶层关系的和谐。

2. 支配关系的变化

改革开放前，社会阶级之间的支配关系主要体现在政治上，例如，干群之间的关系、国有企业领导与国有企业工人之间。改革开放之后，支配关系拓展到经济领域，尤其是所有制改革之后，企业管理者群体逐渐形成，企业管理者的权力范围扩大，建立在雇佣劳动基础上的新的支配关系开始出现，支配关系发生了很大变化：

第一，传统和谐的干群关系受到挑战。从范围上看，改革开放之前，干部身份泛化，干部不仅包括党、政、群机构中的公职人员，还包括国有企业的各级管理者。改革开放之后，由于干部制度的改革，公务员从干部队伍中脱离出来，干群关系的范围有所缩小，当前的干群关系主要指公务员阶层与其他社会阶层的关系。从干群关系的发展来看，改革开放之前，党员干部在群众中的威信较高，大部分群众对领导干部的认同度较高，而在市场经济发展过程中，干群关系遭受越来越大的挑战，部分党政官员的腐败、生活作风等违法违纪问题，已经严重影响了党政干部的形象，群众对官员的认同度在持续下降，很多群众把贪渎与干部联系在一起。根据中国人民大学危机管理研究中心的官员形象危机典型案例库，2013年官员形象危机呈"多元高发"态势，主要集中在五大风险领域："贪"（贪腐问题）、"渎"（失职渎职）、"色"（性丑闻、强奸）、"假"（包括火箭提拔、"被影响"、"造假造谣"等要素）、"枉"（暴力执法、作风粗暴等）。社会上的"仇官"心理蔓延，党政官员和国家公职人员往往是众矢之的，随意浏览一下网络论坛或新闻评论就会发现，对党政官员、国家公职人员，甚至与他们有密切联系的人，几乎是习惯性地一边倒的负面舆论。在社会群体性事件中，凡是涉及有关政府公务员的，官员往往成为社会泄愤事件的主要目标，在不了解事实真相的情况下，社会弱势阶层往往借助群体性事件发泄对政府官员的不满，对党政官员的为政之德、为政之能、为官之道提出质疑，对他们的政绩冷嘲热讽，对他们的不幸幸灾乐祸。当流动摊贩刺死城管，普通百姓纷纷支持摊贩"敢于亮剑"；当政府官员出公差遇到不测时，普通百姓不是基于对生命的惋惜而是一片叫好，例如，《河南陕县六名同志考察途中因车祸殉职》的新闻在网络上流传开来，旋即引发了网友狂欢，微博、论坛里尽是"贺电"，即使官方认定"陕县五官员"是因公殉职,民间对于这样的说法却拒不接受。

第二是企业领域的支配关系,主要表现在私营企业主和工人、私营企业主与经理阶层、经理阶层与农民工之间。私营企业主为农民工提供就业机会,农民工接受劳动合同,也就形成了二者之间的经济上的支配关系。当然,这种支配关系不同于改革开放之前国有企业的管理者和工人之间的支配关系,那个时期,由于流动机会有限,工人和企业管理者之间很难结束上下级的支配关系,那个时期非支配关系在很大程度上是按照行政规则来执行的。而新时期私营企业主不可能无限制地过度使用劳动力,农民工也可以通过"以脚投票"摆脱私营企业主的支配。21世纪初期南方的"民工荒"就迫使私营企业主改善工人的工作环境和提高相关薪资待遇。同时,由于企业规模的扩大,经理阶层的诞生也在一定程度上使私营企业主和农民工的支配关系趋于间接化。私营企业主聘用经理阶层进行企业的经营管理,私营企业主和经理阶层也形成了一定的支配和被支配关系。私营企业主提供生产资料和资金,经理阶层掌握技术,具备一定的管理能力和管理经验,要向私营企业主负责,保证私营企业主的企业利润。同样,由于经理阶层的出现,经理阶层与农民工之间在工作过程中也形成了直接的支配关系。这样,经理阶层在支配关系中扮演双重角色,他既拥有对工人的管理和支配权,同时又接受投资者对他们的管理和支配。所以,同过去比较,当前经济领域中的支配关系更为复杂。从目前来看,中国阶级阶层之间的支配关系与利益关系密不可分,可以说,支配关系的产生是基于利益关系的存在。在许多情况下,只是为利益关系服务,或者说支配关系屈从于利益关系,这与改革开放前不同,那时是利益关系为支配关系服务,"一切为了政治"。[①]

3. 身份关系的变化

首先,与改革开放前不同,当前中国阶级阶层的身份关系还没有定型化,还处在不断建构之中,关于身份关系的各种规则并没有建立,而是处在各个阶层自谋的混乱之中。改革开放以前,中国的阶层关系基本上是在国家的强力规定和控制下运行的,政策和制度性规则对阶层关系起到了决

---

① 王春光:《当前中国社会阶级阶层关系的变化与特点》,《河北学刊》,2010年第4期。

定性作用。① 那个时期，身份色彩浓厚，在城乡二元分割制度下，城市居民和农民分别恪守着"城里人"和"乡下人"的身份。30 多年的改革开放，打破了种种身份藩篱，传统的政治身份如家庭出身、阶级成分等无不受到改革开放与市场经济浪潮的冲击而逐渐淡出历史舞台。随着市场经济的发展，人们逐渐把契约关系作为立身行事的规则。各种所有制之间的鸿沟日益弥合，人员单位所有制已成为历史，原来的"乡下人"也可以通过社会流动成为"城里人"。在这个过程中，一方面新的社会规则体系并没有立即建立起来；另一方面由于路径依赖原理，传统的身份体制并没有彻底退出社会流动机制，还在一定范围存在并潜在发挥作用。因此，在这种情况下，市场竞争和社会关系机制以及各种非制度规则都在当前的社会阶层关系中发挥作用，各种形式的"身份壁垒"以新的话语形式表达出来。最近几年愈演愈烈的身份语言无不折射出身份现实的存在。从"学得好不如嫁得好"的直白到"美好生活靠爸爸"背后的无奈以及"蚁族"艰难的处境等都是现实身份生存的真实写照。

其次，在规则缺失的情况下，社会各个阶层之间出现了不同程度的"身份"冲突，社会阶层间的身份歧视和身份排斥已经形成。社会上层的财产与权力、身份地位的不一致性，使他们还不能够赢得其他社会阶层足够的认同和尊重，当下流行的"土豪"称谓其实表现了中国人对富裕阶层的复杂心态，其中嘲笑、藐视、嫉妒等多种情感交织在一起，至少是对富裕阶层的不认同。无论如何，在这些"土豪"身上，物质财富与精神财富失衡的现象是存在的。在缺乏其他阶层认同的前提下，某些社会财富上层以炫富来凸显身份，官二代以"我爸是李刚""你想告我随你便"等话语炫耀权力，社会上层的炫富、炫耀权力等行为反而引起了社会底层的反感和强烈不满，进一步削弱了社会底层对其的身份认同。同时，社会底层不甘心身份地位现状，对市场化形成的身份规则表示不信任和抵触，希望打破阶层流动的壁垒，跻身于社会上层，但同时又感叹现实的残酷，维法维权的成本太高。因此，他们往往采取过激行为通过制造社会轰动或者报复社会等办法发泄不满，如针对富人的灭门惨案时有发生，对社会秩序形成了严峻的挑战。

---

① 王春光：《当前中国社会阶层关系变迁中的非均衡问题》，《社会》，2005 年第 5 期。

（二）当前中国社会阶层关系的特点

1. 阶层关系的复杂性

改革开放之后，随着经济发展，社会流动加速，社会阶层不断分化，原来比较简单的阶层关系变得复杂起来。正如有学者指出的那样，中国正处在大转变的时代，最大的特点是将前现代、现代化、后现代的所有现象浓缩在一个短短的时空中，增加了当前中国阶级阶层关系的复杂性。① 主要表现在三个方面：

一是阶层关系并没有一个明晰的发展方向。正如有学者指出的那样，当前中国社会阶级阶层关系既没有出现马克思所说的"简单化"现象，即社会阶级关系经过市场化、工业化的竞争而演变成只有两个对立阶级的关系局面，同时也未完全照着韦伯主义的工业化和现代化路径发展。② 对于当前中国社会阶层关系的发展走向，国内也有许多学者提出了相关判断，主要有四种：

（1）孙立平等人提出的"断裂化"观点。孙立平认为，20世纪90年代中期以来的社会分化导致了一个断裂社会的出现，即整个社会分裂为相互隔绝、差异比较明显的上层社会和底层社会，资源越来越集中于上层和少数精英手中，而底层弱势群体所能分享到的利益越来越少，他们与社会上层精英分子的社会经济差距越来越大，从而形成与上层社会相隔绝的底层社会。这种断裂社会很容易形成社会冲突。

（2）陆学艺等人提出的"中产化"或"中间层化"的观点。陆学艺等人认为，随着市场化的推进，中国社会逐渐分化出等级性的几大阶层，中国经济的持续发展、工业化和城市化水平的不断提高，社会流动机会将越来越多，必然导致社会中间阶层日益壮大，社会底层和社会顶层的人数将会逐渐减少，社会结构的变化趋势会从金字塔形向椭圆形转变，即形成以中产阶层为主的"现代社会阶层结构"阶级阶层关系。

（3）李路路提出的结构化观点。李路路认为，尽管中国社会已经发生了深刻变化，但是社会分层的秩序、社会分层的相对位置和相对关系已

---

① 王春光：《当前中国社会阶级阶层关系的变化与特点》，《河北学刊》，2010年第4期。
② 同上。

经稳定并将延续下去,社会经济差异已经结构化,社会阶层结构也会延续下去。

(4)李强提出的"碎片化"观点。李强认为,当前的社会分化是一种多元的、相互交叉的分化,它并没有形成界限分明的阶级阶层。更不可能形成断裂社会,最多出现的是一些利益群体,这些利益群体犹如一个个的碎片,这些碎片并未显示出集聚为几大阶级或阶层的迹象。因此,社会分层是碎片化的。

综上所述,学者们对于中国社会阶层分化的现实及发展趋势分别做了不同的判断,各派学者都在试图运用相关材料来佐证自己的观点,但毫无疑问,任何一个学术派别都很难有充足的证据说服或驳倒对方,对于当前中国阶层关系变化的复杂性,现有的一些理论均无法清晰地提供有说服力的解释。

二是当前阶层关系的形成和发展受到多种因素的影响,经济、政治、文化各种要素都对当前的阶层关系的形塑起到了重要作用。在经济要素中,在当下的中国,个人之间、阶层之间的关系中,资本、金钱等物质财富的塑造力逐渐增强,在社会阶层的交往中影响力也来越大,社会阶层之间、人与人之间交往行为有趋向货币化的特点,许多一度随着社会主义改造消失的阶层关系重新复活,例如,劳资关系。在政治要素中,在经济体制转型的过程中,国家的权力始终保持着强有力的影响。在某种程度上,权力对阶级阶层关系的影响甚至超过了所有制的影响,但是,社会阶层关系的发展又并不是完全由权力单一因素所决定的;在文化因素中,中国传统社会"重关系"的"差序格局",不仅没有随着工业化、市场化、城市化的发展有所削弱,反而顺应市场经济的发展显示出强大得适应性和活力,在社会转型期中成为弥补信任不足的重要机制。因此,当前的阶级阶层关系的形成应是"合力"的结果,它既有市场经济自发演变形成的痕迹,同时也不乏政府权力主动塑造的成分。

三是阶层矛盾的复杂性。当前的阶层矛盾错综复杂,既有基本的社会阶层之间的矛盾,还存在着新兴阶层与基本阶层、新兴阶层之间的矛盾。虽然,总体上当前的阶层矛盾在性质上仍然属于人民内部矛盾,但不同利益主体的矛盾范围不断扩大,矛盾的对抗性程度有所增加,矛盾转化为对抗性的现实性显著增加。现在的阶层类型是现代化过程中客观存在的。这就决定了当前的阶级阶层关系不可能人为地被强制消除,因为当前的阶层关系和过去的阶级关系有着本质的不同,阶层利益之间的对立关系并不是简单地经济利益剥夺而造成的。对于如此错综复杂的中国社会阶级阶层关系,我们必须以多维或多元的理论视角来把握,当前社会阶层部矛盾的方式不可能仍然简单地采用传统的"说服—批评—教育"的方式,需要抽丝剥茧深入分析,在正确评估阶层复杂关系的基础上采取多种方式,这就为新时期解决阶层冲突和阶层矛盾增加了许多难度。

2. 阶层关系的不平衡性

当前,社会阶层关系的另一个特点或者说最大的特点是不平衡性,这种不平衡性主要体现在:

第一,社会阶层之间权利的不平衡。一般而言,权利的存在形态有三种,即应有权利、法定权利与现实权利。应有权利意指人应当享有的权利,它表明权利的应然性;法定权利是指由法律确认和保障实施的权利;而现实权利往往指人们在现实社会中享有的权利状态,它是权利的实现程度和权利的实然状态。就三者的关系而言,应有权利是规范意义上的权利,是法定权利存在的基础和依据;法定权利是应有权利和现实权利的中介;现实权利是法定权利实现的结果。任何一种现实的权利体系都不可能与法定权利体系完全一致,两者始终存在着一定的距离。现实权利与法定权利之间的差距越少,说明法治的程度越高,政治也就越民主。就当代中国政治权利的配置而言,虽然,在法律层面,国家强调政治权利配置的均衡。但在实际的政治生活中,不同群体的政治权利远不是处在一种均衡状态。首先,社会各阶层的法定权利的实现结果即现实权利存在很大的差距,尤其是社会弱势群体本应该具备的法定权利由于各种原因很难实现,例如,全体社会成员应该享有的社会保障的权利,包括养老保险、医疗保险等,广大农业劳动者和农民工群体却很难得到实现。农民工作为城市的建设者,却享受不到与城市居民同等的公民待遇,在就业、生活、子女教育等方面无法与城市居民保持一致。农民工生活的城市是各种资源高度聚集的地方,但几乎所有的城市中的政治资源包括党组织、城市地方政府、公益组织、工会、妇联、共青团等,对于农民工而言,在遇到困难时几乎都很难得到必要的救助或帮助。例如,在2012年12月,在半个月的时间里,郑州连续发生两起农民工冻死街头事件。11月30日,郑州的一座立交桥下，一名农民工在露宿 20 多天后身亡；12 月 12 日，在郑州解放路和二马路交叉口，一名中年男子在路边坐了三天三夜以后身亡。① 与农民工等弱势阶层相比，社会强势阶层在某些方面也不可能完全实现法定权利与现实权利的一致，但他们可以通过其强大的经济实力以及其他掌控的资源进行弥补，而弱势群体只能接受惨痛的现实。

第二，新社会阶层的出现带来的阶层关系的失衡。在阶层分化的过程中，新阶层的出现，改变了原来固有的阶层关系，各个阶层在原有的资源占有上的均衡局面被打破，社会阶层之间在政治、经济、社会等方面的力量对比有了很大的变化。尤其是私营企业主阶层的出现，对其他社会阶层关系产生了深刻影响，例如，它在一定程度上改变了国有企业的管理者个人之间的关系，私营企业主大量雇佣农民工，建立起适应市场体制的劳资关系，这种关系自然不同于原先国有企业中管理者与国有企业工人之间的关系，它对原先的企业用工制度产生了一定的冲击，资本日益强势的同时，劳工地位持续弱势化。而农民工阶层在市场经济大潮中也逐渐认识到现行政策和制度带给他们的不公，希望改变目前的处境，私营企业主希望获得越来越多的参政机会，这些新兴阶层都对变革现行的政策和制度抱有希望，希望改变现状。自然，一个阶层处境的改善可能会导致其他阶层处境发生变化，从而带来阶层间的不均衡问题。

第三，阶层关系的失衡还体现在阶层分化差距较大，社会中间阶层规模太小社会阶层结构不合理。中间阶层是社会的稳定器，古希腊政治学家亚里士多德认为，以中产阶级为主的政体是最优良的政体，因为中产阶级（小康之家）比任何其他阶级都较为稳定。"他们既不像穷人那样希图他人的财物，他们的资产也不像富人那么多得足以引起穷人的觊觎。既不对别人抱有任何阴谋，也不会自相残害，他们过着无所忧惧的平安生活。"② 亚里士多德还说："倘使中产阶级的人数超过其他两个部分，或仅仅超过两者之一，就可能建立一个持久的共和政体。"③ 也就是说，中产阶级是政治稳定的根源，社会稳定需要中产阶级，更需要一定规模的中产阶级。

----

① 郑州接连两起农民工冻死街头事件暴露救助制度短板，参见 http://news.xinhuanet.com/politics/2012-12/15/c_114039518.htm。

② [古希腊] 亚里士多德：《政治学》，吴寿彭译，商务印书馆1965年版，第206页。

③ 同上书，第211页。

中产阶级要有一定数量才能发挥调和均衡作用，中产阶级在一个社会结构中居于主体才会形成政治稳定的社会基础。法国思想家托克维尔在考察美国的民主时，进一步把亚里士多德的观点发扬光大，他认为美国民主的基础是建立在乡镇自治、大量由中产阶级组建的相对独立的社会团体之上的。亚里士多德和托克维尔的观点所在现代社会也得到了印证，反观现代西方发达国家之所以长期保持稳定，其中与西方社会中产阶级的强大是分不开的。需要说明的是，在当代中国，人们更习惯于用中间阶层的概念来描述中产阶级。改革开放以来，学者们都承认中国传统社会的阶级阶层结构随着市场化的改革已经解体，但现代化的阶层结构并没有立即建立起来，中间阶层还不够一定的规模。改革开放初期，我国的中间阶层主要以工薪阶层为主。随着改革的不断深入，中间阶层的队伍和构成发生了变化，在改革开放过程中成长起来的私营企业主、知识分子等专业技术人员、公务员等成为中间阶层的主力军。经济学家吴敬琏更强调指出，专业人员才是中等收入阶层的主体，有房子、汽车并不是中等收入阶层的标志。① 总之，按照学者们的观察，即便是私营企业主、知识分子、公务员等已经形成的中间阶层，其规模实际上是很小的，因为，改革开放以来在人们绝对生活水平上升、一部分群体先富起来的同时，仍有相当多的社会阶层成员收入处在相对下降水平，社会底层群体人数增多，社会贫困人口的基数仍然较大，中国人口最多的农民虽然有了一定的分化，但农民向中间阶层转化的速率很慢，农村人口总数仍然是最多的，农村的贫困对于中间阶层的成长壮大形成了最大的制约。中国在走向现代化过程中，本来最有可能成为中间阶层一部分的"工人阶级"，却随着20世纪90年代以来国有企业不景气、国家政策的转向导致大批下岗。虽然，传统国有企业、集体企业中工人阶级的数量在萎缩，但其经济地位的下滑使他们与中间阶层渐行渐远。因此，改革开放前中国最大的两大阶级在社会转型过程中分化出中间阶层的规模太小。同时，在中国经济体制转型过程中，中国市场发育从一开始就缺乏充分竞争，同时存在监管缺失，在30多年的改革过程中形成了一个拥有总体性资本的精英集团，这个集团拥有庞大的政治、

---

① 王苓芒：《吴敬琏、萧灼基会上加会成了焦点访谈——两学者双答阶层议题》，《北京青年报》，2002年3月5日第3版。

经济和权力资源，左右了这个国家的政策取向，同时它又排斥其他集团的进入，是一个相对封闭、具有分利性的社会集团。有学者曾经警告指出，由于拥有总体性资本的社会集团过多地垄断了社会资源，它侵犯了众多社会阶层的利益。总体性资本对政治和社会决策巨大的影响力使中间阶层无法吸取足够的生长养分。[①] 所以，当代中国中产阶层的成长是很缓慢的，并没有形成有效的规模，自然对穷人与富人之间的关系协调难以发挥应有的缓冲功能。

由于中间阶层的缺失，我们离一个合理的具有橄榄型的社会阶层结构实际上还有很远的距离。清华大学教授李强认为，中国社会结构比一般金字塔的结构还要差，社会结构呈倒"丁"字形，64.7%的人处在非常低的分值位置上，与其他群体形成鲜明的分解，其他群体则像一个立柱，显示了巨大的差异性。城市与农村完全生活在不同的结构中，倒"丁"字形结构的"一横"是巨大的农村社会阶层，"一竖"更多的是城市社会阶层。"丁"字形结构直角形的下层与其他阶层之间几乎没有缓冲或过渡，是非此即彼的二分式结构。[②] 这样的社会结构容易造成持续的"社会结构紧张"，很容易导致社会阶层处在一种对立的、冲突的状态，社会关系处于一种很强的张力之中，容易滋生社会矛盾，引发社会冲突。

第四，阶层运行机制的失衡。总体来说，当前阶层之间由于政治资源、社会资源的不均衡，阶层之间差距过大，强势阶层过于强势，弱势阶层力量过弱，在面对强势阶层的利益剥夺时，社会弱势阶层没有还手之力，不能有效地保护自己的合法权益，在这种情况下，社会阶层之间不能形成相互制约的格局，而促进阶层互动和阶层流动的一些重要机制缺失，协调阶层关系的制度安排不能实现有效供给。政府再分配政策不能有效地抑制强势阶层对底层利益的掠夺，公共权力的行使者往往制定有利于强势阶层分享资源的政策。例如，对教育资源的配置本应是推动阶层流动的主要机制，中国传统社会士人政治建立的社会基础就是教育资源能够在不同阶级之间分享，但今天地方政府制定教育分流政策，使用各种方式将社会阶层享受的教育机会和资源无论在实质上还是形式上区别开来，这体现在

---

① 宫捷：《中国的中间阶层正在形成?》，《中央社会主义学院学报》，2004年第4期。
② 李强：《社会分层十讲》，社会科学文献出版社2008年版，第248—250页。

从幼儿园到高中整个教育过程中教育资源的不公平配置。从表面上看，在获得了国家支持的义务教育机会后，农民工子女本应能够获得平等的教育机会，但实际情况是农民工子女在城市上学却面临一系列的证件难题，由于办不到教育部门所要求的入学证件，许多农民工子女只好放弃本应能够就读的教育成本较低的公办学校，无奈地选择教育成本很高的民办学校。显然，他们反而是以一种远远高于其他阶层教育成本的方式来完成子女的义务教育。在这种实际的教育体系中，农民工子女很难通过所吸收的教育资源改变自己的命运，多数人在城市中勉强就读几年，很快走向沦落，步父母的后尘，成为第二代农民工的后备军。一个规模庞大的新农民工群体就这样被区隔化的教育体系再生产出来了。① 从表面上看，上述结局的产生是农民工子女个人学业的失败，但形成"知识难以改变命运"、"读书无用"的真正逻辑是与这种二元教育体制下等级化的阶层区隔分不开的。类似教育体系这样的阶层运行机制的分割化必然导致阶层关系出现紧张，底层群体产生不满或怨恨。

3. 阶层关系的继承性

政治资源配置的失衡，使阶层固化现象开始出现，阶层流动受阻，阶层关系出现较强的继承性。

一方面，强势阶层不仅垄断资源并且能够实现资源在阶层内部的传递，阶层的代际继承性也越来越明显，最近几年，社会上流行"官二代"、"富二代"。所谓"官二代"、"富二代"，通俗的说法就是官员的子女依然是官员，富人的后代依然是富人。"官二代"和"富二代"的形成，表面上看是职位和职业的继承，其实质是上一代的权力、财富等关键性资源传递给下一代造成的。"官二代"现象一般表现为在公开招聘或公开选拔的过程中，"官二代"被优先考虑，特殊照顾，出现子承父业的现象。由于父母是掌握政治权力的官员，更多干部子弟获得了进入公务员系统的机会，许多地方在公务员招考一系列环节上，故意设置有利于官员子弟的报考条件、更改考试成绩、通过体检舞弊等手段，以保证官员子弟或者亲属在公务员考试中胜出，把一些虽然成绩优秀、但缺乏本地政治资源

---

① 邵书龙：《当代中国社会结构分层机制分析：等级的、文化的视角》，《天府新论》，2012年第3期。

的平民子弟拒之门外。近年来，多地爆出"官二代"个案，2009年8月25日的《广州日报》披露：2008年河南省某县在选拔正科级干部和县局级干部中，其公平性遭受社会质疑，原因是所"公开"选拔的12位乡镇长（正科级）干部，在最后公示时被证实基本上都是该县主要领导、官员的子女。其实，类似的现象最近几年有增无减，许多进入权力系统的"官二代"还受益于父辈和家族的政治资源而获得火箭式提拔，25岁女镇长、"80后"副处长等层出不穷，已引起社会强烈反响。这种现象，也被社会学界所关注，大量的有关社会流动的研究已经揭示了阶层地位的继承性问题，陆学艺的《当代中国社会流动》报告中显示：父亲的干部身份对社会成员干部地位的获得有重要的影响，干部子女成为干部的几率，是非干部子女的3—4倍。①

另一方面，是贫穷的继承，缺乏资源的社会贫困群体很难改变社会地位，出现"农二代"、"穷二代"现象。所谓"农二代"、"穷二代"就是指农民的后代依然是农民，穷人的后代依然贫穷，"农二代"、"穷二代"本质上也是社会阶层定型化的体现，农民、穷人很难通过现有的体制改变自身的阶层命运。对于弱势阶层而言，资源的贫困导致恶性循环，经济资源的贫瘠影响到他们对政治资源的汲取，降低了弱势阶层获取政治资源的能力，而政治资源的贫乏使经济资源又更加贫瘠，在现实中，权力和财富更明显地表现出代际之间的纵向承接关系，财富和权力越来越成为获得或增强可行能力的重要因素。②弱势阶层因为缺少财富和权力自然就不可能获得更好的医疗、教育、就业、政治参与的机会。据调查，20世纪80年代，农民子女考入北京大学的比例在30%左右，2000年后，农村户籍新生比例已降至10%—15%，农村男生比例更降至10%，而干部出身的新生比例20世纪90年代稳定在50%以上，1998年更达到69.4%。③另据20世纪90年代末的一项调查揭示，农民子女与工人、党政干部、企业管理者、专业技术人员子女进入高校的机会之比为1∶2.5∶17.8∶12.8∶

---

① 陆学艺：《当代中国社会流动》，社会科学文献出版社2004年版，第279页。
② 朱志玲、朱力：《从"不公"到"怨恨"：社会怨恨情绪的形成逻辑》，《社会科学战线》，2014年第2期。
③ 刘云杉：《精英的选拔：身份、地域与资本的视角》，《清华大学教育研究》，2009年第10期。

9.4，进入重点高校机会之比为 1∶4∶31.7∶22.6∶17.4，低阶层子女在高等学历阶段的优势基本消失。① 吕鹏对东北长春市的新失业群体做了详细的个案调查，指出新失业群体面对的是其他失业群体不曾面对的"制度真空"，他们的父辈大多也是失业工人，从而使他们在社会保障、国家政策、就业机会、教育等方面处于更加不利的地位。② 而没有好的教育、医疗和就业机会，在激烈的市场竞争中，又进一步削弱了弱势阶层的选择不同生活方式的能力，可行能力的缺失不仅影响到自身的生存，同时又将使下一代在竞争中历史性地处于弱势地位，重复表现为各种政治、经济、社会机会的被剥夺。所以，总体上，社会底层和中下层群体没有资本可以继承，没有机会接受更好的教育，既无能力改变自己的生活，又无能力干预现有的社会政策。可行能力的持续缺乏使寒门子弟向上流动的可能性越来越低，进入社会中上层阶层的阻力加大，形成贫穷的继承与承袭。与"富二代"、"官二代"相对应的是"农二代"、"贫二代"的流行。政治资源配置的"马太效应"使强势阶层和弱势阶层都形成了各自分离的特有的社会圈子，社会资源在向社会强势阶层集中和集聚，阶层之间的流动机制遭到限制和堵塞，社会流动的渠道有被封闭的危险，社会的疏离感加强，阶层之间的隔阂不断产生。

三　当前中国社会阶层矛盾与阶层冲突

（一）当前中国社会阶层矛盾

阶层是一个历史范畴。社会主义社会中的阶层主要是基于政治资源配置的不同产生的利益群体。在不同的阶层之间存在着一定的利益差别，这就决定了社会主义社会不同阶层之间存在着根本利益一致基础上的局部利益矛盾，而阶层内部又可以划分为一些不同的利益群体，所以，阶层矛盾往往是通过具体的群体矛盾表现出来的。总体上，当前中国社会阶层矛盾主要集中在社会强势群体和弱势群体、弱势群体与弱势群体之间的矛盾。

---

① 杨东平：《高等教育入学机会：扩大之中的阶层差距》，《清华大学教育研究》，2006年第1期。

② 吕鹏：《他们不再是孩子——关于"新失业群体"现状的社会学报告》，《社会》，2005年第4期。

由于弱势阶层在资源占有上的地位和处境相对不利,而社会强势阶层往往处在有利地位上,资源占有的差异很容易造成社会强势阶层和弱势阶层之间的矛盾。同时,由于资源的稀缺性,同处于弱势的社会群体之间也会由于资源的争夺产生矛盾。具体而言,当前中国社会阶层的突出矛盾主要表现在以下三个方面:

1. 劳资矛盾

劳资矛盾本质上是指资本拥有者和雇佣劳动者在涉及各自利益而产生的纠纷与矛盾。在大多数情况下,劳资双方更容易形成对立和冲突,劳资矛盾便是劳资关系冲突的反映。改革开放之后,随着三资企业和私营企业的产生发展,一度消失的劳资关系得以复活,建立在劳资关系上的劳资矛盾开始凸显。随着社会主义市场经济体制的确立和发展,在资本与劳动的利益博弈中,资本逐渐占据上风,资本出现支配劳动的情况越来越显著。尤其是国有企业改革之后,国家从企业的日常经营活动中退出,企业领导者掌握着具体的经营管理权,雇佣劳动者和业主、企业管理者之间的矛盾暴露了出来。在计划经济的制度规范被解除,新的市场经济的制度规范还不够完善的情况下,资本为了追逐利益最大化加强对劳动的支配所引发的冲突和矛盾很难得到及时化解。资本所有者和雇佣劳动者之间在涉及各自利益问题上不断发生纠纷和矛盾。在资本与劳动的博弈中,资本往往具有优势,当前的劳资矛盾主要表现就是劳动者权益受到侵犯,尤其是在私营企业中,员工的工作缺乏法律保障。许多私营企业主无视劳动法的存在,拒绝和劳动者签订劳动合同,不能为员工提供安全的工作环境,缺乏劳动防护措施,随意延长工人的劳动时间,任意克扣工人工资或者恶意欠薪,甚至凌辱或者虐待雇工。每年年底,农民工讨薪成为整个社会的痛。对于那些毫无社会资源的农民工而言,为了生存,为了孩子,为了家庭,为了讨要本应属于自己的血汗薪水,不得不冥思苦想讨薪的手段与对策。近年来,一些农民工采用跳楼、活埋自己、跳河、爬上塔吊、祭拜包公等各种极端形式,以引起社会"关注",其极端方式的背后反映的是弱者无奈的选择。同时,由于长期以来,劳动在与资本的博弈中始终处于下风,再加上政府在劳动者权益保障方面存在缺失,不能提供有效化解劳资矛盾的有效机制,工人权益受到侵犯,工人身体健康状况恶化,工人过劳死的现象时有发生。工人选择自杀、罢工、集体上访等方式来对抗,工人与私营企业主的冲突时有发生,如富士康员工跳楼事件对社会稳定形成了一定的冲击。

2. 干群矛盾

社会学家李培林的调查显示,在当前最容易出现的矛盾和冲突中,干群矛盾占 28.3%。[①] 杨继绳和于建嵘等认为,中国当前的社会矛盾中最主要的就是干群矛盾或者官民矛盾。在改革和地方经济发展过程中,干部是政策的主要执行者,在社会利益分配上占有主导性。近年来,许多地方政府的干部漠视群众的利益诉求,垄断政治社会资源与民争利,处于社会底层的弱势群体,经常受到权力和资本拥有者的侵害。同时,由于干部作风问题、腐败现象引起了群众的强烈不满,进一步激化了干群矛盾。在当今中国大规模的群体性事件中,各级官员、干部往往成为焦点。一些学者通过对社会群体性事件进行长期的跟踪和观察,认为在当前的中国社会冲突中,大量无直接利益冲突的群众和旁观者加入冲突之中,无直接利益冲突的特征比较明显。"无直接利益冲突"参与者往往是弱势阶层,他们一开始处在群体性事件的外围,与群体性事件本身没有利益瓜葛,他们之所以参与冲突中,一方面是路见不平,更主要的是与利益受损者感同身受,自己也曾经在社会生活中遭受过类似不公平的待遇,在场景复原的情况下,他们更容易借机发泄长期郁积在他们心中的对于社会不公正的不满情绪。无直接利益冲突矛头主要集中于官员和权力部门。从 2007 贵州瓮安事件、湖北石首事件到广东增城市"6·11"等一系列事件,这些群体性事件后都流露出共同的情绪,即"仇富、仇官、仇不公",参与群众打砸政府办公场所,烧毁警车,矛头直指基层政府和公安机关。即使有些事件与政府部门无直接利益关系,最后也会进一步发酵、演变,直至把矛头指向政府与官员。总之,深入研究这些冲突,就可以发现,这些群体性事件基本都是弱势阶层与强势阶层的冲突,集中地表现为干群冲突,它在一定程度上反映出干群矛盾的存在和加深,公共权力机构的民意基础遭到削弱。

3. 城市居民与进程农民工阶层之间的矛盾

由于城乡居民收入差距过大,城乡发展失衡,社会公共资源越来越像城市集中,农村基础设施落后、医疗教育资源严重缺乏,使得大批农村剩余劳动力向城市涌入。这就带来了农民工与城市居民之间不可避免的矛

[①] 李培林:《中国社会和谐稳定报告》,社会科学文献出版社 2008 年版,第 78 页。

盾。实际上,城市居民有可以分为两个层次,一是拥有城市户口但在国有企业改革中失去"铁饭碗"的城市下岗工人。二是城市中的具有稳定工作的市民。因此,城市居民与进城农民工之间的矛盾又主要体现在两个方面,一是城市中国有企业下岗的工人与进程农民工阶层之间的矛盾。由于国有企业改革,城市中也产生了许多下岗工人,由于劳动力的市场化,这些下岗工人在沦落为弱势群体之时,对进城务工农民工抱着一种复杂的心态,他们一方面还没有从过去的"主人翁"的自豪感中解脱出来,以城市居民的形态打量从农村来的农民工,对前来城市就业、务工的农民工存在一定的排斥和歧视;另一方面在长期失业的经济压力之下,他们中的部分成员又不得不向农民工一样,从事脏乱差的或者自认为不太体面的工作,他们又不得不与农民工进行工作岗位的竞争。除此之外,城市中具有稳定工作的市民与进城务工农民工之间也有矛盾。农民工的涌入,客观上为城市的现代化建设做出了重大贡献,由于市民与农民工长期生活在两种不同的社会背景中,文化价值观存在一定差异。农民工虽然在城市务工,但在情感上很难融入城市,流入城市的农民工感受到了城里人异样的目光和各种歧视。根据李强的调查,多数涌入城市的农民工都提到了"被人家看不起"和"受歧视"的问题,而且大多数涌入城市的农民工在调查中表示,物质上的生活上的艰辛倒在其次,但"被人家看不起"和"受歧视"是他们最难以忍受的。① 2014年5月26日,在西安,一位农民工兄弟拿着行李想坐46路公交车,但是被司机生生拦住了,而原因很简单:拿的行李有些大。在沟通无果的情况下,这位农民工眼泪汪汪的,最终还是没能获准上公交车,行李也被丢了下去。② 此事经媒体曝光,引起轩然大波,人们纷纷谴责对农民工的歧视行为。

(二) 当前的社会阶层冲突

当前的社会阶层冲突可以从两个方面进行透视,一是社会阶层价值上的冲突;二是已经发生的行为上的冲突。而价值冲突和行为冲突是相互联

---

① 李强:《农民工与中国社会分层》,社会科学文献出版社2012年版,第194页。
② 《农民工因行李大被公交司机赶下车引乘客愤怒》,参见 http://news.xinhuanet.com/yuqing/2014-05/28/c_126557859.htm。

系在一起的，价值冲突往往为行为冲突提供了最直接的诱因，而行为冲突往往是价值冲突的外在表现。

1. 社会阶层价值上的冲突

首先，社会阶层在一些问题上达不成一致的认同。当前中国社会阶层价值上的冲突突出表现在对改革的评价形成分歧。社会弱势阶层普遍怀念毛泽东时代，怀念计划经济时代，认为在计划经济时代，虽然人们生活水平普遍不高，但社会公平，而改革损害了自己的利益。而强势阶层受益于改革开放地方政策，普遍认为中国的改革开放推动了社会前进，提高了社会整体的生活水平，虽然改革存在一些问题，但改革的合法性和成就不容置疑，他们认为正是改革开放的政策带动了社会阶层的积极性。如果中国还停留在计划经济时代，只能是普遍贫困。上述价值观念的冲突，反映了社会阶层在公平与效率上的价值对立，实际上也是当前中国政治文化的一种反映，它表明在坚持改革开放和中国特色社会主义道路上出现了不同的声音。因此，必须从政治高度来解决社会阶层价值上的冲突。2013年1月5日，习近平总书记提出"两个不能否定"，明确指出，"对改革开放前的历史时期要正确评价，不能用改革开放后的历史时期否定改革开放前的历史时期，也不能用改革开放前的历史时期否定改革开放后的历史时期。"①"两个不能否定"这一命题把改革前后有机统一起来，对于树立社会各阶层中国特色社会主义的理论自信、道路自信、制度自信无疑具有一定的指导意义。

其次，社会阶层之间很难实现相互认可。阶层之间的社会流动是社会分化和社会发展的重要动力，在社会流动中阶层认可的关键是阶层流动的合法性。不可否认的是，改革开放以来，并不是所有方面都缺乏合法化。但值得关注的是，有些阶层崛起的过程中，只专注于追求目的合理性，只关注手段的有效性，相应忽略了价值合理性问题。有些新富阶层以非正常手段谋取巨大利益，以经济优势谋取政治利益。这些现象在新富阶层崛起的过程中客观存在，但容易被人为放大。早在20世纪90年代末，曾有学者尖锐地指出，中国当代原始积累的过程，实质上就是中国当代社会政治经济两大科层组织的部分掌权者及其依附者进行权钱交易等寻租活动，共

---

① 中共中央宣传部：《习近平总书记系列重要讲话读本》，学习出版社、人民出版社2014年版，第19页。

同瓜分社会财富的过程,这个原始积累过程充满了不道德。① 无疑,上述论断客观上指出了中国社会发展过程中的一些问题,但这种指责自然会激化人们对社会公平的渴望,对某些阶层致富手段合法性的质疑。目前,网络上流行着一种舆论,认为中国改革开放后形成的新的精英群体——尤其是暴富群体——是体制缺陷的产物,他们在相当程度上是社会不公正的体现。② 因此,各界精英统统遭到其利益对立群体——社会底层群众——的仇视和攻击。有些富人常常被舆论媒体指责"为富不仁",他们财富的正当性和合法性很难取得底层群众的认可。以郭红霞 2011 年社会阶级阶层关系调查为例,当询问被调查者对新阶层的反映时,34.3% 的调查者对私营企业主不认同,认为其致富的首要因素是与权力结盟,对其财富报以质疑态度。③ 在这种情况下,新富阶层虽然拥有巨大的财富,但其拥有财富的过程及手段常常被弱势阶层质疑或者谴责。致富过程的不公平感不仅使富人阶层难以获得其他阶层的认同,还往往激化了贫困阶层与富裕阶层的矛盾与冲突。穷富阶层之间出现相互指责和"污名化"现象。穷人往往给富人贴上"为富不仁"、"无商不奸"、"伤风败俗"等标签,通过拷问富人"第一桶金"来源的正当性来渲染和加重社会的仇富心态;而富人通过给穷人贴上"人穷志短"、"低等公民"这样的标签,以此强化社会对穷人的歧视与冷漠。同时,社会公平感的缺失还表现在人们对政府官员的不满上,一些学者关于社会各阶层社会不公平感的调查显示,因权力造成的不公平是当前社会阶层认为"最不公平的现象"。④ 更让人担忧的是,当前缺乏一种明确的意识形态帮助阶层去认可已经变化了的阶层地位,或者有效地诠释阶层地位获得的正当性,其导致的结果是上层社会"安全感"缺失。当前,以"富人"、"官员"为代表的上层社会虽然拥有充裕的物质财富和优越的生活条件,但普遍缺乏"安全感",很多富人向国外

---

① 何清涟:《现代化的陷阱——当代中国的经济社会问题》,今日中国出版社 1998 年版,第 157 页。

② 徐家林:《网络政治舆论的极端情绪化与民众的政治认同》,《马克思主义与现实》,2011 年第 3 期。

③ 郭红霞:《转型期我国阶级阶层关系调研报告》,《中央社会主义学院学报》,2011 年第 1 期。

④ 李春玲:《断裂与碎片:当代中国社会阶层分化实证分析》,社会科学文献出版社 2005 年版,第 296 页。

转移财产或者加入了外国国籍，很多官员把家人和子女都送到国外，自己当起了"裸官"。社会中间阶层陷入"迷茫"，因为，他们虽然不担心会下降到下层社会，但是他们也没有进入上层社会的希望。真正应关注的是社会底层群体的怨恨情绪和"愤怒"心态。中国的底层社会的形成主要分两种情况，一种是长期以来一直存在的"老少边穷"地区的贫困群体，这些贫困群体大多居住在交通偏僻、自然资源匮乏的农村，在改革开放之后其贫困状况并没有得到根本改善，这些群体的贫困一直在延续。另一种是近年来随着社会改革过程中新产生的贫困层，如城市国有企业下岗职工、城市流动人口、流浪人群组成的底层社会等，这些底层群体又主要生活在城市。相对于农村长期以来的贫困群体，城市中的失业和下岗工人组成的贫困层的改革经历更容易激发他们内心的挫折感，他们往往是从中层、中上层跌落到底层来的。因此，他们的失落感和被剥夺感更强。他们不仅没有进入中间阶层的希望，更加没有进入上层社会的希望。由于阶层流动受阻而产生的不公平感、挫败感和被剥夺感使他们成为学者们称作的"愤怒的一代"。

最后是底层群体社会冲突意识强烈。相比较而言，当前的社会阶层分化和资源配置对底层群体的心理冲击更大，社会底层群体的怨恨和不满情绪更为强烈，这种情绪主要表现在：不公平感，即对资源分配规则、资源分配起点的强烈不满；相对剥夺感，认为强势群体坐享其成，是靠剥夺弱势阶层的利益而取得优势地位的，自己在改革过程中没有获得应有的地位回报；受挫感，一些社会地位下降的社会群体产生很强的心理失落和强烈的挫败感。底层群体的这些感受很容易累积成对社会的怨恨。而中国传统社会又是一个不患寡而患不均的社会，底层群体在改革过程中由于利益受损，其在社会处境中的不公平感很易转化为强烈的社会冲突意识。李路路（2008）关于五个职业群体的调查显示，工人、农民作为社会中下层的社会群体，公平指数得分最高，表明他们认为当前存在着严重的收入分配不公平。在2006年、2008年和2010年三次年度调查中，被调查者被要求对四对社会群体冲突严重程度做出评估时，在四对群体冲突中，穷人和富人阶层、上层和底层之间的冲突被认为较为严重，分别有65.5%和61.8%的被访者认为这两对群体间利益摩擦、冲突甚至对立程度严重。2010年的调查更显示出公众认为四对群体社会冲突呈逐渐上升的趋势（见图5—1）。

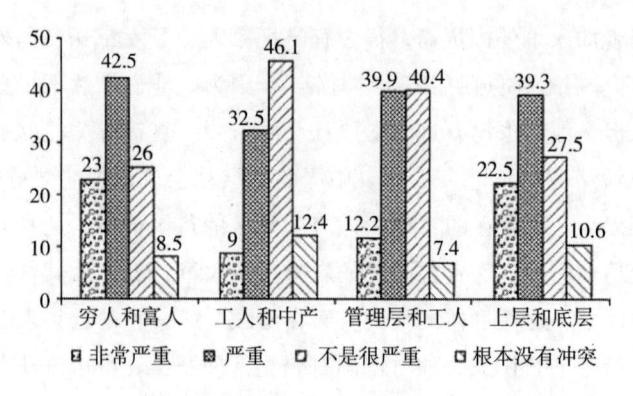

图 5—1 不同社会群体间冲突严重程度评价（2008 年）

各群体间冲突严重程度（非常严重和比较严重）及其趋势

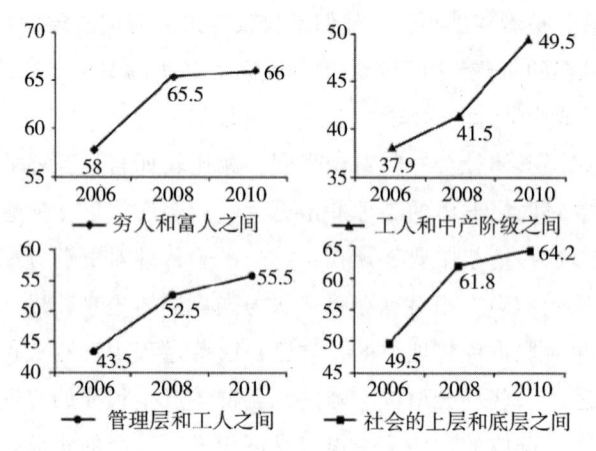

资料来源：李路路、唐丽娜、秦广强：《"患不均，更患不公"——转型期的"公平感"与"冲突感"》，《中国人民大学学报》，2012 年第 4 期。

2. 行动上的冲突

阶层冲突意识的形成根源于社会阶层在政治资源占有上的差异。政治资源占有上的差异，一方面能够有效地形成社会激励机制。但另一方面，资源获取过程中的不公平，也会破坏社会公众的正义感，加强社会冲突的可能。当代西方著名政治哲学家诺齐克在与罗尔斯论战时，曾经在《无政府、国家与乌托邦》一书中提出持有正义的三个原则，即获取的正义原则、转让的正义以及对持有和转让不正义的矫正原则。按照诺齐克的观点，一个人的财富在最初的获得上是正义的、转让过程也是正义的，那么他所持有财富就是正当的。当他持有的财富是通过不正义的方式获得的，就需要"矫正原则"来加以纠正。中国的现代化主要依靠政府驱动，权力既是关键的政治资源，同时又是调控其他资源的重要手段，拥有或收买政治权力成了暴富的必要条件，①"有权就有钱"就是这种致富逻辑的体现。权力成为致富的手段自然使某些富人的财富缺乏正当性。同时，"有钱就有权"，各种政治资源的累积性效应加速了资源交易、转让过程中的不公平现象，进一步强化了社会底层群众的不公平感。再加上阶层固化，社会冲突意识又很难通过社会流动得到有效缓解和释放。现代化的通信工具和网络资讯的飞速发展为社会冲突意识和社会怨恨情绪的相互感染以及传播提供了新的平台，底层阶层蓄积的不满情绪和怨恨能量，往往通过社会冲突和社会事件进行发泄。

当前中国社会的阶层冲突首先表现在群体性事件的频频发生上。从20世纪90年代起，我国不断发生群体性事件。据有关部门统计，1993年年我国发生群体性事件约0.87万起，1994年1万起，②进入新世纪后呈快速上升趋势，2003年达到近6万起，2005年为8.7万起，2006—2009年每年都超过9万起，③2010年突破10万起。④另据学者统计，从发生次数来看，过去15年间，群体性事件的年增长率为17%左右；而从发生规模来看，参与群体性事件人数的年均增长率为12%。⑤群体性事件已经成为今天中国最主要、最引人注目的事件。按照于建嵘的研究，目前中国社会群体性事件中的80%是维权抗争事件，主要表现为农民的"依法抗争"、工人的"以理维权"以及市民的理性维权。⑥

第二，当前社会阶层的行动上的冲突还是处在可控范围内，但社会冲突的频繁发生，不仅加大了社会管理的成本，更重要的是对社会稳定带来了威胁。由于社会主义制度内不存在对抗性的内在矛盾和整体的阶级对

---

① 于建嵘：《社会泄愤事件反思》，《南风窗》，2008年第15期。
② 《"典型群体性事件"的警号》，《瞭望》，2008-09-08。
③ 《群体性事件上升到每年9万起》，《羊城晚报》，2010年2月27日。
④ 《华尔街日报：中国去年现18万起群体性事件》，财经网，http://politics.caijing.com.cn/2011-09-26/110874896.html。
⑤ 敬涛：《治理群体性事件与加强基层政府应对能力建设》，《中国行政管理》，2009年第6期。
⑥ 于建嵘：《抗争性政治：中国政治社会学基本问题》，人民出版社2010年版，第45页。

抗，因而现实中各个阶层的矛盾还是属于人民内部的矛盾，具有总体上的可协调性。现实中群体性事件虽然具有一定的针对性，但主要体现为弱势阶层维权和底层群体的抗争。总体上弱势阶层虽然对社会存在怨恨情绪，但从行动者主观愿望出发，参与冲突的社会底层群体对于国家的基本法律和政治规则仍然是认同的，本质上仍然希望能够主张通过体制内的正式渠道来解决所遭受的不公正待遇。但同时我们必须注意到，对于群体性事件，如果处理不当，听之任之，群体性事件一旦升级，也有可能激发或酿成更剧烈的社会动乱，影响社会稳定。

四 社会阶层关系形成的政治资源配置机理

对于当前的社会冲突，学者们从不同角度做出了多种解释。在很多学者眼里，社会冲突本质上是各社会阶层和集团之间的利益冲突。如社会学家郑杭生认为，当前冲突几乎都涉及不同的利益关系和利益诉求，而且越来越涉及深层利益。[①] 孙立平认为社会矛盾的产生及其激化，主要应归因于"利益集团与其他阶层之间的分裂"[②]。于建嵘将社会冲突的实质视为"大众与精英的分裂"，他认为当前中国的社会冲突涉及的是不同阶层和民众的具体利益。[③]

社会冲突的本质是利益冲突。表面上看，引起社会冲突的原因很多，各不相同，但归根到底，当前的社会阶层关系的紧张与阶层冲突都与利益相关，而利益的核心是资源分配问题，当前社会阶层关系的形成与政治资源配置紧密联系。从阶层关系形成的微观基础来看，社会阶层关系的形成的基础是资源尤其是政治资源的配置。总体上，当前阶层冲突是主客观因素共同作用的结果。主观上看，当前社会阶层关系的形成与改革开放后中国政治资源配置的价值取向、政策选择和机制选择有关。客观上讲，当前

[①] 郑杭生：《当前我国社会矛盾的新特点及其正确处理》，《中国特色社会主义研究》，2006年第1期。

[②] 孙立平：《转型与断裂：改革以来中国社会结构的变迁》，清华大学出版社2001年版，第35页。

[③] 于建嵘：《利益博弈与抗争性政治：当代中国社会冲突的政治社会学理解》，《中国农业大学学报》，2009年第1期。

中国社会阶层关系的形成与中国政治资源本身在存在不平衡以及社会阶层、社会群体本身在资源获取能力和运用资源技能方面存在着一定的联系。

（一）政治资源配置的价值取向

在政治资源配置的价值取向上，效率和公平是两个向度。"公平"是一种价值判断，它是人们对社会关系合理性的要求，最高层面的是社会公平。社会公平就是社会的政治利益、经济利益和其他利益在全体社会成员之间合理而平等的分配，它意味着权利的平等、分配的合理、机会的均等和司法的公正。①"效率"通常是指在给定投入和技术的条件下，能够有效地使用社会资源以满足人类的愿望和需要。在现实中，公平和效率往往很难兼容。在多数情况下，效率和公平往往分离。改革开放前的中国，政治分层的色彩比较明显，整个社会的公平诉求构成了社会主义意识形态的重要内容，在公平价值的诉求下，政治资源集中于国家，由国家进行配置既满足了社会公平的诉求，同时也是后发国家现代化驱动的关键所在。但这种集中资源的方式只是现代化国家的权宜之计，改革开放之后，中国现代化首先面临着如何激发社会活力、如何最大限度地利用现有政治资源的优势的问题，这就使改革开放之后政治资源配置首先面临着一个价值取向的选择。在这种情况下，适当地下放政治资源，资源向社会转移，从而激发社会阶层发展的积极性就成了一个理性的选择。国家的战略取向逐渐定位于社会本位。为此，放权式的改革意味着以权力为核心的政治资源开始向社会转移，社会拥有的政治资源逐渐增加，在资源流动的情况下，原来的社会阶级阶层结构开始分化，这些脱离了原来的社会阶级结构的社会个体在获取资源的过程中，自然或不自然地重新聚合为不同的阶层，并表现出各具特色的利益诉求。问题是，政治资源由国家向社会转移的过程中不可能完全同步，社会在获得政治资源的过程中出现了较大的不平衡性，尤其是20世纪90年代以后，随着快速的市场化、城市化，由政治资源配置的变迁所带来的社会分化开始向多个方向渗透和发展，人们所预期的现代化带来的社会解体虽然已经出现，但社会阶层关系开始出现失衡，社会重

---

① 邓玉函：《政治平等的分配维度》，《云南社会科学》，2010年第6期。

构和社会整合问题却日益突出。

(二) 政治资源配置的战略选择

中国的改革开放主要采取的是一种沿海、沿边、沿江、由东向西的梯形战略。为此，中国先后建立了经济特区、沿海开放城市、经济技术开发区、沿海经济开发区、沿边和沿江以及内陆省区等由点及面逐步推进的开放格局，国家先后赋予一些有优越地理位置的地区和城市以优惠政策。这些先行开放的省区或城市从中央政府得到了更多的经济管理权限，借此得到比其他地方更大的权力和更多的资源。同时，那些率先得到开放政策的地区也得到了政治上的"试错权"，也即这些地区的领导人可以对本地的制度进行大胆的改革即使出现了偏差只要不是政治原则问题，也不会受到严厉的追究。[①] 这种不平衡的发展战略自然一开始就有意识地拉开区域差距，以形成先富和后富的格局，东部沿海经济市场化程度明显高于全国，其地方政府和企业也相应地获得了更多的自主权，东部沿海地区先发的政策优势自然给本地区的发展提供了较大的契机。改革开放之后一些新富阶层首先就产生在沿海经济发达地区，东部沿海地区社会阶层结构变化也就较快。总之，这种主观的制度设计最直接的后果就是造成不同区域政治资源分布的差距。在政治资源向东部沿海区域倾斜的同时，西部落后地区的政治资源出现不断流失和减少的趋势，直到西部大开发战略的出台，西部落后地区才逐渐获得发展机遇和相应政策，但总体上，东西部发展已经出现了一定的差距，而且这种差距并不是短时间能够得到弥补的，东部拥有的先发优势势必将继续保持下去，东西部政治资源的不平衡还会延续下去。

(三) 政治资源配置的机制选择

改革开放之前，政治资源的配置主要依靠政府机制来进行。改革开放之后，政治资源的配置由直接走向间接，尤其是随着社会主义市场经济体制的确立，市场越来越多地参与到资源配置中，对资源配置起基础性作用。中国的改革是增量式改革，这种改革是在原有存量的基础上形成新的

---

① 杨龙：《我国政治资源的不平衡分布》，《中共福建省委党校学报》，2004年第2期。

突破，形成一种新的增长。增量改革在资源配置机制的选择体现得非常明显，它形成了独具特色的中国双轨制，即计划和市场两种经济体制在一定时期内存在。中国市场经济体制的确立、市场对资源配置起基础性作用的实现并没有意味着计划经济体制的终结，事实上，市场体制是逐渐从外围入侵计划经济体制进而逐步取代计划经济体制的。20世纪80年代，市场体制最先从计划经济的边缘地带影响资源配置的，作为社会典型的边缘群体，农民首先进入市场经济中，农民可以到市场上自由出售粮食了，并获得了一定的经济利益。所以，20世纪80年代，农民的生活得到很大的改善，农民是改革开放之初的受益者，而社会核心群体（干部、知识分子）并没有立即参与到市场经济中，因而他们在改革之初并不是利益获得者。到20世纪90年代，中国逐步确立了市场经济体制，市场机制取代计划体制，市场对资源的配置扩展到社会各个领域，不仅金融、保险、房地产等经济产业，就连教育、科研、文化、卫生等行业也逐步市场化，市场对政治资的配置不仅体现在对物质性资源的分配上，而且还渗透到对权力、声望等各种非物质性资源的竞争和供给中，权力市场化现象不断出现，利用权力获取市场利益的现象频繁出现。同时，权力关系形成了特定的分配结果时，分配的结果也反过来建构、巩固和强化特定的权力格局，进而实现权力关系与利益分配的均衡。① 这样，社会中心群体在资源分配中年收益明显，而体力劳动者等社会边缘群体在市场竞争中逐渐处于劣势。市场经济天然地带来一定的不平等，市场机制虽然在一定程度上能够实现资源配置的效率性和及时性，但却不能确保资源配置的公平性。在计划体制向市场机制转轨对过程中，一些社会群体所在的部门、单位和个人凭借计划体制赋予的优势地位，特别是权力资源，可以从市场交易中获得高额利益，这些社会群体自然成为规则不公平的最大受益者。更重要的是，在这个过程中，由于政府转型的长期性，政府在资源公平配置上的职能日趋弱化。政府在现代化进程中，一方面，其原有的政治资源随着向社会的转移而不断减少或者流失；另一方面，政府在积聚和开发新的政治资源的同时也形成了自身的利益追求，而相对忽略了其本应承担的弥补市场失灵的重要职责。政府既是价值分配的实施者，也可以是价值分配的享受者。这种双重

---

① 史瑞杰、韩志明：《收入分配制度的反思》，《政治学研究》，2014年第3期。

身份使政府很容易进行优待和偏袒自己的分配,一些地方政府在制定政策时没有坚守最基本的公平和公正原则,在有关国企、教育、医疗、社会保障、农地非农化等这些关系到社会大众直接利益的重大事项改革的过程中,没有真正兼顾社会弱势阶层的利益,往往以改革为名,强制推行损害工人和农民等社会中下层群体的利益的举措。这样,政治资源配置不可避免地造成社会阶层的差距。

(四) 我国政治资源的分布客观上存在着不平衡

客观而言,我国的政治资源的分布本身也是不均衡的。就区域而言,我国中心城市拥有的政治资源远远多于一般城市;就城乡而言,我国城市拥有的政治资源肯定大于偏僻落后的农村。从全国而言,政治资源高度集中于首都,北京是全国的政治中心,我国的重大政治决策由北京中央政府做出,全国性的政治会议往往都集中在北京举行。各省拥有的政治资源也有差别,最直接的一个体现是我国干部分布地区是不均的,按照城市的级别,干部的数量和级别不同,首都北京自然是高级干部集中的区域。[①] 同时,各省的政治性代表也有差异,作为中国共产党最重要的决策机构的成员——政治局委员主要集中在北京、上海、天津、重庆、广东等直辖市和经济发达的省份。相对于其他省份而言,拥有政治局委员的直辖市和省份自然更接近国家的最高决策,更能为地方的发展获得足够的政治资源。另外,政治资源的差异分布还可以从中国"市"这一行政区划充分体现出来。在中国市的行政区划中,分别有直辖市(如北京)、省会城市(如郑州市)、计划单列市(如青岛市)、地区市(如信阳市)、县级市(如辉县市)等。虽然这些城市都冠以"市"的称谓,但这些不同的"市"拥有的资源却不同,如计划单列市相当于副省级城市,计划单列市的财政权限明显高于一般的地级市。同时,作为这些市的最主要的领导人(市委书记)其拥有的政治待遇和级别自然也不同。如计划单列市的市委书记往往是所在省份的省委常委,能够在省级政府决策中发挥影响力。政治资源不平衡的客观分布自然也就影响不同区域的发展。同时,随着改革的不断深入,这种区域间客观存在的政治资源不平衡,不仅不会在短时间内得

---

① 杨龙:《我国政治资源的不平衡分布》,《中共福建省委党校学报》,2004年第2期。

到缓解,而且还有可能随着政策的调整,重点区域发展的需要,延续很长时间。

(五) 社会各阶层政治资源的获取和利用技能客观上存在差异

当前社会阶层间政治资源的失衡客观上与社会各阶层政治资源获取能力有关。达尔指出:"有些人比其他人使用更多的资源以获得权力,因为他们能够接触较多的资源。如果其他一切条件相等,那就有理由期望拥有较多资源的人将获得较多的权力。"① 同时,人们利用资源的程度上也存在一些差异,一个拥有丰富政治资源的政治个体或许不能够对政治决策行使真正相应的影响力。② 也就是说,即使拥有同等的资源,不同的政治个体对政治的影响力也可能出现差异。达尔仔细地解释了这种差异,他认为,差异伴随人的整个生命周期,壮年时期比老年时期更有优势;差异随政治体系的不同事件和不同议题出现差别;根据不同的议题领域有所差异;因人而异,职业政治家会充分利用手头的资源,而另一个极端人们却对政治毫无兴趣。③ 美国当代社会学家米尔斯也曾经指出:权力、财富、声望等这些资源并非是任何人格的内在属性,要想声名显赫,要想腰缠万贯,要想权倾天下,就必须进入主要结构,但个体在机构中所占据的位置,很大程度上决定了他们拥有和牢牢把握这些有价值的经历的机会。客观的情况是,富人发现自己比穷人更容易得到权力;有身份的人发现自己比别人更能把握获得财富的机会。④ 在当代中国政治资源配置变迁的过程中,社会各阶层虽然都参与了对政治资源的汲取,但他们获取资源的起点不同,本身存在着一定的差异。起点的差异自然影响到结果的差异。由于社会各阶层受教育的程度不同,城乡教育资源分配的失衡,劳动阶层的整体教育水平自然与其他阶层存在差距,而受教育的程度不同,往往意味着

---

① [美] 罗伯特·A. 达尔:《现代政治分析》,王沪宁译,上海译文出版社 1987 年版,第 153 页。

② William Gamson, Power and Discontent, Homewood, Ⅲ: The Dorsey Press, 1968, pp. 95 - 97.

③ [美] 罗伯特·A. 达尔:《谁统治:一个美国城市的民主和权力》,范春辉、张宇译,江苏人民出版社 2011 年版,第 302 页。

④ [美] 查尔斯·赖特·米尔斯:《权力精英》,王崑、许荣译,南京大学出版社 2004 年版,第 9 页。

机会拥有量的不同和把握能力的差异。在改革开放之前，这种阶级阶层之间的差异由于有限的社会流动在资源获取上并没有得到明显的体现。而随着市场化改革的深入，各个社会群体都被裹挟进一场马拉松似的竞赛之中，适者生存、优胜劣汰的竞争自然使那些起点较弱、资源获取能力较差的社会群体边缘化，从核心的社会阶层结构中脱离出来。这样，一个不可避免的趋势就是，如果主观上制度不能纠正，那些具有先天禀赋和优势的社会阶层在竞争中，其最初的优势会得到不断放大和累积，而形成资源配置的"蝴蝶效应"。

第六章　政治资源的优化配置与和谐的社会阶层关系之构建

一　和谐社会的提出及其背景

进入21世纪，社会冲突和社会矛盾加剧，中国共产党适时提出了构建社会主义和谐社会的时代任务，社会主义和谐社会的提出，有着深刻的时代背景。

首先，社会主义和谐社会的提出，是对20世纪90年代后中国社会种种不和谐现象的直接回应。不言而喻，"和谐社会"的对立面是不和谐社会。人类对"和谐社会"的追求也就验证了现实社会往往存在着不和谐的现象，离人们美好社会的图景是有一定距离的。改革开放以来，中国社会发生了深刻的变化。经过20多年来经济体制的转型和现代化进程的推进，社会成员之间、社会组织出现了持续不断的分化。这种分化一方面体现为现代化进程中正常的国家与社会职能的分化；另一方面这种分化包含了经济利益的重新分配与调整，从而在很大程度上体现为一种利益分化。政治结构和社会组织功能的分化是为了更好地适应中国现代化的社会发展，而改革开放以来的利益分化出现了一系列值得关注的社会负面问题。这些负面问题直接体现为现实社会生活中的种种不公正、不和谐的现象，以及经济生活中个人收入不平衡的态势。再加上由于缺乏制度化的利益表达与调节机制，社会阶层之间的隔膜、疏离感日益增强，社会冲突明显增多，多种不和谐因素以冲突的形式在社会各个领域表现出来。在政治领域，由于某些党政官员的腐败，导致人民对执政党和政府认同度降低；由于房屋拆迁过程中基层官员的粗暴执法，农村土地资源的惊人流失，引发城市居民和农村失地农民的频繁集体上访，并时常伴有集体抗法事件的发生；在经济领域，市场机制的渗透进一步拉大了贫富差距，弱势群体的利益受损得不到及时的矫正。这些都对当代中国社会的良性运行构成了严重挑战。同时，在社会转型过程中，政府部门社会职能出现软化和弱化现象，公共服务系统趋于减退，使得中国社会不和谐因素进入活跃期和多发阶段，结构紧张和公正失衡屡屡被社会关注，社会共同体的和谐稳定面临重大考验。

一个社会在发展的过程中，矛盾与冲突是不可避免的现象，有其客观存在的逻辑。社会的矛盾运动是事物发展的根本动力，事物的矛盾运动有两种方向：一方面使社会更具活力，良性运行。正如阿普特所言，在每一个政治体系中，精英—大众之间的冲突提供了产生政治行动的社会交叉互动的动力；[1] 另一方面加剧了社会内部冲突，社会处于恶性运行之中。中国社会在现代化进程中出现的社会矛盾同样也是社会发展所要经历的"阵痛"。著名的政治学家亨廷顿曾经指出："现代性孕育着稳定，而现代化过程却滋生着动乱。"[2] 对于发展中国家而言，现代化的过程充满陷阱，现代化往往造成社会秩序失范、社会风险高发，从而带来一系列社会问题。快速的经济发展往往破坏社会稳定。发展中国家经济发展本身也是一个引起高度不稳定的过程。[3] 从长远来看，经济发展可能产生比传统社会更均衡的分配方式，但是在短期内，经济发展的一个直接后果就是扩大了社会群体、社会阶层收入的不平等，社会财富很容易集中在少数人手中，导致贫富差距、城乡差距扩大，破坏原有的利益格局，从而激发社会矛盾。因而，我国在经济快速发展的同时，也产生了大量的社会问题和诸多的不和谐现象。执政党提出构建"和谐社会"这一社会发展的新目标，希望通过和谐社会的构建来消除社会冲突，减少社会矛盾。

其次，社会主义和谐社会的提出，也反映了中国开始对现代化进程中的社会问题进行反思，标示着在历史和实践的转折点上开始对社会发展模式进行调整，意味着中国现代化战略的积极调整。从20世纪80年代开

---

[1] ［美］戴维·E.阿普特：《现代化的政治》，陈尧译，上海人民出版社2011年版，第103页。

[2] ［美］塞缪尔·P.亨廷顿：《变化社会中的政治秩序》，王冠华译，生活·读书·新知三联书店1989年版，第38页。

[3] 同上书，第53页。

始，中国共产党在带领全国人民走向伟大复兴的过程中，相继采取了优先发展经济、随后政治文明建设跟进的发展步骤，而进入新世纪新阶段，社会建设的任务提上发展日程。作为发展中国家，中国采取了赶超型的发展战略，在具体的发展模式上主要采取经济发展优先的策略。所以，改革开放之后，执政党提出发展是硬道理的决心，同时强调稳定压倒一切，这种发展策略为中国经济总量的增长奠定了坚实的基础，但经济发展的同时也伴随着与经济不平等现象，尤其是进入到现代化中期之后，经济增长与社会发展不和谐现象日益突出。中国共产党希望通过和谐社会的构建，实现经济发展、民主完善、精神文明和社会发展的统筹兼顾，实现经济、政治、文化和社会的均衡发展。

最后，从更宏观的视野来看，社会主义和谐社会的提出更是对中国传统社会和谐思想的延伸与发展。社会的和谐一直是中国传统社会探讨的一个重要主题和梦寐以求的目标。中国古代先秦政治思想家和近现代的洪秀全、孙中山等都曾对社会的和谐描绘过美好的蓝图。如孔子设想的社会和谐是"盖均无贫，和无寡，安无倾"①；老子设想的和谐社会是"小国寡民，使有什伯之器而不用，使民重死而不远徙。虽有舟舆，无所乘之。虽有甲兵，无所陈之。使民复结绳而用之。甘其食，美其服，安其居，乐其俗，邻国相望，鸡犬之声相闻，民至老死不相往来"②。当然，中国古代最具有代表性的和谐社会理想就是《礼记·礼运》描绘的"大同社会"。《礼记·礼运》篇是这样描述的："大道之行，天下为公。选贤与能，讲信修睦，故人不独亲其亲，不独子其子。使老有所终，壮有所用，幼有所长，矜寡、孤独、废疾者，皆有所养。男有分，女有归。货，恶其弃于地也，不必藏于己。力，恶其不出于身也，不必为己。是故谋闭而不兴，盗窃乱贼而不作，故外户不闭，是谓大同。"到了近代，太平天国农民起义领袖洪秀全也设计出一个激励太平天国将士勇往直前的和谐社会蓝图——"有田同耕，有饭同食，有衣同穿，有钱同使，无处不均匀，无人不饱暖。"伟大的革命先行者孙中山先生早年上书李鸿章，提出"人能尽其才，地能尽其利，物能尽其用，货能畅其流"的美好社会构想。中国传

---

① 《论语·季氏》。
② 《老子》第80章。

统社会对和谐公正的追求和当前中国的社会现实发生了激烈的碰撞，在社会价值上，进入到现代化中期的当代中国对和谐和公正的追求更为强烈。

正是在上述背景下，中国共产党十六届四中全会在《关于加强党的执政能力建设的决定》明确提出了"构建社会主义和谐社会"的目标，把"构建社会主义和谐社会"作为新时期中国共产党的执政目标，把和谐社会建设提上重要日程。自此，构建和谐社会开始回归到当代中国社会发展的进程中，并被赋予新的含义和新的内容，它已不同于传统社会中低层次的自然性统一基础上的和谐，而是强调一种动态的稳定的自为性的和谐。

二 和谐社会的重中之重：社会阶层关系的和谐

和谐社会的概念提出后，学者们进行了多方面的解读。学者们多方面多角度的解读无疑丰富了我们对社会主义和谐社会的认识，但普遍存在以偏概全之嫌。和谐社会具有整体性和系统性，仅仅从某一个层面某一个学科视野去解读恐有疏漏之处。我们认为，解读和谐社会应有不同的层面，我们可以尝试从宏观、中观和微观三个层次来解读和谐社会。

所谓宏观层面的和谐社会，主要体现在时任中共中央总书记胡锦涛的正式阐述。2005年2月19日，胡锦涛在中央党校举办的"省部级主要领导干部提高构建社会主义和谐社会能力"专题研讨班上发表的重要讲话中，把社会主义和谐社会高度概括为民主法治、公平正义、诚信友爱、充满活力、安定有序、人与自然和谐六个基本特征。上述六个特征方面相互联系、相互作用，共同构成了和谐社会的主要内容，它实际上主要体现了三个方面的和谐，即人与自然的和谐、人与社会以及人与人之间的和谐统一。因此，宏观层面的和谐社会实际上是中国社会建设的总体目标。

所谓中观层面的和谐社会，往往指和谐社会各个组成部分各个构成要素处在一种相互协调的一种状态。学术界所谈论的和谐社会也往往是从中观层面来剖析的，例如，社会学者往往谈到了社会制度、社会组织以及社会价值等内容；还有学者谈到了社会流动机制、利益协调机制、社会控制机制等。总体来看，学者们基本上是把宏观层面的和谐社会六大特征进一步具体化进行解释。从主体的社会结构角度讲,中观层面的和谐社会就是让社会成员、群体、阶层、集团之间的关系融洽、协调,无根本利害冲突。其中的关键是阶层和谐,只有实现了社会阶层关系的和谐,和谐社会才能成为现实。

第一,社会阶层和谐是和谐社会题中应有之义。"和谐社会"是一个历史的范畴,不同历史阶段的社会"和谐"体现出不同的含义和特征,中国进入新时期新阶段执政党提出的社会主义和谐社会更具有时代特征。从中国共产党对和谐社会的正式表述来看,社会阶层和谐正体现在这一重大命题之中。在三个层次的和谐中,人与社会以及人与人之间的和谐更为重要。因此,构建社会主义和谐社会,基础是实现社会阶层的和谐。而阶层是现代社会的载体,人与人之间的交往在大多数情况下往往体现在同一群体或者不同群体之间的交往,也就是说,社会关系在很大程度上体现为社会阶层关系。如果把和谐社会看作是一曲交响乐,"其音符,说到底,是社会的各个阶级、阶层。"[①] 从这个意义上讲,和谐社会的主体是社会阶层。现代社会,是阶层分化的社会,阶层之间的矛盾是不可避免的,不实现阶层之间的和谐,不解决阶层矛盾和阶层冲突,和谐社会就不可能实现。

第二,社会主义和谐社会是以社会阶层和谐共处为基础的。恩格斯指出,"至今一切社会的历史都是阶级斗争的历史"[②]。社会冲突的主体是阶级、阶层,现代社会的冲突就建立在阶层冲突的基础上。现代社会是异质性较强的社会,它往往以多元的社会力量、社会群体为基础。一定的阶层分化是社会正常发展的必需,但阶层分化势必也会给阶层关系的和谐带来风险,如果阶层冲突在一定的制度框架中得到缓和,一个社会就能够避免动荡。反之,一个社会有可能出现动荡、骚乱乃至暴力革命。尤其是当代中国处在社会转型期,阶层矛盾、阶层冲突日益明显,阶层关系的和谐更是迫切问题。工人、农民、知识分子、私营企业主、公务员、经理等社会阶层因差异而存在,也因共生而发展,当前中国社会各阶层固然有这样那

---

① 邓伟志:《如何构建一个和谐社会——邓伟志教授在浙江省委党校的讲演》,《文汇报》(电子版), whb. news365. com. cn。

② 《马克思恩格斯选集》第 1 卷,人民出版社 1995 年第 2 版,第 272 页。

样的差异，但是它们各有各的生命力，社会各阶层的和谐共存能够形成合力，对政治共同体的生存与发展具有重要作用。和谐并非意味着整齐划一，和谐并不排斥多元，和谐的前提应当是多元的存在。因此，我们要构建的和谐社会，其建立的基础是社会各阶层能够相互包容、互惠互利，社会各阶层之间不能因为相互差别而相互排斥，阶层间的差别不应成为阶层关系的障碍。阶层之间的共处难免没有摩擦和冲突，但都应该能够通过制度化的利益表达与规范机制来约束与调节，社会各个阶层应有共同的预期和一致的认同，以此形成社会和谐的基础性力量。

第三，社会主义和谐社会也是社会各阶层和谐参与的社会。不言而喻，一个和谐的社会应该也是一个稳定的社会，也是各种政治力量与社会力量政治参与有序的社会。广泛的政治参与是现代化的一个重要标志。广泛的政治参与一方面要求提高政治制度化的水平。在政治制度化水平较低，政治参与的渠道单一与狭窄的情况下，持续的大规模的政治参与肯定对政治系统形成强有力的压力，往往酿成政治和社会冲突。因为，各种政治力量与社会力量的利益与要求如果不能够合法地通过政治参与渠道得到表达，那么，体制外的渠道或非法的途径可能成为他们的无奈选择。因此，"政治稳定依赖制度化和参与之间的比率。如果要想保持政治稳定，当政治参与提高时，社会政治制度的复杂性、自治性、适应性、内聚力也必须随之提高。"① 也就是说，制度化和规范化的政治参与是保持社会和谐的重要条件。另一方面，制度化和规范化的政治参与机制与社会力量的有序参与是高度关联的，即使一个政体建立了较为规范的政治参与制度，但政治参与的各种社会势力和社会力量如果不遵守各种规范，这样的制度设计也是枉然。因此，社会阶层的行为规范、有序参与对于社会的稳定和和谐非常关键。社会各阶层是现代社会重要的政治参与力量，社会各阶层的和谐参与关乎到社会的稳定。

第四，社会阶层的和谐程度影响着和谐社会的实现程度。人类历史发展的经验表明，一个国家内部社会阶层之间的和谐，不仅对社会稳定有益，更重要的是能够充分调动各阶层社会建设的积极性，形成一个国家进

---

① [美]塞缪尔·P. 亨廷顿：《变化社会中的政治秩序》，王冠华译，生活·读书·新知三联书店 1989 年版，第 73 页。

行建设的强大合力,从而推动社会的进步和国家的繁荣。改革开放以来,中国经济取得的重大成就与共产党在构建和谐的社会阶层关系上的贡献有一定的关系,主要体现在阶级阶层关系上,告别了"非友即敌"的思维模式,坦然承认新社会阶层的存在,实现了把阶级阶层作为社会甄别机制到作为社会激励机制的重大转变①,这一转变在一定程度上激发了社会各阶层进行经济建设的积极性。在国际社会,告别了种族歧视和阶层冲突的南非在曼德拉的领导下,实现了稳定和经济发展,迅速成为金砖国家之一。

所谓微观层面的和谐社会,主要指和谐社会的形成基础,这也是和谐社会构建的关键。如果说宏观意义上的和谐社会主要是具有目标导向作用,中观层面的和谐社会则指出了和谐社会建设的主要内容,那么,微观层面的和谐社会主要探讨和谐社会具体的实现条件和基础。如果承认中观层面的和谐社会主要是阶层和谐,那么在微观层面,我们讨论的问题就变为:如何实现阶层关系的和谐呢?社会构成的一个重要基础是资源,社会阶层的形成与资源配置有关,实现社会阶层的和谐必须优化政治资源的配置。

第一,社会的不和谐源于对政治资源的激烈争夺。任何一个社会都不可能使政治资源和社会资源在社会成员和社会组织之间实现均等分配。法国思想家卢梭曾经说:"即使没有政府的干预,声望和权威的不平等,在个人与个人之间,也将是不可避免的。"② 仅仅由于人们之间的差别,政治资源的分配往往不可能是不平等的。现代政治学家达尔认为,有四项理由使政治资源在现实社会中的分配往往并不是完全公平或平等的。(1)每一个社会都存在着某种功能专业化:功能专业化造成了人们在享有政治资源方面的差别。(2)由于先天的差异,人们进入生活时获得的政治资源不同,那些起步较早的人常常处于领先地位。(3)生物学和社会性继承的差异,加上经历的差异,会使一个社会中不同的人们在动机和目标上产生差异,而动机的差异又导致获取资源的差异。(4)动机和目标上的差异在社

---

① 张瑞敏:《改革开放以来中国共产党关于和谐阶层关系的构建》,《首都师范大学学报》,2010年第6期。

② [法]卢梭:《论人类不平等的起源和基础》,李常山译,商务印书馆1962年版,第143页。

会中通常受到鼓励，以使不同的人胜任不同的专业。① 资源配置的差异不可避免地形成利益冲突。为了在资源分配格局中占据有利地位，争取或者攫取更多的政治资源就成了社会阶层生存和发展的首要目标，对政治资源的争夺势必影响社会稳定。

第二，如果承认社会冲突与不和谐源自政治资源配置上的极端不平等，那么合理得当的政治资源配置就是实现阶层和谐的前提条件，解决冲突的关键应是资源的分配合理。当前我国社会正处于急剧转型过程中，不同利益群体在改革中享有的资源不同，造成了一定的社会矛盾和冲突。但是，由于人民的根本利益和长远目标是一致的，要解决现阶段的冲突与矛盾，关键要协调不同利益群体、不同社会阶层的资源分配，实现利益、资源的动态均衡，建立社会激励机制和社会流动机制，使每一个社会成员都有机会通过自己的努力，实现合理、有序的社会流动，都有机会共享改革开放带来的资源成果，从而使全体人民能够各尽所能、各得其所而又和谐相处。

三 优化政治资源配置，实现阶层和谐的现实路径

（一）社会阶层关系和谐的主要体现

第一，社会各阶层能够平等地参与社会治理体系。社会阶层是否冲突和对立，可以通过在一个国家的社会控制和治理体系中各个阶层的力量体现出来。精英阶层和大众阶层的矛盾和冲突往往就在于国家的治理中，大众如果被排除在国家治理体系之外，必然导致精英与大众的冲突。一个现代化的治理体系不仅是权威的，而是具有开放性的，它总是能够积极吸纳社会新生力量和社会阶层参与社会事务治理。美国政治学家亨廷顿曾经指出，一个处于现代化之中的社会，其政治共同体的建立，应当在"横向"上能将社会群体加以融合，在纵向上能把社会和经济阶级加以同化。② 也就是说，现代社会需要现代化的治理体系，要处理、协调社会发展中的不

---

① [美]罗伯特·A. 达尔：《现代政治分析》，王沪宁译，上海译文出版社1987年版，第72—73页。

② [美]塞缪尔·P. 亨廷顿：《变动社会中的政治秩序》，王冠华译，生活·读书·新知三联书店1989年版，第366页。

稳定的因素,现代社会必须要有一个强大的、有活力的治理体系,它是化解社会矛盾非常重要的机制,精英和大众的合作共处直接体现在社会治理体系中双方力量的共同存在。中国共产党十八届三中全会通过的《中共中央关于全面深化改革若干重大问题的决定》指出:全面深化改革的总目标是完善和发展中国特色社会主义制度,推进国家治理体系和治理能力现代化。社会治理体系的权威性是建立在广大人民群众认同基础上的,这就需要社会各阶层积极参与社会治理体系,鼓励和支持社会各方面参与。社会各阶层平等地参与社会治理体系,既能维护社会各阶层的利益,同时通过现代化的治理体系也能实现对社会阶层的有效整合。

第二,社会各阶层能够形成"和而不同"的核心价值观。社会阶层和谐不是意味着社会阶层的整齐划一,事实上,现代社会是以阶层的多样化和广泛性为基础的,而大量的社会冲突首先源于价值观念的冲突,社会各个阶层由于生活层次和价值观念不同,很容易产生价值理念的冲突,问题的关键是社会各个阶层应形成或提倡和而不同的理念。社会各阶层的"和而不同",首先应承认阶层间的差异,包容差异的存在使得各个阶层能够在理念上认同别的阶层的存在。"和而不同"要成为社会阶层精神生活的社会黏合剂,社会各个阶层对"和而不同"能够形成共识,使其成为联系阶层之间、化解阶层冲突的价值纽带,成为社会成员内心世界的平衡机制,在思想领域里发挥凝聚功能。

第三,社会阶层的和谐还体现在合理的社会阶层结构能够使不同利益群体的需要得到满足。社会学者往往把菱形或者橄榄形的社会结构看作是合理的,因为菱形或者橄榄形的社会结构最大限度地实现了社会稳定。从政治学的视野来观察,社会阶层结构的合理性在于不同的利益群体、社会阶层均能够通过制度化的手段,较为顺畅地表达利益诉求,每个阶层的利益诉求均能够得到合理体现和保障。

第四,社会阶层能够实现合理的流动。社会各阶层之间由于获取和占有的资源不同,阶层位序之间存在差别,但这种差别不是固定和僵硬的,社会成员的地位有高有低。但这种等级序列和地位高低不是凝固化的,社会中不存在群体性排斥的制度,一个强大的社会在某种程度上总能够实现精英和大众之间的循环,普通的社会成员也具有流动的权利和自由,底层的社会民众通过努力能够实现阶层地位的变化。

(二）优化政治资源配置促进社会阶层和谐

政治资源的优化配置实际上意味着良好的政治统治和政治秩序，因此，构建和谐社会的基础性工作是政治资源的优化配置。阶层分析的出发点就在于妥善解决政治资源在不同社会阶层中的配置问题。因此，社会主义和谐社会政治资源的优化配置，必须根据建设和谐社会的目标，汲取过去政治资源配置中的经验，直面当前政治资源配置中的问题与不足，提出政治资源配置的现实方案。

1. 社会主义和谐社会政治资源优化配置应把握的原则和方向

（1）社会主义和谐社会政治资源优化配置应体现"以人为本"。德国古典哲学的奠基人康德提出了人是目的而不是工具的著名论断。人是社会和政治的主体，政治发展和社会发展的目的都是为了满足人的各种需求。因此，人对于政治而言具有优先性，政治制度的设计与安排应满足人类发展的需求，应保障社会成员政治自由和社会自由，应能促进社会成员的生存与发展。诚如18世纪的法国思想家卢梭所言："人民之所以要有首领，乃是为了保卫自己的自由，而不是为了使自己受奴役，这是无可争辩的事实。"[①] 但在现实的政治实践中，政治主体客体化和政治客体主体化是常见的现象，尤其是在专制社会中，作为政治主体的人往往受政治和政治制度的奴役，只有少数统治者或管理者才是政治主体，作为历史发展主体的大多数民众却成为被统治阶级，专制的社会制度正是造成政治和社会压迫的重要根源。在现代民主政体中，社会制度的安排都把尊重社会公民的权利，改善社会公民的生活质量，优化人类的发展环境作为重要的参考坐标。也就是说，一个被视为民主的社会在制度安排上应该能够最大限度地保障被统治者自由与权利。社会主义提出"以人为本"，高度重视人在社会发展中的主体作用，"以人为本"强调尊重人、解放人、依靠人。它要求我们在分析、思考和解决一切问题时，要从人的需要出发，对人的生存和发展确立起终极关怀。[②] "以人

---

① [法] 卢梭：《论人类不平等的起源和基础》，李常山译，商务印书馆1962年版，第132页。

② 虞崇胜：《以人为本：政治文明建设的出发点和最终归宿》，《华中师范大学学报》（人文社会科学版），2004年第5期。

为本"落实到资源配置中，就要求社会政治资源的优化配置应以人为出发点和归宿，应该体现政治对人的关怀，坚持以人为本的理念。要从尊重人、理解人、关心人、爱护人的角度出发，肯定社会主义社会公民的政治主体地位，最大限度地发挥社会主义制度的优越性，体现社会主义制度的人文关怀。

（2）社会主义和谐社会政治资源优化配置应体现公正。公正是人类社会永恒的价值追求，是衡量社会进步的基本尺度。随着时代的发展，公正的内涵随着社会实践的发展得到不断拓展和丰富。公正的理念植根于现代文明社会之中，是现代法治国家普遍应尊崇的社会价值，也是一个和谐、健康的社会应遵奉的普遍规则。一个没有公正的社会是决不可能走向繁荣稳定与和谐的。在当代中国，公正已经成了大多数社会成员的价值共识，更是社会弱势群体的迫切诉求。政治资源的配置公正，能够使绝大多数社会成员都受益，使社会阶层在机会公平方面可以获得平等，改变弱势群体"不怕苦就怕没机会"的局面，可以充分激发各个阶层以及绝大多数社会成员的潜能；可以实现社会的有效整合和社会团结。社会主义政治文明优越于资本主义的政治文明，社会主义制度为每个公民提供了平等的发展机会和机遇，但当前社会主义政治资源的配置还存在着不足，这就要在构建社会主义和谐社会的过程中，在政治资源的配置上体现公正的价值理念。

（3）社会主义和谐社会政治资源优化配置应关注弱者。当代著名政治学家罗尔斯提出了正义两原则：平等自由原则和平等基础上的差别原则。在罗尔斯看来认为，人与人之间客观上存在一定的差异，这些差异有些是自然资质方面，有些是社会造成的。不管是自然方面还是社会方面的差异，差异都可以通过合理的社会措施尽量加以减少或者消除，一个社会的制度安排不仅要遵循平等，同时在此基础上要适度照顾社会"最少受惠者"，在承认差别存在的客观性基础上，尽可能地改善社会处境不利的社会阶层的环境。罗尔斯的差别原则对我国当前社会阶层政治资源的调配无疑具有一定的启示。它提醒我们，在不违背公平平等原则的基础上，当今中国社会应更多地关注弱势群体的政治资源保障问题，通过加大对社会弱势群体政治资源的供给改善其不利处境。

2. 优化三种政治资源配置机制

（1）积极发挥政府在政治资源配置中的职能和作用。现阶段中国社会阶层间政治资源配置的失衡和累积性不平等，表面上看与中国改革路径、政策选择关系密切，实际上与政府在政治资源配置中的职能相关。在阶层结构塑造和阶层关系的形成中，政府扮演的角色至关重要。应该看到，政府既是政治资源配置的主体，同时也是构建社会阶层和谐的主体。当前中国社会阶层间政治资源配置的失衡与政府职能有密切关系。由于政府职能转换的滞后，政府对于因起点和规则造成的阶层资源分配不公平的现象未能及时通过二次分配进行矫正，对于弱势阶层未能提供及时的保障，对于富裕阶层的高额收入未能进行合理的调节。在社会利益结构形成过程中，政府本应是公共利益的代表，但客观上政府本身也具有一定的自利性。在利益实现过程中政府的公共性往往受到自利性的挑战而出现缺失。因此，在现实的资源配置中，我们往往发现有些地方政府为了追求政绩和地方税收而置公共利益不顾，对于阶层分化的不公平现象放任自流，甚至以牺牲公共利益谋求政府自身利益。有些地方政府为了自身利益，形成政府和企业之间的分利联盟，政治资源过多地流入受政府保护的企业中。有些政府往往站在强者的立场发声，漠视弱势阶层的利益，拥有强大经济资本的社会强势群体在资源配置中往往受到政策照顾或优待。

要矫正和改变政治资源配置的失衡局面，必须重新定位政府的职能，发挥政府的作用。首先，政府职能发挥的前提是要进行正确的角色定位，应站在公共利益角度和社会整体、长远的利益考虑资源的分配，协调社会阶层关系，政府不能仅仅代表某一阶层或少数阶层的利益，更不能被强势阶层所"俘获"。其次，政府职能发挥的关键是处理好与市场的关系。政府对政治资源的配置主要体现在政治权力上，改变资源分配中出现的失衡，应该让权力退出市场，为人民创造平等的受教育机会、平等的竞争机会、平等的法律环境、平等的医疗和社会保障，让人们在大致公平的基础上进行竞争。党的十八届三中全会《关于全面深化改革若干重大问题的决定》强调，"政府要加强发展战略、规划、政策、标准的制定和实施，加强市场活动监管，加强各类公共服务提供"。最后，政府应以服务型政府建设为契机，在资源配置中强化社会本位的服务理念，主动适时对市场所奉行的效率原则进行必要的调整与矫正，弥补市场配置资源中存在的缺陷，加强和完善各类公共服务提供，完善社会保障体系。

（2）规范市场竞争和交易规则，合理发挥市场机制在政治资源配置的重要作用。物质财富是政治资源的根本，市场对政治资源的配置主要体现在对物质财富的引导上。1992年社会主义市场经济体制的确立后，市场在资源配置中日益发挥基础性作用，市场机制引导社会各阶层对物质财富的追求，推动了经济建设，社会财富总量不断增长。市场经济也意味着竞争，合理有序的竞争自然有利于社会经济的发展。但是，当前中国社会阶层矛盾和冲突背后隐藏的资源恶性竞争值得警惕，阶层冲突的背后往往是资源的博弈，新富阶层对资源的不断摄取、掠夺和弱势群体维护权益的斗争交织在一起。有些社会群体为了攫取更多的资源，不惜任何代价和手段，社会生活的"西西里化"现象不断出现。① 同时，市场机制也引发了社会资源的交易，正常合理的资源交易有利于资源的流动，充分发挥资源的价值，但当前金钱、权力、社会声望几种主要资源的非正常交易有愈演愈烈之势，权力为资本的增值提供保护，资本的增值又为权力阶层提供直接的物质利益和大量的经济财富，一些拥有经济财富的社会富人希望通过金钱的润滑作用打通权力之路，寻求财富的"滚雪球"效应。富有社会声望的阶层利用其声誉为某些企业代言，通过误导公众牟利。这些资源的非正常交易不仅扰乱了正常的经济秩序，扭曲了市场的配置作用，而且还会使社会阶层间资源的累积性不断增强，社会阶层之间的差距进一步拉大。为此，必须规范当前的市场竞争和交易规则，提高市场资源配置的效率和规范性，反对资源垄断和不正当竞争，尽力扭转社会各阶层物质财富差距过大的局面。

（3）鼓励社会组织参与政治资源的配置。改革开放之后，随着政治资源配置方式的变迁，政治资源不断下沉，社会获取的空间不断拓展，各种社会组织在资源配置中的重要性日益凸显，在平衡社会阶层间资源配置

---

① 所谓社会生活的"西西里化"就是一种由暴力和不公正造就的社会失范状态。参见郑也夫：《信任：合作关系的建立与破坏》，中国城市出版社2003年版，第196页。

方面也起到日益明显的作用。社会组织参与资源分配有利于改善弱势群体的生存处境，发挥查漏补缺的作用。社会组织与政府、企业的合作有利于促进和优化公共服务的供给，让那些被政府忽略了的社会群体能够得到必要的帮助和支持。我们注意到，当代中国社会阶层冲突和阶层矛盾往往通过大量频发的社会群体性事件显露出来，而社会群体性事件的行动逻辑主体往往是社会弱势群体的维权和抗争。由于缺乏必要的政治资源，他们往往不能通过正常合理的渠道来表达利益诉求，因而只能通过体制外的非正常渠道来表达和宣泄其利益诉求。社会群体性事件严重影响到社会的和谐稳定，而解决群体性事件的根本渠道是弱势阶层利益表达渠道的畅通和政治资源的公平分配。大量的社会组织具有草根性，与不同社会群体密切相关，在一定程度上既可以凝聚和表达社会群体的利益，又可以为社会群体政治参与提供有序的渠道。这样，一方面，公民的有序参与能够促进国家与社会的良性互动，通过参与影响政府决策，传递社会各个阶层的资源偏好，及时反映社会阶层尤其是弱势阶层的呼声与要求，在当前较为复杂紧张的政治资源配置中起到缓冲作用。另一方面，社会组织的参与也能够在一定程度上抑制政府权力的滥用，约束权力的行使，限制政治资源的不公平配置。

3. 处理好阶层关系

（1）理顺阶层利益关系。如前所述，社会阶层关系的实质是利益关系，社会阶层利益关系凸显的是一种资源博弈。我国社会阶层结构的变迁以及新的阶层关系形成，实际上就是社会阶层利益的重组和资源分配格局的变迁。随着改革开放的不断深入，计划经济时代那种比较单一的利益结构开始瓦解，社会利益趋于多元化，各阶层间的利益分化逐渐明显。当然，一个社会发展与进步总是伴随着利益的分化的，一定的利益分化有助于推动社会各阶层的积极性和创造性，一个成功的社会总是要通过某种利益机制不断地去满足不同阶层的各种需要。但是，过度的或者较为悬殊的阶层间利益的分化，将会影响该社会的稳定和发展。因此，当务之急，必须尽快协调不同阶层之间的利益关系，建立起公平的、合理的社会利益关系和社会利益机制。

首先，是健全利益表达机制。社会学家郑杭生认为，阶层表达的是一种资源的分配与占有关系,这种分配与占有关系决定着人们的互动方式、互动过程及其他关系的形成,因而也是社会结构中占主导性的社会关系。[①] 和谐社会是社会各个阶层的利益诉求都能够得到表达的社会,也是社会各个阶层利益表达能够均衡的社会。中国共产党十八届三中全会《关于全面深化改革若干重大问题的决定》也指出:"建立畅通有序的诉求表达、心理干预、矛盾调处、权益保障机制,使群众问题能反映、矛盾能化解、权益有保障。"当前社会弱势群体由于在政治资源分配和占有关系上的不利处境,从而导致利益表达的缺失。为此,我们必须通过制定和完善各种政治参与制度,完善政治参与渠道,使各利益主体、各个社会阶层尤其是弱势群体正当合法的利益能够得到充分有效的表达。

其次,构建合理的利益分配机制。当前的阶层冲突与利益分配不均直接相关,尤其是社会阶层间收入分配过于悬殊,因此,应重点合理调整收入分配格局,扭转收入分配过程中只重视效率而忽视公平的倾向,提高劳动报酬在初次分配中的比重,完善最低工资制度,增加低收入者和困难群体的收入,扩大中等收入者的比重。同时应完善以税收、财政转移支付为主要的再分配机制,规范收入分配秩序,调节过高收入,逐渐形成党的十八届三中全会《关于全面深化改革若干重大问题的决定》所强调的橄榄型分配格局。

再次,建立对弱势群体的利益补偿机制。改革意味着利益关系的调整和利益结构的变革,从这个意义上讲,在改革的过程中,必然存在着利益受损者和利益受益者,甚至社会群体之间的利益剥夺。出现这种情况,客观上与不同群体在追求利益和资源的能力上存在差异有一定的关系,同时也与社会制度和资源配置政策相关。在中国改革的过程中,也存在着同样的逻辑,改革一方面培育了一个逐渐明细和多样化的社会阶层结构;另一方面在市场转型过程中,一些富人财富的积累明显带有不公平甚至不道德等因素,社会强势群体在崛起的过程中往往伴随着对社会公正的漠视和以损害弱势群体的利益为代价,这就造成了社会强弱阶层之间一定程度的紧张关系。例如,中国社会科学院的调查显示,党政干部被认为是改革开放

---

① 郑杭生:《中国社会结构变化趋势研究》,中国人民大学出版社2005年版,第6页。

以来受益最大的群体，其次是私营企业主。① 而党政干部和私营企业主正是当前中国"仇官"、"仇富"的主要对象，底层群体之所以将泄愤的对象指向上述两个阶层，主要原因就在于：在改革实践中，某些党政官员存在着以权谋私、飞扬跋扈损害群众利益的现象、私营企业主在财富积累过程中存在着不法行为，这些现象和行为的累积就逐渐损害了这些社会阶层的社会形象，遭到利益受损的弱势阶层的仇视。实际上，一些底层群体的利益受损在某种程度上本来是可以避免的，例如，城市中备受关注的暴力拆迁，在没有补偿到位，没有尊重拆迁户的意愿的基础上强制进行，而规范文明的城市拆迁实际上并不是不可能形成。所以，理顺利益关系很重要的一个方面就是在适当的情况下，对于受损利益主体进行合理的利益补偿。

最后，构建利益冲突解决机制。在利益主体多元化、利益关系复杂化的条件下，利益冲突不仅是不可避免的，也在一定程度上是合理的。一个和谐的社会并不是没有利益冲突，而是建立了较为完善的理性解决利益冲突的方式和机制。当前的利益冲突总体上体现为强势群体与弱势群体之间，并且利益冲突过于频繁，已经对社会秩序造成了一定的冲击。解决利益冲突的关键是规范利益竞争的秩序，保障合法利益，约束和消除非法利益，建立强势群体与弱势群体之间的利益沟通渠道，形成利益共识。

（2）建立权力均衡的支配关系。支配关系产生的前提是权力的存在，建立合理规范的支配关系必须规范权力的运行。

首先，改变政治权力的配置。从现实分析和长远发展来看，社会阶层的分化和多元对中国政治权力的配置产生了重要的影响，对中国政治权力体制的变革起了重大的推动作用。当前的权力配置必须考虑社会阶层多元化的现实，从立法、行政、司法三个层次上对权力进行必要的调适，更加重视、平衡各个阶层的利益。中国不是西方的三权分立体系，也不应模仿西方的三权分立体系，但在当前的立法、行政、司法权力的配置上都应反映、实现和保证社会各个阶层的利益。我们都有一个共识，一个现代的民主、法治社会，必然是一个民意得到表达和主张的社会。衡量政治民主的

---

① 李培林：《社会冲突与阶级意识——当代中国社会矛盾问题研究》，社会科学文献出版社2005年版，第202页。

一个重要标志就是人民的意志是否能够得到充分和畅通的表达，政府的公共政策是否能够及时准确回应人民的呼声和要求。当前社会阶层的多元化出现，使得在立法机构中各种声音出现得以可能，在当代中国，人大是最为重要的制度化的利益表达渠道。我们必须使各种声音、各个社会阶层的利益诉求在立法权力机构中得到体现，更要对弱势群体和弱势阶层的利益进行一定的倾斜和关注，使中国政治体系中的代议制度落到实处，将现有的选举机制实体化、真实化，使得中国国家权力机关的代表性和综合性不断增强，逐渐向各个阶层的实体利益倾斜，真正体现人民代表大会的作用和意义。这样，社会各个阶层、尤其是弱势阶层的利益可以在国家权力机构中得到妥协保护。同时，在行政权力上，要对政府的行政权力进行约束。政府权力过大而又不受监督的一个直接后果，就是权力滥用、腐败盛行，要从制度上解决权力过分集中又得不到制约的问题，创造条件让人民批评和监督政府，把权力关进笼子里。在司法权力上，改革开放以来，在全球化和经济一体化的背景下，我国原有的司法权力的运行机制发生了根本性的转变，司法的功能由原来具有专政色彩逐渐转向处理更多的阶层之间的民事纠纷和经济事务。作为最后的司法救济和公平正义的底线，司法权的立足点应转移到对各个阶层的利益的平衡和裁判上来，通过司法途径把社会各个阶层之间觥筹交错的张力和冲突缓解在制度性框架之内，司法救济把弱势群体的利益主张、维护和巩固起来，这样使不同阶层能够实现制度框架内的对话，在法律、规范和社会制度中凝塑一种和谐的精神砥砺。

其次，应打破权力垄断，资源垄断的实质是权力垄断，打破权力垄断的办法是引入竞争机制，充分发挥社会组织的力量。中国共产党十八届三中全会重大决定强调激发社会组织的活力，"适合由社会组织提供的公共服务和解决的事项，交由社会组织承担"。社会各个阶层自己组织起来，最大的价值在于实现有序的政治参与。社会阶层不仅能把自己的利益、要求进行有序地表达，而且这种有序组织化的参与过程又慢慢地强化了自组织能力和结社的生活经验，从根本上培养了社会阶层关系和谐的社会基础。更主要的是，通过这种组织参与方式，在很大程度上改变了政治权力原有的从上到下的单一运行模式，有助于塑造上下结合、上下互动的治理机制，建立起科学、良性的政治生态起始点，有利于打破权力在资源分配中的垄断局面。

最后，提高一般社会群体的话语权。当前，中国干群矛盾的背后是权力缺乏充分的制约。解决之道，一方面要对权力进行必要的制约和合理配置；另一方面还在于增强权利的力量。在权力和权利的关系上，权力往往是主动和积极的，而权利往往是被动和消极的，在力量的博弈上，二者往往存在着此消彼长的关系，权利的实现程度一方面取决于社会力量的增长，一方面也和权力的范围有关。当前社会弱势群体之所以对强势群体存在依附关系，干群之间的公仆关系错位在一定程度上都和社会群体权利缺失和孱弱相关。社会学者伦斯基认为，一个社会中权利的分配决定了报酬的分配。[①] 实际上，权利分配不仅决定报酬的多少，还在很大程度上决定了社会群体利益的实现程度。要建立合理规范的支配关系，应以权利为基础，尽快增强社会阶层话语权，使各阶层尤其是一般社会群体的声音能够得到反映，其利益在人大和政协得到正当的表达，从而改变社会弱势群体对强势阶层的依附关系和干群之间的"公仆"错位现象。

（3）建立成就取向的身份关系。改革开放前，中国社会阶层的身份往往主要由户籍制度、档案制度、干部制度等决定，这些身份指标大多是与生俱来，带有很强的先赋性因素。同时，当时的城乡分割也阻碍了社会阶层的流动。改革开放后，社会主义市场经济体制的逐步确立，传统的身份社会向契约社会转换，城市化进程带动了城乡之间的流动，传统的社会阶层开始出现分化。传统意义上固守农村的农民数量在逐步减少，而徘徊在城乡之间的农民工群体不断增加，农民工在当前的社会阶层流动中处于尴尬的境地，他们用自己的辛勤劳动为城市的现代化建设做出了历史性的贡献，但一张户口使得他们在社会身份上无法成为城市中一员，他们往往很难实现从农民到市民角色的转换，他们工作地点在城市，却不能享有城市居民的同等待遇，不能享受与城市居民相同的国民待遇，正如有学者指出的那样，在一定意义上可以说，当代中国农民与非农民的界限既不是在种田人与不种田人之间，也不是在大型聚落（"城市"）和小型聚落（"乡村"）之间，而是在两个世袭或准世袭的身份等级之间。"外部权势

[①] ［美］英格哈斯·伦斯基：《权力与特权：社会分层的理论》，关信平等译，浙江人民出版社1988年版，第58页。

的支配"使农民作为一种凝固性的身份性群体被整合进社会。① 中国共产党十八大以后，政府虽然废除了城乡户籍的差别，户籍制度改革迈出了重要的一步，但户籍制度造成的城乡实质性障碍在未来一段时间内仍然很难突破，农民作为一种凝固性的身份群体并没有得到根本改观，户籍制度作为一种身份标示的功能仍然很强，农业劳动者仍然是代际继承性最稳定的阶层。李春玲的研究表明，农业劳动者是一个代际继承性最为强烈的职业群体，92.8%的农业劳动者出生在农民家庭，同时，超过半数的农民家庭的子女（55%）仍然是农业劳动者。② 农民工阶层代际流动封闭化的现象背后，凸显的是社会地位获得的机制问题。一般来说，决定一个人社会地位高低的因素无外乎分为先赋性因素和后致性因素。前者与身份、家庭背景有关，关系取向的色彩浓厚；后者靠个人能力，成就和业绩成为决定社会地位的因素。先赋性因素在社会中作用大，表明这个社会的流动性就小，世袭性强。③ 因此，减少身份的不平等，必须迅速消除先赋性因素在社会地位获得上的优先权，在社会地位的获得资格上以成就和竞争来取代先赋因素，创造公平的环境和制度化的通道，提高社会的开放性和流动性。

（4）强化阶层合作关系。阶层矛盾是阶层和谐的隐患。当前中国阶层进化过程中出现的阶层矛盾对构建和谐的阶层关系构成了严峻的挑战，尤其是贫富矛盾和贫富差距更为显著，为此，邓小平曾经表示过担忧，"少部分人获得那么多财富，大多数人没有，这样发展下去总有一天会出问题"。④ 近几年，阶层差距拉大，阶层矛盾日益公开化和复杂化，阶层冲突不断，社会阶层之间的互不信任、互不合作甚至长期对立，阶层之间互相使用暴力的现象有增加的趋势，严重危及社会的稳定。解决阶层冲突，需要重新构建阶层之间的相互信任关系，倡导各阶层之间必须形成互惠互利的关系。构建社会阶层之间的合作互利关系，应站在全局和整体的角度，实际上，在现代化建设和实现中华民族伟大复兴这一根本利益上，

---

① 秦晖：《天平集》，新华出版社1998年版，第182页。
② 李春玲：《断裂与碎片：当代中国社会阶层分化实证分析》，社会科学文献出版社2005年版，第354页。
③ 杨继绳：《正在固化的社会阶层》，《社会科学论坛》，2011年第12期。
④ 中共中央文献研究室：《邓小平年谱》（下），中央文献出版社2004年版，第1364页。

社会各阶层利益是一致的。要找到阶层之间合作的利益共同点，减少阶层之间的隔阂，实现双赢。社会学家孙立平教授指出："在一个正常的社会中，无论是穷人还是富人的财产和权利都应当得到制度化的保障。"① 因此，我们既不能纵容阶层之间的恶性竞争，也不能采取杀富济贫的简单办法。每个社会阶层群体、共同利益的增进，不能以牺牲和损害其他阶层的利益为代价。社会强势阶层、群体的利益在增进的同时，处于弱势地位的阶层、群体的生存状况也应当随之得到一定的改善。同时，强势群体应该具有较强的社会责任感和合作意识，社会强势阶层应该认识到，社会弱势群体的改善对于自己也是有利的。当代西方著名的政治哲学家罗尔斯曾经指出："那些先天有利的人，不论他们是谁，只能在改善那些不利者的状况的条件下从他们的幸运中获利。"② "每个人的福利都依靠着一个社会合作体系，没有它，任何人都不可能有一个满意的生活。"③ 因此，社会强势群体应该积极帮助关心弱势群体，为社会弱势群体创造工作机会，改善社会弱势群体的生活状态。否则，两极社会的格局不加控制，将会导致社会的断裂。

4. 优化政治资源配置的具体办法

第一，准确定位政治资源优化配置的合理目标。党的十六大以后，围绕着和谐社会的建设，中国共产党提出要实现改革开放成果由社会各阶层人民共享。实现资源的平等分配是实现改革成果共享的基础。但我们必须认识到，解决政治资源分配不合理并不是"毕其功于一役"，必须设计比较合理现实的目标，尤其不能忽视现实、贪多求快，不能陷入理想主义的泥沼。当前，必须警惕政治资源累积性的不平等现象，寻找解决问题的办法。从一般意义上讲，减少累积性不平等可能有两种方式：一种方式就是减少政治资源分配中的不平等的程度，如通过税收改革、扩大教育机会等，许多国家已经朝这个方向努力，但至今没有一个国家能在几种关键性的政治资源方面消灭了重大的差异。另一种方式就是把存在的不平等加以分散，以便使在某些资源方面地位很差的个人和集团在其他资源地位方面

---

① 孙立平：《权力失衡、两级社会与合作主义宪政体制》，《战略与管理》，2004年第1期。
② [美]约翰·罗尔斯：《正义论》，何怀宏译，中国社会科学出版社1988年版，第102页。
③ 同上书，第103页。

较好。① 改变目前政治资源配置累积性的趋势的一个比较现实的做法是实现政治资源配置的相对分散。政治资源的分散性配置不仅可以改变累积性不平等造成的资源垄断局面，使社会各个阶层都能够获得一定的政治资源，逐步改变社会各阶层资源配置的不均衡状态，更是实现政治民主化的一个主要条件。美国政治学家达尔所赞赏的多元民主社会的一个主要特征就是资源配置的分散性，资源占有的分散性，使政府每个经济主体都占有一定的经济资源，"以致任何一个统一的集团，包括政府（或者说政府里的一个统一的领导人集团）在内，都不能垄断这些资源"。② 对于当前中国社会而言，实现政治资源的分散性配置，有助于打破阶层固化，改变资源累积性不平等造成的垄断局面，使社会各个阶层都能共享改革开放的资源成果。

第二，保障基础性政治资源的平等分配。政治资源是一个综合的资源体系，从资源的重要程度来讲，政治资源可以分为基础性政治资源和派生性政治资源。对于公民而言，基础性政治资源往往指基本的政治权利，如投票权、选举权等，这些政治资源基本上由宪法确定和规范，现在世界上大多数国家都在宪法里规定了本国国民基本的政治权利。而派生性政治资源往往由基础性资源衍生而来，往往指公民在行使基本权利等政治资源过程中获得的各种政治机会或际遇，这类资源往往因人而异，与政治人物的生活环境、政治技能、捕捉的政治信息有很大关系。由于这类资源的获取客观上存在着差异，每一个公民在政治机会的获取上不可能完全一致。事实上，任何一个社会都不可能消除这种差异，尤其是派生性政治资源很难实现完全平等分配，但基础性政治资源的相对平均分配具有一定的可能性。从法律意义上讲，我国已经实现了基础性政治资源配置的公平。我国宪法规定了中华人民共和国公民在基本权利上的一致平等，依照宪法，这种平等当然包括人人应该平等享有基础性政治资源，但在现实中，由于宪法的抽象性，宪法所制定的根本规则往往容易受到忽视，宪法规定公民所享有的这些基本政治资源的要成为现实，往往需要一定的社会条件和具体

---

① [美]罗伯特·A. 达尔：《现代政治分析》，王沪宁译，上海译文出版社1987年版，第123—124页。

② [美]罗伯特·A. 达尔：《多元主义民主的困境》，周军华译，吉林人民出版社2006年版，第151页。

的制度作为保障。即使是在具体实施过程中，被选举权、申诉的权利、受教育等基本权利的保障和实现程度在不同时期、不同地区、不同社会阶层中也存在很大的差异。由于受先赋因素的客观影响，每个阶层的基本权利分享机制存在很大差异，尤其是弱势阶层拥有的基础性政治资源往往很难成为现实，其真正拥有的政治资源与强势阶层有很大差异。因此，在现阶段，应从制度安排上真正保障每个公民基础性政治资源的平等分配，从各个环节和方面保障平等实现。

第三，对政治资源的配置要设置上限和下限。所谓政治资源配置的上限与下限，指的是政治资源的配置应恪守的最高和最低限度。由于政治资源的扩张性和流动性，不公平的政治资源配置往往容易产生累积性效应。如不加限制，政治主体对关键性政治资源的过度索取与滥用必然对政治过程产生难以估量的影响。例如，金钱对政治的影响显而易见，如不加必要的规范与控制，政治权力就会沦为金钱的奴仆。西方发达国家为了限制"金钱政治"的危害，往往通过法律对竞选资金进行一定的限制，其目的就是尽量避免财富产生不可控制的政治影响。例如，美国规定，个人资助一位候选人的政治献金不得超过1000美元，向一个政治行动委员会的捐助不得超过2万美元，而且个人给予所有联邦职务竞选的捐助，每人每次不得超过2.5万美元。① 当前，我们也应规范和限制富人利用经济上的优势影响政治的行为。"在一个生财有道而做官无门的社会里，占主导地位的文化传统形式将是利用前者换取后者。"② 在当前中国的腐败行为中，大多数涉及权钱交易。遏制腐败，打击公职人员滥用权力的行为固然重要，斩断富商对官员的利益输送同样重要。同样，在政治资源配置的下限方面，要设立对全体公民都适用的资源配置的最低限度。通过设置政治资源配置的下限，保证所有公民都可以得到最低限度的政治资源，以实现基本的平等。

第四，抑制强势群体对政治资源的过度索取。社会强势群体之强，就在于政治资源的占有的优势。不仅如此，他们的资源积累和自我生产能力

---

① 胡盛仪、陈小京、田穗生：《中外选举制度比较》，商务印书馆2000年版，第229—230页。

② ［美］塞缪尔·P.亨廷顿：《变化社会中的政治秩序》，王冠华译，生活·读书·新知三联书店1989年版，第61页。

不断扩张，这对阶层流动非常不利。另外，部分经济财富群体炫耀性消费或炫富行为愈演愈烈，严重败坏社会风气；以部分公务员为主的政治强势群体屡禁不止的腐败现象突破了民众的心理底线，以部分知识分子为主的文化强势群体为了攫取资源，丧失底线，频频为利益集团代言。针对这些问题，必须抑制权力资源和资本财富的泛滥，阻止公权进入市场交易领域，防止金钱财富的负的外部性，对滥用资源行为进行必要的约束。

第五，对社会弱势群体进行必要的救助。社会弱势群体之弱，主要在于资源的匮乏。总体上他们在政治资源上的贫乏使他们陷入资源获取的恶性循环之中，长此以往，社会弱势群体的边缘化必然制约社会和谐发展。在多数情况下，弱势群体的形成与我国政治资源配置的制度相关，要改善弱势群体的政治贫困状态，必须对弱势群体进行适当的资源救助，在政治资源的配置上进行适当的倾斜。在这方面，邓小平提出的处理中国发展关系的"两个大局"的思想，仍然具有重要借鉴意义。弱势群体为我国的改革开放和经济建设做出了很大的牺牲，他们的弱势很大程度上是改革开放的"副产品"。在我国经济总量已经处于世界前列的同时，我们应更关注这个为改革开放事业做出奉献的社会群体，应从制度设计和具体举措上提升弱势群体的政治处境，改变政治上的贫困。首先，对弱势群体进行必要的权利救济，落实弱势群体的各种权利，加强对弱势群体的人权保障，构建多层系的立体保护体系，以法律保障弱势群体的参政权。尤其是保障农民工的政治参与权。农民工阶层作为中国最大的弱势群体，要改变政治上受排斥的地位，必须扩大农民工群体在各级人大代表中的名额和比例，把代表选举与农民工切实利益维护联系起来，使各级人大中农民工等弱势群体能够有足够的话语权，改变政治参与无力的现状。其次，从根本上改善弱势群体的经济状况。弱势群体的政治贫困根本上受制于经济的贫困。物质生活的贫困、经济状况的恶化自然使社会弱势群体无暇关注政治问题，所以，美国著名政治学家亨廷顿曾经断言："穷人一般不参与政治。"[①]为此，要采取各种措施改善农民工等弱势群体的经济生活，创造较好的就业机会，反对就业中的各种歧视，帮助弱势群体进行必要的职业技能培

---

① [美] 塞缪尔·亨廷顿、琼·纳尔逊：《难以抉择：发展中国家的政治参与》，汪晓寿等译，华夏出版社1989年版，第132页。

训，提高农民工等弱势群体的就业率。最后，对弱势群体进行文化和教育的补救。弱势群体总体上文化水平较低，这在很大程度上影响了他们的政治资源获取能力。为此，要改变弱势群体在当前资源分配中的劣势，剔除针对弱势群体的一些教育准入门槛，创造公平的教育机会。

第六，打破阶层资源垄断，避免各种资源的非正常的交易。由于资源的有用性和可交换性，资源之间的交易是不可避免，资源之间的交易也是社会发展、社会分工的一个重要基础。我们反对的是各种资源违背政治和社会规范进行的非正常交易，主要体现为：官商勾结、权钱交易、专家代言等危害社会的现象。强势阶层联盟的背后实际上凸显的是各种资源的非正常交易。尤其是改革开放以来，一些新富阶层依靠政策环境、自身能力，迅速完成了财富的积累和膨胀，他们不满足于其经济地位的提升而期望政治地位和社会地位的总体上升，因此，依靠强大的经济财富不断获取政治地位和社会声望，他们用世俗的交易规则寻求各种资源的积累，严重破坏了社会交易规则。对于现阶段中国而言，当务之急，一方面，要阻止强势阶层对政治资源的过度攫取；另一方面，通过合理的制度设计，遏制强势阶层通过非法途径把各种资源转化为政治权力，使资本、财富与政治权力三者之间的交换关系合理、规范。

第七，打破阶层固化现象，促进资源自由流动。阶层流动与资源相关联，阶层流动意味着人们从此位置变换到彼位置，而位置的改变意味着资源占有和资源流动的改变。从这个意义上讲，阶层流动的实质就是资源占有情况的改变，没有资源的流动，社会阶层也很难实现流动。阶层固化意味着阶层流动处于停滞状态，当前中国的阶层固化现象总体表现为"上层的固守上层并日益显赫""下层的滞留下层并日趋恶化。"① 社会学家陆学艺的研究进一步佐证上述结论。陆学艺通过调查认为，掌握组织资源的国家与社会管理者阶层在社会流动链条的最高端，具有较强的待机继承性。而农业劳动者阶层在社会流动链条的最低端，代际继承性最强并且上升流动机会最少。② 打破阶层固化现象，必须促进社会资源的自由流动，

---

① 张群梅：《当前中国阶层流动固化趋向与治理路径分析》，《河南大学学报》，2012年第3期。

② 陆学艺：《当代中国社会流动》，社会科学文献出版社2004年版，第174页。

建立畅通有序的政治资源流动渠道。其中，教育公平和户籍制度是重中之重。教育不公平将会使得低阶层的下一代很难向上流动。陆学艺的研究表明，在影响社会流动的诸多因素中，以学历为代表的教育资本，以党员为代表的政治资本，以收入为代表的经济资本，都对人们追求更高的社会地位提供着比较显著的支持。① 其中，受教育程度是一个比较恒定地对人们的地位起干预作用的变量。尽管在不同的历史时期，它的作用幅度有所变化，但教育程度高低决定人们社会地位高低的推断，的确始终成立。② 在中国，教育机会的均等，则是最重要的机会均等。但改革开放以来，教育资源分配不均已经严重影响到社会平等，底层群体的社会流动受制于教育资源的匮乏，社会上一度流传"知识不再改变命运"的说法。同时，户籍制度自其产生的那一天起，就对农业人口的职业流动制造了很大障碍。广大的农民工的流动只是在地区间的流动而不能实现阶层间的流动，而且，户籍制度对社会成员的影响，并不是"终身而及"，而是通过家庭关系，传递到下一代。只有通过继续深化户籍制度改革，真正打破城乡二元户籍制度对人们身份的限制，从制度上拆解影响农民工阶层的先赋因素的影响，才能促进城乡之间的合理流动，真正地消除阶层固化的要素，促进社会体系的开放性。

---

① 陆学艺：《当代中国社会流动》，社会科学文献出版社2004年版，第201页。
② 同上书，第196—197页。

结语　探索政治资源配置的奥秘

政治资源配置是一个永恒的课题。我们从政治资源的视角出发，对社会阶层关系的探讨只是初步的。放宽历史的视野，我们自然会发现，在人类政治发展进程中，政治资源的配置始终伴随着人类政治发展的进程。理解政治资源，探索政治资源配置的奥秘，才能真正把握现代政治发展的主题。

第一，对于人类的政治发展而言，政治资源至关重要。人是政治生活的主体，人在政治生活的生存处境与发展，须臾离不开政治资源。对于国家而言，任何国家的成长都需要一定的政治资源。能否集聚足够丰富的国家政治资源，能否最大限度地对现有的国家政治资源进行优化配置在很大程度上决定着现代国家成长的成败。从历史上看，中国现代国家的成长并不顺利。从共同体的形态来看，中国的国家成长可以分为两个历史逻辑：一个是以文化权力为轴心的古代国家成长的历史逻辑；另一个是以公共权力为轴心的现代国家成长的历史逻辑。[①] 中国现代国家的成长就是要告别文化权力为轴心的古代国家，构建以公共权力为轴心的现代国家。自近代以来，这种构建以公共权力为轴心的现代国家的努力就一直在近代中国政治发展进程中存在着。但由于缺乏必要的资源和动力，中国现代国家的建设先后出现挫折和中断。因此，无论是现代国家的成长，人类政治生活的进步和完善，人类政治文明的发展，既需要政治资源的积累，更需要对政治资源进行合理利用和科学配置。然而，从人类对政治资源利用和配置的实践来看，它与人们的设想与期望仍存在很大的距离，国家之间的冲突、

[①] 林尚立：《走向现代国家：对改革以来中国政治发展的一种解读》，载黄卫平、汪永成主编：《当代中国政治研究报告Ⅲ》，社会科学文献出版社2004年版，第28页。

社会阶层之间的冲突已经说明了政治资源配置的实然状态。人类要真正地过一种优良的政治生活,实现政治至善,既需要探索规范的政治资源配置,更应该关注和解决现实中的资源冲突问题。

第二,对政治资源问题的探索是无止境的。它不仅是社会科学的一个重大课题,更应该成为人们自觉的实践追求。虽然,政治资源的研究已经取得了一些成果,相关研究正在深化,但是中国政治发展的实践仍然需要科学的资源配置,我们仍然需要探索在全面深化改革的新时期,如何寻找最佳的政治资源配置方案,以推动中国政治发展。实际上,以20世纪90年代为界,中国的改革开放总体上可以分为两个阶段。在改革开放的第一个阶段,中国现代化的任务是积聚和开发政治资源,以实现政治资源的增量。而20世纪90年代后,在政治资源总量已经增加的基础上,如何分配或者优化政治资源的配置,从而满足中国政治、社会发展的需要已是势在必行。尤其是中国共产党十八大以后,中国政治建设的重要任务是推进国家治理体系和治理能力现代化。十八届三中全会公开提出推进国家治理现代化的目标,国家治理现代化对于正在实现中华民族伟大复兴的中国来说,无疑是继"现代工业、现代农业、现代国防和现代科学技术"(四个现代化)之后的第五个现代化。相对于前四个现代化而言,第五个现代化(国家治理现代化)将是一场深刻的制度变革和治理变革,它既是新时期中国现代化的内在要求,也是全面深化改革时期中国国家建设的核心任务,它表明国家能力、国家治理的有效性将始终是中国现代化的保证。推进国家治理体系和治理能力现代化,是实现社会主义现代化的应有之义,是实现中华民族伟大复兴的现代化和中国全面走向世界的现代化,也是最根本意义上的现代化。而国家能力的提升、国家治理体系的现代化必须建立在政治资源的基础之上,它不仅涉及到开拓新的政治资源以实现政治资源量的增长,而且涉及对现有政治资源的存量进行优化配置。在当今世界,自上而下的现代化是最普遍的形式,自上而下的现代化涉及国家的重新组织,涉及现代化过程中在角色和组织的功能基础上对权力和声望等级体系进行重新地安排。① 因此,未来中国国家建设和国家成长,所要做

---

① [美]戴维·E. 阿普特:《现代化的政治》,陈尧译,上海人民出版社2011年版,第103页。

的一项基础性的工作是不断优化政治资源的配置，从政治资源优化配置的角度来思考和设计新时期中国政治发展的道路，整体上推动中国全面向现代社会转型，全面推动中国的政治形态趋向现代国家。

　　第三，从学科贡献和指导当代中国政治发展实践来看，进一步探索政治资源配置的奥秘，亟待构建面向现实社会发展、具有重要现实价值的资源政治学。相对于经济学、社会学、法学的发展，中国政治学无论是在研究的本土化还是在研究视野上，都略显不足。政治学对中国政治生活的回应度不高，政治学与其他学科的协同力度不够。基于此，我们认为，可以从政治资源的基本理论出发，进一步拓宽研究视野，从资源政治的角度理解政治发展的过程，在整合相关学科知识的基础上，构建资源政治学。进一步讲，资源政治学的构建本身也已经具备了一定的现实基础。随着中国社会主义市场经济的不断深入发展，经济生活的不断变革，不断冲击人们的价值理念。在当代社会，人们的资源意识不断增强，人们对政治的理解越来越多地把它与资源联系起来，社会阶层、社会群体寻求和保护资源的政治诉求也日益强烈，这些客观上为当代中国政治研究者提供了丰富的素材。同时，政治学学科自身研究方法的不断进步也为资源政治学的构建与发展提供了方法论上的指导。自20世纪80年代中国政治学恢复重建以来，中国政治学在研究方法上已经取得了一定的进步。政治学研究队伍不断扩大，政治科学的成果不断涌现，政治学研究者不断尝试与其他学科进行一定的交叉和协同。从这个意义上讲，政治学与资源学知识的融合成为可能，构建一门理论成熟、体系完整的资源政治学具有一定的学科基础和方法基础。随着中国政治生活的日益世俗化，政治学研究方法、研究手段的丰富和改进，资源政治学发展的空间还可以进一步拓展。

附　社会阶层政治资源拥有情况调查问卷

问卷编号：
调查地点：
调查时间：
调查员姓名：

尊敬的朋友：
　　您好！
　　首先感谢您对此次问卷调查的支持！我们正在进行"社会各阶层政治资源拥有状况"的调查，目的是了解不同社会阶层政治资源拥有的具体情况。本次调查不记名，各项答案没有对错之分，您只需根据自己的实际情况在合适的地方划"√"或在"＿＿"上填写相关内容即可。除非特别说明，每项问题只选一个答案。您的回答对我们的研究非常重要，调查中所有人的个人信息我们都将严格保密，再次感谢您对本次调查的支持与配合。

　　　　　　　《和谐社会视域下的社会阶层政治资源配置问题》研究课题组
　　　　　　　2012 年 6 月

一　基本情况

A1. 您的性别：
1. 男　　2. 女

A2. 您的年龄：____

A3. 您目前最高的学历：

1. 小学及以下　　2. 初中　　3. 中专　　4. 高中
5. 大专　　　　6. 本科　　7. 硕士及以上

A4. 您的婚姻状况：

1. 已婚　　2. 未婚　　3. 离异或丧偶

A5. 您的政治面貌：

1. 中共党员（包括预备党员）　　2. 民主党派党员　　3. 群众

A6. 您认为您属于哪个阶层？

1. 公务员阶层

2. 经理阶层

3. 私营企业主阶层

4. 知识分子阶层

5. 农民工阶层

二　经济收入（来源、消费品）

B1. 您的工资收入为：

1. 1000 元以下　　2. 1001—2000 元　　3. 2001—3000 元
4. 3001—4000 元　5. 4001—5000 元　　6. 5001—6000 元
7. 6001—7000 元　8. 7001—8000 元　　9. 8000 元以上

B2. 您的收入来源是：

1. 管理劳动者收入　　2. 科技劳动收入
3. 风险收入　　　　　4. 超额利润收入
5. 资金利息收入　　　6. 体力劳动收入　　7. 其他

B3. 您家里目前拥有以下哪些消费品？（可多选，在选项上面划"√"）

1. 彩电　　　2. 冰箱　　　3. 洗衣机　　4. 小轿车
5. 摩托车　　6. 电脑　　　7. 手机　　　8. 健身器
9. 钢琴　　　10. 摄像机　　11. 微波炉　　12. 电动车
13. 空调

三　政治参与

C1. 您参加过何种政治活动？（可多选）

1. 村委会选举

2. 人大代表投票选举

3. 加入政党或政治性社团并参加党团组织活动

4. 政治表达（如请愿、集会、游行）

5. 相关政策的参与表决

6. 其他

7. 从未参加过此类活动

C2. 您是通过哪种形式参与政治的？

1. 担任人大代表　　2. 民主党派成员或政协委员

3. 各种行业、行会组织

4. 新闻媒体（包括网络）

5. 决策咨询　　　　6. 其他

C3. 您的相关权益受到侵犯时，一般采取什么方式处理？

1. 通过法律途径　　2. 动用手中权力

3. 找熟人　　　　　4. 上访

5. 向新闻媒体披露

6. 将问题反映给相关的行业协会、社会组织

7. 束手无策

C4. 您对目前提供给您自己所代表的阶层的参政议政机会和途径的态度是：

	非常满意	满意	无所谓	不满意	非常不满意
社会阶层					

C5. 您认为目前公民在政治参与中最主要的问题有哪些？

1. 获取政治参与信息难度较大

2. 参与渠道不畅或尚未开通

3. 经济、时间条件不具备

4. 不知如何参与

5. 政府反馈力度不够

6. 其他

四　社会交往

D1. 您在生活中遇到困难会找谁帮忙？（可多选）

1. 父母或兄弟姐妹　　2. 亲戚　　　　3. 朋友
4. 同事或同学　　　　5. 邻居　　　　6. 单位领导
7. 相关政府部门　　　8. 相关社会组织
9. 相关媒体　　　　　10. 自己扛着

D2. 您主要的社会交往对象有（可多选）：

1. 公务员　　　　　　2. 教师　　　　3、记者
4. 国有企业干部　　　5. 人大代表、政协委员
6. 社会团体负责人　　7. 律师

五　社会声望

E1. 您对以下阶层社会地位的评价是（在相应位置上划"√"）：

社会阶层＼社会地位等级	上	中上	中	中下	下
公务员					
经理人员					
私营企业主					
知识分子					
农民工					

E2. 请您对以下阶层的职业声望进行打分（百分制）：

社会阶层＼社会地位等级	得分	声望排序
公务员		
经理人员		
私营企业主		
知识分子		
农民工		

六 政治资源总体评价

F1. 您认为自己资源的等级是（在相应位置上划"√"）：

资源＼等级	上等	中上等	中等	中下等	下等
金钱财富					
权力					
教育水平					
生活方式					
道德修养					
消费水平					
住房					
社会地位					

F2. 您对以下阶层所拥有的政治资源的评价是（在相应位置上划"√"）：

社会阶层＼社会地位等级	上	中上	中	中下	下
公务员					
经理人员					
私营企业主					
知识分子					
农民工					

参考文献

中文文献

政治学类

1. 《马克思恩格斯选集》（第 1—4 卷），人民出版社 1995 年第 2 版。
2. 《列宁选集》（第 3、4 卷），人民出版社 1995 年第 2 版。
3. 《毛泽东选集》（1—4 卷），人民出版社 1991 年版。
4. 《邓小平文选》（1—3 卷），人民出版社 1993、1994 年版。
5. 中共中央文献研究室：《邓小平年谱》（下），中央文献出版社 2004 年版。
6. 江泽民：《论三个代表》，中央文献出版社 2001 年版。
7. 胡锦涛：《坚定不移沿着中国特色社会主义道路前进，为全面建成小康社会而奋斗》，人民出版社 2012 年版。
8. 《习近平总书记系列重要讲话读本》，学习出版社 2014 年版。
9. 《习近平谈治国理政》，外文出版社 2014 年版。
10. ［古希腊］亚里士多德：《政治学》，吴寿彭译，商务印书馆 1965 年版。
11. ［法］让·雅克·卢梭：《社会契约论》，何兆武译，商务印书馆 2003 年版。
12. ［法］卢梭：《论人类不平等的起源和基础》，李常山译，商务印书馆 1962 年版。
13. ［法］孟德斯鸠：《论法的精神》（上），张雁深译，商务印书馆 1963 年版。
14. ［法］孟德斯鸠：《罗马盛衰原因论》，婉玲译，商务印书馆 1962 年版。

15. ［英］哈林顿：《大洋国》，何新译，商务印书馆1996年版。

16. ［美］汉密尔顿：《联邦党人文集》，程逢如等译，商务印书馆1980年版。

17. ［法］托克维尔：《论美国的民主》（上、下卷），董果良译，商务印书馆1988年版。

18. ［法］托克维尔：《旧制度与大革命》，冯棠译，商务印书馆1992年版。

19. ［美］加布里埃尔·A. 阿尔蒙德、小G. 宾厄姆·鲍威尔：《比较政治学——体系、过程和政策》，曹沛霖等译，上海译文出版社1987年版。

20. ［美］戴维·伊斯顿：《政治生活的系统分析》，王浦劬译，华夏出版社1999年版。

21. ［美］戴维·伊斯顿：《政治体系——政治学状况研究》，马清槐译，商务印书馆1993年版。

22. ［美］罗伯特·A. 达尔：《现代政治分析》，王沪宁译，商务印书馆1987年版。

23. ［美］］罗伯特·A. 达尔：《多头政体》，谭君久译，商务印书馆2003年版。

24. ［美］罗伯特·A. 达尔：《民主理论的前言》，顾昕译，生活·读书·新知三联书店1999年版。

25. ［美］罗伯特·A. 达尔：《论民主》，林猛译，商务印书馆1999年版。

26. ［美］罗伯特·A. 达尔：《谁统治：一个美国城市的民主和权力》，范春辉、张宇译，江苏人民出版社2011年版。

27. ［美］罗伯特·A. 达尔：《民主及其批评者》，曹海军、佟德志译，吉林人民出版社2006年版。

28. ［美］罗伯特·A. 达尔：《多元主义民主的困境》，周军华译，吉林人民出版社2006年版。

29. ［美］罗伯特·A. 达尔：《论政治平等》，谢岳译，上海人民出版社2010年版。

30. ［美］哈罗德·D. 拉斯韦尔：《政治学——谁得到什么？何时和

如何得到?》,杨昌裕译,商务印书馆1992年版。

31. [美] 罗伯特·杰克曼:《不需暴力的权力》,欧阳景根译,天津人民出版社2005年版。

32. [美] 丹尼斯·朗:《权力论》,陆震纶、郑明哲译,中国社会科学出版社2001年版。

33. [美] 查尔斯·米尔斯:《权力精英》,王崑、许荣译,南京大学出版社2004年版。

34. [美] 塞缪尔·P. 亨廷顿:《变化社会中的政治秩序》,王冠华译,生活·读书·新知三联书店1989年版。

35. [美] 塞缪尔·P. 亨廷顿:《现代化——理论与历史经验的再探讨》,上海译文出版社1993年版。

36. [美] 塞缪尔·亨廷顿、琼·纳尔逊:《难以抉择:发展中国家的政治参与》,汪晓寿等译,华夏出版社1989年版。

37. [美] 西蒙·马丁·利普塞特:《共识与冲突》,张华青等译,上海世纪出版集团2011年版。

38. [美] 杰克奈特:《制度与社会冲突》,周伟林译,上海人民出版社2009年版。

39. [美] 西蒙·马丁·李普塞特:《政治人:政治的社会基础》,张绍宗译,上海人民出版社1997年版。

40. [美] 约翰·罗尔斯:《正义论》,何怀宏译,中国社会科学出版社1988年版。

41. [美] 罗伯特·诺奇克:《无政府、国家和乌托邦》,中国社会科学出版社2008年版。

42. [美] R. 麦克法夸尔、费正清:《剑桥中华人民共和国史:革命的中国的兴起(1949—1965)》,谢亮生等译,中国社会科学出版社1990年版。

43. [美] 吉尔伯特·罗兹曼:《中国的现代化》,国家社会科学基金"比较现代化"课题组译,江苏人民出版社2003年版。

44. [美] 戴维·E. 阿普特:《现代化的政治》,陈尧译,上海人民出版社2011年版。

45. [美] 查尔斯·蒂利、西德尼·塔罗:《抗争政治》,李义中译,译林出版社 2010 年版。

46. ［美］詹姆斯·斯科特：《弱者的武器》，郑广怀、张敏、何江穗译，译林出版社 2011 年版。

47. ［美］詹姆斯·R. 汤森、布兰特利·沃马克：《中国政治》，顾速、董方译，江苏人民出版社 2003 年版。

48. ［以］S. N. 艾森斯塔德：《帝国的政治体系》，阎步克译，贵州人民出版社 1992 年版。

49. ［以］S. N. 艾森斯塔德：《现代化——抗拒与变迁》，张旅平、沈原译，中国人民大学出版社 1988 年版。

50. ［意］加塔诺·莫斯卡：《统治阶级》，贾鹤鹏译，译林出版社 2002 年版。

51. ［德］罗伯特·米歇尔斯：《寡头统治铁律》，任军锋等译，天津人民出版社 2003 年版。

52. ［美］戴维·杜鲁门：《政治过程》，陈尧译，天津人民出版社 2005 年版。

53. ［美］巴林顿·摩尔：《民主和专制的社会起源》，拓夫、张东东译，华夏出版社 1987 年版。

54. ［美］卡莱斯·鲍什：《民主与再分配》，熊洁译，上海人民出版社 2011 年版。

55. ［美］乔·萨托利：《民主新论》，冯克利、阎克文译，东方出版社 1998 年版。

56. ［美］罗伯特·帕特南：《使民主运转起来——现代意大利的公民传统》，王列、赖海榕译，江西人民出版社 2001 年版，

57. ［英］J. C. 亚历山大、邓正来：《国家与市民社会》，中央编译出版社 2002 年版。

58. ［法］莫里斯·迪韦尔热：《政治社会学——政治学要素》，杨祖功、王大东译，华夏出版社 1985 年版。

59. ［美］B. 盖伊·彼得斯：《政府未来的治理模式》，吴爱明、夏宏图译，中国人民大学出版社 2014 年版。

60. 马起华：《政治论衡》，台湾商务印书馆股份有限公司 1977 年版。

61. 王邦佐：《中国政党制度的社会生态分析》，上海人民出版社

2000 年版。

62. 王绍光：《祛魅与超越》，中信出版社 2010 年版。

63. 林尚立：《当代中国政治形态研究》，天津人民出版社 2000 年版。

64. 林尚立：《政治建设与国家成长》，中国大百科全书出版社 2008 年版。

65. 林尚立：《中国共产党与国家建设》，天津人民出版社 2009 年版。

66. 陈明明：《共和国成长的制度基础》，上海人民出版社 2009 年版。

67. 陈明明：《中国模式建构与政治发展》，上海人民出版社 2012 年版。

68. 陈明明：《比较视野中的现代国家建设》，上海人民出版社 2012 年版。

69. 浦兴祖：《中华人民共和国政治制度》，上海人民出版社 1999 年版。

70. 刘建军、何俊志、杨建党：《新中国根本政治制度研究》，上海人民出版社 2009 年版。

71. 邹平学：《中国代表制度改革的实证研究》，重庆出版社 2005 年版。

72. 胡盛仪、陈小京、田穗生：《中外选举制度比较》，商务印书馆 2000 年版。

73. 孙永芬：《中国社会各阶层政治心态研究——以广东调查为例》，中央编译出版社 2007 年版。

74. 虞崇胜：《政治文明论》，武汉大学出版社 2003 年版。

75. 施雪华：《政治科学原理》，中山大学出版社 2001 年版。

76. 施雪华：《政治现代化比较研究》，武汉大学出版社 2006 年版。

77. 燕继荣：《现代政治分析原理》，高等教育出版社 2004 年版。

78. 毛寿龙：《政治社会学》，中国社会科学出版社 2001 年版。

79. 张江河：《论利益与政治》，北京大学出版社 2002 年版。

80. 殷海光：《中国文化的展望》，上海三联书店 2009 年版。

81. 于建嵘：《抗争性政治：中国政治社会学基本问题》，人民出版社 2010 年版。

82. 于建嵘：《底层立场》，上海三联书店 2011 年版。

83. 黄卫平、汪永成：《当代中国政治研究报告Ⅲ》，社会科学文献出版社 2004 年版。

84. 黄卫平、汪永成：《当代中国政治研究报告Ⅳ》，社会科学文献出版社 2005 年版。

85. 黄卫平、汪永成：《当代中国政治研究报告Ⅵ》，社会科学文献出版社 2009 年版。

86. 黄卫平、汪永成：《当代中国政治研究报告》（第 7 辑），社会科学文献出版社 2009 年版。

87. 郭秋永：《当代三大民主理论》，新星出版社 2006 年版。

88. 朱光磊：《当代中国社会各阶层分析》，天津人民出版社 2007 年版。

89. 时和兴：《关系、限度、制度：政治发展过程中的国家与社会》，北京大学出版社 1996 年版。

90. 曾峻：《公共秩序的制度安排——国家与社会关系的框架及其运用》，学林出版社 2005 年版。

91. 罗荣渠：《现代化新论》，北京大学出版社 1993 年版。

92. 何清涟：《现代化的陷阱——当代中国的经济社会问题》，今日中国出版社 1998 年版。

93. 李景鹏：《中国政治发展的理论研究纲要》，黑龙江人民出版社 2003 年版。

94. 李景鹏：《权力政治学》，黑龙江教育出版社 1995 年版。

95. 王爱冬：《政治权力论》，河北大学出版社 2003 年版。

96. 陆德山：《认识权力》，中国经济出版社 2000 年版。

97. 袁祖社：《权力与自由》，中国社会科学出版社 2003 年版。

98. 商红日：《政府基础论》，经济日报出版社 2002 年版。

99. 施九青：《当代中国政治运行机制》，山东人民出版社 2002 年第 2 版。

100. 杨光斌：《中国经济转型中的国家权力》，当代世界出版社 2003 年版。

101. 杨光斌：《制度的形式与国家的兴衰——比较政治发展的理论与经验研究》，北京大学出版社 2005 年版。

102. 沈远新：《中国转型时期的政治治理》，中央编译出版社 2007 年版。

103. 袁峰：《比较政府与政治：现代社会中的政治秩序》，上海人民出版社 2008 年版。

104. 李笃武：《政治发展与社会稳定：转型时期中国社会稳定问题研究》，学林出版社 2006 年版。

105. 刘晓凯：《利益分化与政治稳定》，人民出版社 2008 年版。

106. 徐昕：《执政资源论》，中共中央党校出版社 2009 年版。

107. 薄一波：《若干重大决策与事件的回顾》（下卷），人民出版社 1997 年版。

108. 辛逸：《农村人民公社分配制度研究》，中共党史出版社 2005 年版。

109. 徐勇：《乡村治理与中国政治》，中国社会科学出版社 2003 年版。

110. 中共中央文献研究室：《建国以来重要文献选编》（第 10、11、15 册），中央文献出版社 1995、1997 年版。

111. 中共中央文献研究室：《十五大以来重要文献选编》（上），人民出版社 2000 年版。

112. 中共中央文献研究室：《十六大以来重要文献选编》（上、中、下），中央文献出版社 2011 年版。

113. 《中国共产党第十八次全国代表大会文件汇编》，人民出版社 2012 年版。

114. 《中共中央关于全面深化改革若干重大问题的决定》，人民出版社 2013 年版。

115. 中华人民共和国国家农业委员会办公厅编：《农业集体化重要文件汇编（1958—1981）》，中共中央党校出版社 1981 年版。

116. 《中国大百科全书·政治学卷》，中国大百科全书出版社 1992 年版。

117. 《论语·季氏》。

118. 《老子》。

社会学类

1. ［美］戴维·波普诺：《社会学》，李强等译，中国人民大学出版社 2007 年版。

2. ［英］拉尔夫·达仁道夫：《现代社会冲突》，林荣远译，中国社会科学出版社 2000 年版。

3. ［美］彼得·M. 布劳：《社会生活中的交换与权力》，李国武译，商务印书馆 2008 年版。

4. ［英］罗丝玛丽·克朗普顿：《阶级与分层》，陈光金译，复旦大学出版社 2011 年版。

5. ［美］杰弗里·贝瑞、克莱德·威尔科克斯：《利益集团社会》，王明进译，中国人民大学出版社 2012 年版。

6. 孙立平：《守卫底线——转型社会生活的基础秩序》，社会科学文献出版社 2007 年版。

7. 孙立平：《重建社会——转型社会的秩序再造》，社会科学文献出版社 2009 年版。

8. 李培林、张翼：《社会冲突与阶级意识：当代中国社会矛盾问题研究》，社会科学文献出版社 2005 年版。

9. 李培林、李强、孙立平：《中国社会分层》，社会科学文献出版社 2004 年版。

10. 李强：《社会分层十讲》，社会科学文献出版社 2008 年版。

11. 杨继绳：《中国当代社会阶层分析》，江西高校出版社 2011 年版。

12. 王伟光：《社会矛盾论——我国社会主义初级阶段阶级、阶层和利益群体的分析》，中国社会科学出版社 2011 年版。

13. 杨国斌：《社会阶层论》，中国社会科学出版社 2009 年版。

14. 林毅、张亮杰：《新中国阶级阶层社会结构演变历程》，世界知识出版社 2011 年版。

15. 李拓：《和谐的音符——中国新兴社会阶层调查与分析》，中国方正出版社 2008 年版。

16. 周多刚：《新时期人民内部阶层矛盾问题研究》，南开大学出版社 2012 年版。

17. 郑也夫：《信任：合作关系的建立与破坏》，中国城市出版社

2003年版。

18. 张静：《法团主义》，中国社会科学出版社1998年版。

19. 史卫民、郭巍青、刘智：《中国选举进展报告》，中国社会科学出版社2009年版。

20. 刘智、史卫民、周晓东、吴运浩：《数据选举》，中国社会科学出版社2001年版。

21. 国务院研究室课题组：《中国农民工调研报告》，中国言实出版社2006年版。

22. 中国人民大学中国调查与数据中心：《中国综合社会调查报告》(2003—2008)，中国社会出版社2009年版。

经济学类

1. ［美］詹姆斯·M.布坎南：《自由、市场与国家》，平新乔、莫扶民译，上海三联书店1989年版。

2. ［美］詹姆斯·M.布坎南、［澳］布伦南：《宪政经济学》，冯克利译，中国社会科学出版社2004年版。

3. ［美］詹姆斯·M.布坎南：《民主财政论》，穆怀朋译，商务印书馆2002年版。

4. ［美］安东尼·唐斯：《民主的经济理论》，姚洋、邢予青、赖平耀译，上海人民出版社2005年版。

5. ［美］詹姆斯·M.布坎南、理查德·瓦格纳：《赤字中的民主》，刘廷安、罗光译，北京经济学院出版社1988年版。

6. ［美］戈登·图洛克：《贫富与政治》，梁海音译，长春出版社2006年版。

7. ［美］丹尼斯·缪勒：《公共选择理论》，杨春学译，中国社会科学出版社1999年版。

8. ［美］乔·史蒂文斯：《集体选择经济学》，杨晓维等译，上海三联书店1999年版。

9. ［美］道格拉斯·C.诺思：《经济史中的结构与变迁》，陈郁、陈昕译，上海三联书店1994年版。

10. ［美］道格拉斯·C.诺思、罗伯斯·托马斯：《西方世界的兴起》，厉以平译，华夏出版社 1999 年版。

11. ［美］R. 科斯、A. 阿尔钦、D. 诺斯等：《财产权利与制度变迁》，刘守英译，上海三联书店 1994 年版。

12. ［美］曼库尔·奥尔森：《集体行动的逻辑》，陈郁等译，上海三联书店 1995 年版。

13. ［美］曼库尔·奥尔森：《国家兴衰探源》，吕应中译，商务印书馆 2001 年版。

14. ［美］曼库尔·奥尔森：《权力与繁荣》，苏长河译，上海人民出版社 2005 年版。

15. 卢嘉瑞：《中国现阶段收入分配差距问题研究》，人民出版社 2003 年版。

16. 卢现祥：《新制度经济学》，武汉大学出版社 2004 年版。

17. 孙宽平：《转轨、规制与制度选择》，社会科学文献出版社 2004 年版。

18. 杨龙：《新政治经济学导论》，中国人民大学出版社 2010 年版。

19. 上海市总工会：《2002 年：上海市职工队伍状况调查报告集》，内部资料。

20. 《中国统计年鉴》（1981），中国统计出版社 1982 年版。

21. 《中国统计年鉴》（2004 年卷），中国统计出版社 2004 年版。

22. 中华人民共和国国家统计局：《中国统计年鉴》（2013），中国统计出版社 2013 年 9 月版。

23. 《中国企业管理年鉴》（2004 年卷），企业管理出版社 2004 年版。

24. 《中国工业经济统计年鉴》（2004），中国统计出版社 2004 年版。

25. 中华全国工商业联合会：《中国私营经济年鉴》（2006—2008），中华工商联合出版社 2009 年版。

26. 中华全国工商业联合会：《中国私营经济年鉴》（2012），中华工商联合出版社 2011 年版。

法学类

1. ［英］哈耶克：《法律、立法与自由》（第一、二、三卷），邓正来译，中国大百科全书出版社 2000 年版。

2. ［奥］凯尔森：《法与国家的一般理论》，沈宗灵译，中国大百科全书出版社 1996 年版。

3. ［美］罗纳德·德沃金：《认真对待权利》，信春鹰、吴玉章译，中国大百科全书出版社 1998 年版。

4. 夏勇：《中国民权哲学》，生活·读书·新知三联书店 2004 年版。

5. 夏勇：《走向权利的时代》，中国政法大学出版社 2000 年版。

论文类：

1. 习近平：《重视发挥老干部作用就是重视党的重要政治资源》，《中国老区建设》，2011 年第 11 期。

2. 王沪宁、陈明明：《调整中的中央与地方关系：政治资源的开发与维护》，《探索与争鸣》，1995 年第 3 期。

3. 王沪宁：《市场发育和权威基础：保护和开发政治资源》，《复旦学报》（社会科学版），1995 年第 2 期。

4. 臧乃康：《区域公共治理一体化中政治资源的理论借鉴与回应路径》，《社会科学》，2010 年第 12 期。

5. 傅菊辉：《未来中国还需开发和利用好国际政治资源》，《学习月刊》，2012 年第 21 期。

6. 邵宇：《论转型期执政党的政治资源整合》，《理论月刊》，2012 年第 9 期。

7. 刘亮红：《论民主党派政治资源的内涵、构成体系与基本特征》，《中央社会主义学院学报》，2012 年第 5 期。

8. 王冠中：《资源政治学在中国：历史回顾与展望》，《探索》，2005 年第 5 期。

9. 何妍：《中国共产党执政与政治资源的开发》，《中共云南省委省委党校学报》，2014 年第 2 期。

10. 何妍：《党执政实践中对政治资源的开发及其启示》，《当代世界与社会主义》，2011 年第 3 期。

11. 何妍：《论执政党的观念性政治资源》，《太平洋学报》，2011 年第 7 期。

12. 何妍：《浅谈政治资源研究的几个问题》，《党史文苑》，2011 年第 2 期。

13. 蔡明干：《论少数民族政治资源的开发利用》，《前沿》，2011 年第 18 期。

14. 施雪华：《当代中国国家权力配置变迁的特点与趋势》，《中国特色社会主义研究》，2004 年第 1 期。

15. 王平荣：《政治资源平衡及其路径选择》，《探索》，2010 年第 6 期。

16. 符晓薇：《包容性增长视域下的政治资源及其分配》，《内蒙古财经学院学报》，2011 年第 5 期。

17. 吴文勤、杨长鑫：《中国共产党的执政资源变迁及其制度整合》，《唯实》（南京），2004 年第 1 期。

18. 于小英：《近年来民主党派政治资源配置的特点及合理性研究》，《四川大学学报》（哲学社会科学版），2012 年第 6 期。

19. 靳晓霞：《经济转型期执政合法性资源的维护和重构》，《武汉理工大学学报》（社会科学版），2004 年第 1 期。

20. 张文举：《关于民主党派发展新的社会阶层人士工作的思考——基于政治资源合理配置的视角》，《中央社会主义学院》，2012 年第 3 期。

21. 郑又贤：《民主党派政治资源优化配置研究》，《福建论坛》（人文社会科学版），2012 年第 7 期。

22. 王海军：《论中国共产党政治资源拓展与优化的制度设计》，《探索》，2012 年第 3 期。

23. 唐长久：《政治发展视野下民主党派政治资源优化配置探析》，《中央社会主义学院学报》，2012 年第 1 期。

24. 王艳成、查一宁：《"无直接利益冲突"矛盾防范与化解机制探索——基于政治资源建设视角的分析》，《华北水利水电大学学报》（社会科学版），2014 年第 1 期。

25. 岳少华：《新社会阶层的政治资源与阶层关系和谐》，《南京师大学报》，2008 年第 5 期。

26. 赵春丽：《社会弱势群体的政治贫困及补救》，《唯实》，2008 年第 4 期。

27. 邓玉函：《政治平等的分配维度》，《云南社会科学》，2010 年第

6 期。

28. 张瑞敏：《改革开放以来中国共产党关于和谐阶层关系的构建》，《首都师范大学学报》，2010 年第 6 期。

29. 徐家林：《网络政治舆论的极端情绪化与民众的政治认同》，《马克思主义与现实》，2011 年第 3 期。

30. 敖涛：《治理群体性事件与加强基层政府应对能力建设》，《中国行政管理》，2009 年第 6 期。

31. 虞崇胜：《和而不同：和谐社会政治文明的精髓》，《东南学术》，2005 年第 2 期。

32. 何增科：《理解国家治理及其现代化》，《马克思主义与现实》，2014 年第 1 期。

33. 胡伟：《国家治理体系现代化：政治发展的向度》，《行政论坛》，2014 年第 4 期。

34. 唐亚林：《国家治理在中国的登场及其方法论价值》，《复旦学报》（社会科学版），2014 年第 2 期。

35. 介新宇：《政治资源配置与社会管理》，《商丘师范学院学报》，2014 年第 8 期。

36. 刘津洁、杨龙：《论政治权力结构》，《云南行政学院学报》，2002 年第 2 期。

37. 贺雪峰：《论中国农村的区域差异——村庄社会结构的视角》，《开放时代》，2012 年第 10 期。

38. 贺雪峰：《取消农业税后农村的阶层及其分析》，《社会科学》，2011 年第 3 期。

39. 郑杭生、李路路：《社会结构与社会和谐》，《中国人民大学学报》，2005 年第 2 期。

40. 郑杭生、刘精明：《转型加速期城市社会分层结构的变迁》，《社会学研究》，2004 年第 2 期。

41. 杨继绳：《正在固化的社会阶层》，《社会科学论坛》，2011 年第 12 期。

42. 李培林、张翼：《消费分层：启动经济的一个重要视点》，《中国社会科学》，2000 年第 1 期。

43. 李培林、李炜：《近年来农民工的经济状况和社会态度》，《中国社会科学》，2010年第1期。

44. 边燕杰、刘勇利：《社会分层、住房产权与居住质量》，《社会学研究》，2005年第3期。

45. 边燕杰、李路路：《体制转型与地位资源含量》，《中国社会科学》，2006年第5期。

46. 李路路：《制度转型与分层结构的变迁——阶层相对关系模式的"双重再生产"》，《中国社会科学》，2002年第6期。

47. 李路路：《中国城镇社会的阶层分化与阶层关系》，《中国人民大学学报》，2005年第2期。

48. 李路路：《再生产与统治——社会流动机制的再思考》，《社会学研究》，2006年第2期。

49. 李路路、王宇：《当代中国中间阶层的社会存在：阶层认知与政治意识》，《社会科学战线》，2008年第10期。

50. 李路路、李汉林：《单位组织中的资源获取与行动方式》，《东南学术》，2000年第2期。

51. 李路路、唐丽娜、秦广强：《"患不均，更患不公"——转型期的"公平感"与"冲突感"》，《中国人民大学学报》，2012年第4期。

52. 李春玲：《社会群体的收入差异：两极分化还是多层分化》，《战略与管理》，2004年第3期。

53. 刘精明：《高等教育扩展与入学机会差异：1978—2003》，《社会》，2006年第3期。

54. 王春光：《统合：透视当代中国社会阶级阶层关系的新框架》（上），《河北学刊》，2010年第2期。

55. 王春光：《当前中国社会阶级阶层关系的变化与特点》，《河北学刊》，2010年第7期。

56. 刘金伟：《当代中国阶层关系的反思与重塑》，《新疆社会科学》，2012年第1期。

57. 仇立平：《论执政党转型后的阶级阶层合作机制》，《江苏行政学院学报》，2011年第3期。

58. 仇立平：《文化资本与地位获得——基于上海市的实证研究》，

《中国社会科学》，2011年第6期。

59. 邵书龙：《当代中国社会结构分层机制分析：等级的、文化的视角》，《天府新论》，2012年第3期。

60. 吴忠民：《形成社会阶层之间的良性互动》，《东岳论丛》，2005年第1期。

61. 何蕊蕊：《转型期中国社会阶层关系的变迁与失衡》，《社科纵横》，2007年第6期。

62. 涂小雨：《社会转型与中国社会阶层分化趋势分析》，《学习论坛》，2007年第3期。

63. 张群梅：《当前中国阶层流动固化趋向与治理路径分析》，《河南大学学报》，2012年第3期。

64. 钱民耀、陈旭峰：《社会阶层流动受阻的表现与危害》，《人民论坛》，2014年第1期。

65. 范时杰：《中国阶层化政治权力运行及困境》，《太平洋学报》，2009年第4期。

66. 刘欣：《中国城市的阶层结构与中产阶层的定位》，《社会学研究》，2007年第6期。

67. 赵晓力：《论全国人大代表的构成》，《中外法学》，2012年第5期。

68. 刘云杉：《精英的选拔：身份、地域与资本的视角》，《清华大学教育研究》，2009年第10期。

69. 吕鹏：《他们不再是孩子——关于"新失业群体"现状的社会学报告》，《社会》，2005年第4期。

70. 于建嵘：《社会泄愤事件反思》，《南风窗》，2008年第15期。

71. 于建嵘：《维权就是维稳》，《人民论坛》，2012年第1期。

72. 于建嵘：《群体性事件的症结在于官民矛盾》，《中国报道》，2010年第1期。

73. 于建嵘：《基层干群关系中的信任问题》，《人民论坛》，2008年第9期。

74. 林立公：《私营企业主阶层的状态及对其统一战线工作的对策思考》，《学习与探索》，2012年第12期。

75. 顾建键：《私营企业主阶层调查与分析》，《上海行政学院学报》，2006年第2期。

76. 樊秋莹、赵云霓：《我国私营经济主体结构论析》，《深圳大学学报》（社会科学版），2012年第3期。

77. 汲凤翔：《30年地区发展：绝对差距在扩大》，《中国投资》，2012年第11期。

78. 李实、罗楚亮：《中国收入差距究竟有多大？对修正样本结构偏差的尝试》，《经济研究》，2011年第4期。

79. 谷亚光：《中国收入分配差距的状态、原因及治理对策》，《马克思主义研究》，2010年第4期。

80. 史瑞杰、韩志明：《收入分配制度的反思》，《政治学研究》，2014年第3期。

81. 《私企银弹》，《新闻周刊》，2000年第23期。

82. 董云生：《地位不一致与阶层结构变迁》，吉林大学博士论文，2006.3。

83. 戴德超：《当代中国新的社会阶层研究》，大连理工大学硕士论文，2009.12。

84. 孟宪平：《当代中国政治权利发展探析》，中共中央党校硕士论文。

85. 陈文新：《政治资源与当代中国政治发展》，《思想战线》，2008年第4期。

86. 陈文新：《政治资源：出场路径与应用场景》，《理论与改革》，2008年第5期。

87. 陈文新：《从政治资源研究到资源政治学》，《深圳大学学学报》（社会科学版），2009年第6期。

88. 陈文新：《政治资源配置与民主政治建设》，《理论月刊》，2014年第8期。

报纸类

1. 国务院新闻办公室：《2012年中国人权事业的进展》，《人民日报》（海外版），2013年5月15日。

2. 中华人民共和国国务院新闻办公室:《中国的民主政治建设》,《新华月报》,2005 年第 11 期。

3. 杜安娜:《"阶层固化"挑战中国——我们向上流动的路越来越窄?》,《广州日报》,2010 年 11 月 3 日第 9 版。

4. 石剑峰:《杨继绳谈当代中国社会阶层》,《东方早报》,2011 年 9 月 11 日。

5.《群体性事件上升到每年 9 万起》,《羊城晚报》,2010 年 2 月 27 日。

主要网站

新华网:http://www.xinhuanet.com/

人民网:http://www.people.com.cn/

国家统计局网站:http://www.stats.gov.cn/

中国社会学网:http://www.sociology2010.cass.cn/

全国工商联网站:http://www.acfic.org.cn/

中国选举与治理网:http://www.chinaelections.com/

外文文献

1. William Gamson, Power and Discontent, Homewood, Ⅲ: The Dorsey Press, 1968.

2. John Kane, the Politics of Moral Capital, Cambridge University Press, 2000.

3. Nicolas Dahan, A contribution to the conceptualization of political resources utilized in corporate political action Journal of Public Affairs. London: Feb 2005. Vol. 5, Iss. 1.

4. Kevintleicht, Political Resources and direct state intervention: the adoption of public venture capital programs in the Americanstates, 1974—1990, Social Forces. Chapel Hill: Jun 1998. Vol. 76, Iss. 4.

5. Janet E Frantz, Political resources for policy terminators, Policy Studies Journal. Urbana: 2002. Vol. 30, Iss. 1.

6. Alexander Hicks and Joya Misra, Political Resources and the Growth

of Welfare in Affluent Capitalist Democracies, 1960—1982, AJS Volume 99 Number 3, November 1993.

7. Thomas Romer and Howard Rosenthal, Political Resources Allocation, Controlled agendas, and the status quo, Public Choice Apr 1978; 33, 4; ABI/Inform Global.

8. William Simonsen and Mark D. Robbins, Citizen Participation in Resource Allocation, West views Press. 2000.

9. Kate Nash, Contemporary Political sociology: Globalization, Politics, and Power, Blackwell Publishers ltd, 2000.

10. W. Philips Shively, Power and Choice: An Introduction to Political Science McGraw – Hill, Inc, 1991.

11. Etzioni, The Active Society, A Theory of Societal and Political Processes, New York: The Free Press, 1968.

12. Pippa Norris, Passages to Power Legislative Recruitment in Advanced Democracies, Cambridge University Press, 1997.

13. John F. Wasmund, Administrative lobbying of the Georgia state legislature, A Dissertation for the PHD in the college of Georgia state University, 1985.

14. Vernon W. Ruttan, What Happened to Political Development, Economic Development and Cultural Change; Jan 1991; 39, 2; ABI/Inform Global.

15. Jeremy, David, Bailey, Democratic Energy: Thomas Jefferson and the Development of Presidential Power, a Dissertation, Boston College, Political Science Department, 2003.

16. Hunter, Kenneth G., Laura Anne Wilson, and Gregory G. Brunk. 1991. "Societal Complexity and Interest – Group Lobbying in the American States." Journal of Politics.

17. Rogers, Mary E 1974. Instrumental and Infra – Resources: The Bases of Power: American Journal of Sociology.

18. Oberman W, Strategy and tactic choice in an institutional resource context. In Corporate Political Agency, Mitnick B (ed.). Sage: Newbury Park, CA.

后 记

本书是作者主持的国家社科基金的研究成果。2010年，作者获批国家社科基金项目："和谐社会视域下的社会阶层间政治资源配置问题研究。"经过艰苦的调研和写作，最终，项目于2015年6月经过专家鉴定予以结项。屈指算来，项目研究近五载。

研究成果之所以姗姗来迟，并非作者有意偷懒，而是因为在研究的过程中，我始终有一个难以释怀的情结，那就是：我要尽最大努力把我的思考奉献给读者和学界同人，以期引起些许共鸣与探讨。可是，当书稿真正要付梓出版，即将呈现在读者面前时，我又变得惶惶然起来。因为，随着研究的不断深入，我越来越感觉到自身研究的不足。自2006年进入郑州大学任教以来，我一直从事政治资源问题的研究，原以为借助于国家项目的研究，能够对政治资源的研究进行一个初步的总结，但现在看来，政治资源问题的研究仅仅是一个开始，对于社会阶层间政治资源配置这一宏大问题的思考和相关研究，仍然有进一步拓展深化的必要。因此，期待学界同人能够批评赐教。

本书的出版得益于河南省社会管理协同创新中心的大力支持和解囊相助。尤其是中心副主任樊红敏教授独具慧眼，对作者研究的这一课题表示了极大兴趣。正是在她的鼎力相助和直接推动下，促成了本书的及时出版。本书能够进入樊教授的"法眼"，继而被纳入中心智库丛书出版计划，使作者受宠若惊。在这里，向樊教授表示深深地感谢！

同时，也要感谢课题研究过程中给予我帮助的一些学界朋友。与周口师范学院贾腾博士的电话夜谈，总是给我启发，使我混乱的思路清晰起来。课题实证部分的调查与分析离不开杨林芳博士的协助。感谢郑州大学公共管理学院的领导，他们为课题研究提供了一个宽松的学术环境。感谢我的家人，他们创造一切可能的环境使我能够全身心投入到课题研究中去。

最后，感谢中国社会科学出版社的冯春凤女士，她为本书的出版付出了不少心血。当然，文责自负，书中不足之处应由作者来承担，亦请读者不吝指教。

陈文新
2016 年于郑州大学盛和苑